教 育 原 点 丛 书

Lixiang Jiaoyu Wenhua Jiangou

Hezuo Duihua Jiaoyu Jiaoxue Fanshi De Lilun Yu Shijian

理想教育文化建构：
"合作对话"教育教学范式的理论与实践

王世元 / 著

北京师范大学出版集团
BEIJING NORMAL UNIVERSITY PUBLISHING GROUP
北京师范大学出版社

图书在版编目(CIP)数据

理想教育文化建构:"合作对话"教育教学范式的理论与实践/
王世元著. —北京:北京师范大学出版社,2021.7(2022.12 重
印)
(教育原点丛书)
ISBN 978-7-303-27010-1

Ⅰ.①理… Ⅱ.①王… Ⅲ.①教育学-文化学-研究
Ⅳ.①G40-055

中国版本图书馆 CIP 数据核字(2021)第 110957 号

图书意见反馈:gaozhifk@bnupg.com 010-58805079
营销中心电话:010-58802755 58800035
北师大出版社教师教育分社微信公众号 京师教师教育

出版发行:北京师范大学出版社 www.bnupg.com
北京市西城区新街口外大街 12-3 号
邮政编码:100088
印 刷:北京虎彩文化传播有限公司
经 销:全国新华书店
开 本:730 mm×1000 mm 1/16
印 张:17.5
字 数:330 千字
版 次:2021 年 7 月第 1 版
印 次:2022 年 12 月第 4 次印刷
定 价:65.00 元

策划编辑:郭兴举 伊师孟 责任编辑:郭兴举 钱君陶
美术编辑:焦 丽 装帧设计:焦 丽
责任校对:陈 民 责任印制:马 洁

理想教育文化的实践建构

时间过得真快，五年的光阴一晃就过去了，人类似乎进入了一条越来越快的时光隧道。在这快速流逝的光阴中，有的人手忙脚乱，一事无成；有的人则坚定前行，成果丰硕。王世元就属于后者。

过去的五年对于他来说，是坚守教育初心的五年，也是不断开拓教育新路的五年。在理想教育文化的理论和实践建构方面，他继 2016 年出版《教育文化构建的人性基础》之后，又完成了它的姊妹篇《理想教育文化建构："合作对话"教育教学范式的理论与实践》一书。这真是非常值得庆祝的一件工作，凝聚了他对于新时代学校教育文化建设的新思考、新探索和新主张。

比起《教育文化构建的人性基础》，《理想教育文化建构："合作对话"教育教学范式的理论与实践》则更加面向实践，是前一部著作的续篇，其意义在于从实践层面回答了如何具体开展理想教育文化建构，反映了他这样一位从教育实践成长起来的教育研究者的炽热情怀。

教育文化是对理想教育生活方式的追寻，教育文化建构就是要在一定的价值理想指导下，变革当下的教育生活方式，包括学校管理的方式、教育教学的方式、师生交往的方式、家校合作的方式等。任何教育文化的研究，如果只是提出一种理想的教育文化形态，而不致力于在实践中去实现这种教育文化形态，那么这种教育文化研究就是一种"半吊子"的研究，最终也不会产生它的实践效果。

走向实践的教育文化研究是很不容易的。对于研究者来说，这是一次新的思想升华。毛泽东在《实践论》中对人类认识的一般逻辑给出了清晰的描述，即从实践到认识，再从认识回到实践，循环往复，每一次循环都达到一个更高的层次，以至无穷。这个观点体现了马克思主义哲学在认识路径方面的基本观点，也是对中国传统哲学中"知行关系"的继承和弘扬。王世元在理想教育文化的探索中遵循了毛泽东提出的"实践—认识—实践"循环以及中国古代哲学中对"知行关系"的认识。他通过撰写《教育文化构建的人性基础》完成了从实践到理论、由行到知的一次升华。现在提出的"合作对话"教育教学范式，是基于前期的研究成果，再次回到实践、回到学校和课堂，实现了从理论回到实践、由新知到力行的又一次升华。这一次升华，不仅要考虑理论上的严谨性或内在一致性，而且要考虑实践主体、实践工具、实践对象、实践环境等复杂的现实因素。许多的教育理论工作者在面对这种由理论到实践的第二次升华任务时会望而却步或束手无策，王世元则凭借自己在教育教学一线多年积淀的丰富经验和智慧，实现了第二次的升华。

《理想教育文化建构："合作对话"教育教学范式的理论与实践》在理论上承袭了《教育文化构建的人性基础》中的主要理论观点，在实践上提出了"合作对话式教育"的概念。按照作者本人的解释，合作对话式教育是指教师与学生、学生与学生、学生与学习资料、学生与环境、学生与自身等在合作基础上形成"成长共同体"，采取"对话"的方式，就某个(类)问题进行探讨或内省，以此建立或完善共同体成员的认知体系和价值体系的过程。合作对话式教育主要特征包括：学生处于核心地位；教育要素之间的关系是合作而不是对抗；合作对话的关系不仅适用于学校教育场域，而且适用于家庭和社会教育场域。这些观点，从教育思想史上看，虽然不能说是开创性的，但确实有作者自己的独特理解，也反映了作者自己的教育价值追求。作者特别说明，他要用合作对话式教育的概念来说明"教育发生的规律"，这非常有意思。这就说明，在作者看来，真实的教育是否发生，要看有关各方是否抱着合作的态度并通过对话的途径；如果教育各要素之间，既不肯合作，又没有对话，那么真实的教育过程就不能发生，人们所见到的只是教育的躯壳，而没有教育的"灵魂"。这个观点，与陆有铨教授提出的"教育是合作的艺术"以及许多教育理论家阐述的"教育是对话的艺术"非常一致，可谓是这些教育思想的实践化与具体化。

在合作对话式教育理念的指导下，作者开发了体现这一理念的理论工具、操作手册、评价指南，涉及基础教育阶段的多个学科以及中小学学校文化建设的多个层面，并据此展开了学校实验，这是很不容易的。理论的研究往往将复杂的实践简单化，而实验的研究则要将简单的理论重新置于复杂的实践体系，其风险之高、困难之大，可想而知。从实验学校的一些反馈来看，这些工具、手册和指南，对于切实转变学校的办学理念、促进教师的专业成长、重构课堂教学的氛围、提升教育教学活力和质量，确实产生了积极的作用，也从实践层面检验了作者所提出的理想教育文化形态的科学性、可行性与实践价值。我衷心地希望，在这几年的实践检验后，王世元能够进一步修订、完善自己的理论体系，开始新一轮的由变革性的教育实践到新的教育理论建构的飞跃。

2021 年 5 月 16 日

一

2016 年，经过 30 多年教育实践，我把自己在教育实践中的"思"和"想"总结聚集在了《教育文化构建的人性基础》一书中。这本书偏于教育哲学思考，读起来确实有些晦涩，自己在教育实践中的想法，不利于对读者产生启发。因此，我决定对该书核心思想实施"教育学"转化，让来源于教育实践的理论思考再用于指导实践。一方面，希望该理论发挥作用，在新时期焕发生机；另一方面，希望实践的检验赋予其新的生命力。

2017 年，北京教育科学研究院依托教育质量评价研究中心开启了"教育学"转化，研发了"教师教学评价工具"(小学版)；2018 年年初，在小学(数学、科学)进行课堂教学实践，仅一个学期的实验，其达到的育人效果，就超过了实验初期的设想；而后，2018—2019 学年开启的初中(物理、数学、英语)和高中(物理、化学、生物)的课堂教学实践，也取得了显著成绩；与此同时，相继研发了"理想教育文化课堂教学理想化程度等级量表"、初中"教师教学评价工具"和"高中教师教学评价工具"；2019—2020 学年，又在幼儿园开启了实践研究。

两年多课堂教学实践研究，取得了五个方面的效果：一是为学校课堂教学改革提供了载体，注入了活力；二是激发了中老年教师的教育热情，为解决教师职业倦怠问题提供了新途径；三是为青年教师专业化快速成长搭建了通道，缩短了成长周期；四是"以学生为本"思想得到了确立，改善了师生关系；五是构建了新型家校关系，备受家长欢迎。概括地说，我们的课堂教学实践研究实现了三个"真正落地"：一是让社会主义核心价值观教育真正落地；二是让学生发展核心素养理念真正落地；三是让减轻中小学生课业负担政策真正落地。

为更好推动教育实践研究，2018—2019 学年，我带领课题组研发了"理想教育文化建设评价工具"，并于 2019—2020 学年开启了实践研究，同时，依托北京师范大学教育基本理论研究院，完成了"理想家庭教育文化评价工具"的研发，并于 2020—2021 学年启动实践研究。2018—2019 学年，理想教育文化社区实践研究也取得了优秀成果。

在课堂教学实践过程中，课题组成员和实验学校为更好地呈现《教育文化构建的人性基础》一书的理论建构——理想教育文化，形成了理想教育文化样态的描述："合作对话"式教学。虽然，"合作对话"式教学仅仅经历一学年(包括疫情期间的网络课堂)的实践，但是，已经凸显了极强的生命力。之所以要构建"合作对话"教育教学范式，进一步揭示教育发生的基本规律，一是为下一阶段深化学校教育教学课题研究提供蓝本；二是尝试性地为新时代教育综合改革，在学校教育、家庭教育、社会教育中，提供可操作范式。

二

《理想教育文化建构——"合作对话"教育教学范式的理论与实践》立足教育本质，从教育的文化视角，考察了东、西方社会由于不同的教育文化而形成的不同教育现象。本书在对比东、西方教育差异的基础上，萃取出教育思想的精华及其给予新时代教育的启示，力图揭示教育的方向性及当前教育领域存在的问题。

为解决这些问题，本书首先立足于人们最熟悉的"学校""教育"等日常概念内涵的辨析与审视，结合生命的本质属性，特别是人的本质属性，确定影响教育发生的要素；在此基础上，根据《教育文化构建的人性基础》一书，进一步建构"理想教育文化"大厦。本书依然从教育的文化视角审察当前现实学校的关系建构，希望找到其问题的症结，从而寻求对现实学校进行理想化改造的途径。

《理想教育文化建构——"合作对话"教育教学范式的理论与实践》，不仅整体上呈现了理想教育文化样态，而且在揭示人类教育社会存在的基础上，初步探索了教育发生的基本规律——"合作对话"，为现实学校教育、家庭教育、社会教育的优化提供了可能。基于对"'合作对话'教育教学范式"的理论阐释，书中提供了实践操作案例和理想教育文化评价指南。

其实，教育测量与评价是非常难的事情。我们之所以要以"评价指南"的方式，提供测量工具与评价标准，就是希望通过教师、学校、家庭自评或他评，指导其改进自身的教育文化。

众所周知，国家和地区开展的教学大赛，以及学校听评课制度的安排，对教学具有不可替代的指导和引领作用。然而，"教学大赛""学校听评课"的专家或优秀教师运用的教育测量工具和评价标准，大多是来源于人们通常的教育价值追求而形成的经验性判断，缺乏严格论证或科学证明。事实上，这种思维路径依赖也是教育改革难以攻克的堡垒。与此相对比，理想教育文化指南中的测量，虽然也不是科学意义上的测量，但具有相对系统论证的明确价值追求，其所用教育测量工具是根据理想教育文化指标要素研制的，具有明确的、系统的理论基础。

为此，本书专设一章，以理想教育文化评价指南的方式，对教育测量与评价做出探索。

整体上，《理想教育文化建构："合作对话"教育教学范式的理论与实践》由四部分组成，一是对学校及教育的认识论；二是学校教育方法论；三是学校教学（育）实践论；四是学校及家庭理想教育文化评价指南。需要说明的是，书名中的"范式"一词，是基于理想教育文化内涵的考虑。理想教育文化追求的是一种文化价值，虽不像科学思维那样，最终形成某种模式或模型，但可以像艺术思维那样呈现某种样态。"合作对话"就是理想教育文化价值样态的描述，而其"范式"则是"合作对话"在时空上纵向递进而形成规范的操作样式。显然，本书中的"范式"不具有托马斯·库恩（Thomas S·Kuhn)在《科学革命的结构》中"范式"的全部含义。

书中难免有不当之处，恳请专家、学者、同仁多提宝贵意见！

王世元
于北京朝阳
2020 年 7 月

目 录/

/ 第一章　绪论 /

一、教育本质的历史溯源

教育从人类揖别于动物就存在了，因此，我在《教育文化构建的人性基础》一书中，给出了人类初始教育、第一类教育和第二类教育的划分。近一段时期或更长时期以来，人们普遍把教育窄化了。一是把教育窄化为学校教育，弱化了家庭教育和社会教育。只有家庭和社会与学校的主流教育价值观一致，并共同肩负教育责任时，教育效果才能更好。否则，事倍功半。二是把学校教育窄化为传授知识，弱化了育人。人们误以为，只要正确、有效地传递和掌握课程知识，育人作用自动生成，甚至把理解知识，运用知识解题能力的强弱，作为检验育人效果的唯一标准，如简单地把升学率作为评价学校教育的指标。

其实，教育从产生以来，其本质是不变的，变化的只是形式与内容。要深刻把握教育本质，就要追溯到生命的本质及人的本质。因为只有把握生命的本质，才能理解作为生命体的人的本质中的共性。只有把握人的本质，才能理解人类范畴中的教育内涵及其价值。人类在生命存在的前提下积极建构社会关系，并将持续不断地追求美好生活——这是人类本质属性决定的。人类、自然界和社会建构了永久的关系，如图 1-1 所示。

图 1-1　人类、自然界和社会三者的关系

（一）人类与自然界的关系

人类要想生存并要生存得更好，就必须依靠自然资源：从自然界中认识可食用食物，标记有毒食物；为获取更多食物，在改造自身过程中，依靠自然界提供的材料制作工具；为防寒取暖，主动适应自然环境，充分利用自然界的材料制造房屋；为熟悉居住环境的地理方位，充分利用太阳东升西落的规律记录时间与空间；为掌握一年四季周而复始的规律，充分利用日月星辰的变化规律；等等。这些知识是人类一代一代积累并传承的结果。知识在人类生存过程中发挥了重要作用。生存离不开知识。因此，知识的传承是人类发展过程中一项重要任务。教育的本质之一是传承知识。

（二）人类与社会的关系

人类为了生存，除需要对自然界植物、动物和自然现象等的认识之外，还需要集体活动：共同狩猎，抵御大型兽类的攻击；举行庆祝活动，分享喜悦心情和劳动成果；举行集体仪式与万事万物进行灵魂沟通，"原始人的心理孱弱，无法正确解释寒来暑往、生老病死等一类的自然、社会或人文现象，于是将万事万物都看成是有灵魂的，因此自己的一切行动都应该得到有关灵魂的准许。而要得到这些灵魂的准许，就要举行各种各样的'仪式'。"①从而获得行为的合法性；共同讨论决定部落重大事情，如战争等。这种集体的活动形式，其本质是人类早期的社会建构。能动地进行社会建构是人类本质属性的表现。人，是构成社会的重要元素之一；人离不开社会。

（三）人类社会与自然界的关系

众所周知，自然环境是有相对区分的。原始时期人类的集体活动，总是与人类居住的自然环境相协调：如果生活在土地肥沃且阳光、水等资源丰富的自然环境下，容易发展种植和养殖业，演变为固定居所的村落，形成农耕社会；如果生活在草原一带地区，人类容易以畜牧业为主，视草原丰盛与否而迁徙，无固定居所，经常进行围猎、保护牧群等集体活动，形成游牧民族社会；如果生活在海洋地区，以捕捞业为主，易发展商品贸易，形成城镇社会等。总之，人类社会形态是由人和自然环境决定的。由此可知，社会是生活在一定自然环境下的所有人的社会，是建立在独一无二的个体人基础上的、有主流价值观规范的一个系统。因此，人类社会一定存

---

① 石中英：《知识转型与教育改革》，89页，北京，教育科学出版社，2001。

在主流的人格价值追求。不可否认，独一无二的人类个体，让社会永远充满活力，是人类社会可持续发展的不竭动力，但维护社会规范的主流价值观是人类社会一项重要任务。教育本质之二是完善人格。

综上分析，可以认定教育的本质是传授知识、完善人格。要注意，知识不仅是人类对自然界的认识，也包含人类对社会的认识和对人自身的认识；完善人格，不仅是完善与社会主流价值观相一致的人格，也包含完善有利于自身发展进步的个体人格。至此，由教育本质，可推出人类教育的目的：追求人类的幸福生活。为什么不是某个个体的幸福生活？因为只有人类这个集体生活幸福了，个体才能够获得真正的幸福。或者说，个别人的幸福不可能是真正的幸福，因为他生活在有许多不幸福的人存在的社会中。值得指出，对人类教育目的的追求，不仅有利于人类对个体的教育，而且明确了人类整体教育要到达的终点。但是，为了达到这个目的具体走哪一条路径，并不存在具体阶段性的目标，这为不同人类个体和组织留下了实现教育目的的空间。

二、东西方教育本质差异及其启示

不管教育的职业多么崇高，如果人类没有以传授知识、完善人格为追求的价值承载，那么教育的方向就是模糊的。进一步说，人类由于所传授的知识、完善的人格的不同，将实现不同的生活。下面，我们以人类历史上承载教育本质的两种典型的知识类型和人格价值观为例，探究教育对人类社会生活施加的影响。

（一）东方社会

1. 19世纪末以前中国社会的知识类型

中国19世纪末以前对自然界形成的知识，或称科学知识，主要是在解决生产生活实际问题中形成的，其技术性、技巧性和经验性较为明显，具有广泛的实用性，便于操作、指导与传授。最为典型的例子是中国的四大发明。从火药、指南针、造纸术到印刷术，每一项技术都有具体的操作办法、工作流程，因此便于学习与传授。这些技术在具体的操作实践中稍做改造，就可在更广泛领域中发挥巨大的作用。中国数学知识的实用性也不例外，以《九章算术》为代表的中国经典数学著作，也是以解决 246 个实际问题为线索建构了数学体系。一般说来，在生产生活中遇到具体数学问题，《九章算术》所给定的数学方法便可以解决。金属冶炼、陶瓷烧造、印染工艺、农具和天文仪器的制作等工程技术、工艺性知识，都是在生产生活实践中获得积累、传承与发展的。因此，也就不难理解中国古代和近代社会为何出现了众多能工巧匠。中国的农学、工艺与医药学典籍，如《农政全书》《天工开物》《本草纲目》的主要内容就是记录、归纳操作程序及应用的经验。以经验性、应用性指导社会实践活动，并在实践过程中总结和完善是这个时期中国科学技术知识的特点。

2. 19 世纪末以前中国社会的人格价值观

轴心时代的中国，诞生了一批思想家，如儒家的孔子(约前 551 —前 479 年)，道家的老子(约前 580 —前 500 年)，法家的韩非子(约前 280 —前 233 年)，阴阳学家的邹衍(约前 305 —前 240 年)等。这些思想家的学说都侧重于探讨人与自身、人与人及人与社会的关系。所以，中国传统文化本身，是一种以道德修养为秩序的人本主义文化。从中国历史总体上看，儒、道两家构成了中国传统文化的主干。儒家注重人事，强调人的社会责任；道家注重天道与自然。自汉朝"罢黜百家，独尊儒术"始，儒家思想经董仲舒吸收其他学说后得以发展，"天人合一"和"天人感应"学说得以正式确立。"三纲五常"伦理观念奠定了中国传统社会的道德框架。后经宋明时期理学的发展，儒家思想形成了以"内圣外王"为目的的哲学文化，并把"诚意、正心、格物、致知、修身、齐家、治国、平天下"作为完整的人格修养体系。纵观整个中国古代和近代社会，五经和四书成为官学选拔人才的依据。如明清时代，主要以八股文取士，文章立意只能"代圣立言"，不能有个人见解。因此，中国古代和近代社会人格价值追求，总体上由四书五经予以明确并得到长期巩固。

(二)西方社会

1. 19 世纪末以前欧洲社会的知识类型

总体上看，西方对自然界形成的知识，或称科学知识，是建立在理性思考、逻辑推理、数学计算基础上形成的。在西方古代时期，亚里士多德最早建立归纳法和演绎法逻辑思维体系，完成了自然科学理论著作《物理学》和《论天》。以欧几里得《几何原本》为代表的古代欧洲数学著作，构建了严密而系统的逻辑体系。爱因斯坦曾说，当一个人最初接触欧几里得几何学时，如果不曾为它的明晰性和可靠性所感动，那么他是不会成为一个科学家的。阿基米德发现了杠杆原理，建立了阿基米德定律，并以此指导了社会实践。文艺复兴初期，培根完整地阐述了科学研究方法，著述了《大著作》《小著作》和《第三著作》。哥白尼在观察基础上运用数学公式解释推导观察结果，以此建立了"日心说"。欧洲经过文艺复兴，物理学、化学、生物学及其相关的诸多自然科学都得到了加速发展。中世纪之后，伴随着自然科学的快速进步，欧洲代数学、解析几何、微积分、集合论等众多数学分支相继建立。由此，欧洲社会在自然科学知识的推动下，开启了以蒸汽机的发明为标志的工业革命，工业社会开始形成。

2. 19 世纪末以前欧洲社会的人格价值观

总体上看，欧洲 19 世纪末以前的人格价值观的发展可分为古典文明时期、中世纪文明时期和文艺复兴后期。在人类文明的轴心时代，古希腊雅典产生了一批有重要影响的思想家；他们从探究自然界开始，逐步转向人类自身。这一时期，苏格拉底、柏拉图和亚里士多德，共同建立起唯理的认识论(逻辑学)、行为论(伦理学)和国家论(政治学)。"不断的追问"是这一时期的思考方式，即使到了后亚里士多德时期，理性思考、逻辑建构、批判精神、对善的追求也没有发生本质的变化。"苏格拉底主张，凡是为一个人的理智所宣判为错误的东西，就不应该去想、不应该去做，哪怕受到当权者或任何法庭的强迫，也要不惜任何代价予以抵制——'未经考察的生活是不值得过的'。"①

中世纪时期，也称欧洲社会的黑暗时期。这一时期，西方基督教兴起，开启了"上帝"统治人类时期。基督教的国教化，实现了基督教神学对人们思想的控制。教会作为上帝在人间统治的代理人，直接从上帝那里接受真理；教会教义就是真理，是至高无上的科学。人类只限于在基督教信仰范围内进行理性逻辑推演，不能使教义的真理遭受任何损害；如果某些宗教真理超越人类理性，这种真理由信仰保证。可见，这一时期的人格，是由基督教教义规定的。显然，欧洲社会对理性人格的追求在一定程度上受到了限制，但依然还是存在的。

在文艺复兴后期，由于文艺复兴运动彻底摧毁了中世纪欧洲僵化死板的经院哲

---

① [美]斯塔夫里阿诺斯：《全球通史·从史前史到 21 世纪》，108 页，北京，北京大学出版社，2006。

学，把人的思想感情和智慧从神学的束缚中解放出来，一切以人为中心、肯定人的价值和尊严、反对神的绝对权威的理念得到确立。文艺复兴重新发现了人性，使理性得到解放，逻辑方法得到推崇，真理代替了权威。至此，欧洲社会重构了独立精神和科学精神的人格价值。

上述东西方人类社会形成的知识类型和人格价值追求给我们什么启示呢？或者说，东西方古代和近代社会的知识生产和主流价值观的形成对社会产生了怎样的影响？

以中国为代表的东方社会形成的对自然界认识的知识，非常契合农耕社会政治、经济、文化的发展。仅从"四大发明"来看，火药的制作以及后期在军事领域中的运用改变了人类冷兵器时代。指南针是世界上最先进指示方向的工具，对航海、运输、探险等发挥了巨大作用。明朝时期郑和下西洋，如果没有指示方向的工具，只凭观察太阳和星座确定方位是很难完成的。中国古代造纸和活字印刷术领先欧洲千余年，标志着当时中国在世界轻工业领域的领先地位。至此，可以充分地理解，中世纪以前中国的生活、生产技术知识是走在欧洲各国前列的。中国"四大发明"及其应用，就是人类早期标志性的方法、工具、技术的突破。

就中国古代和近代数学发展而言，《九章算术》虽然是围绕具体问题建构的数学体系，不如欧洲《几何原本》那样具有严密的、系统的逻辑体系，但是，这些数学知识对于当时的农耕社会，甚至当时整个人类社会的生活、生产和消费已经足够用了，而且是一种非常好用的"实用技艺"。数学知识解决了具体实践问题中的知识性、方法性、工具性、技术性问题，在其他周边国家也得到了广泛传播。相比欧洲，中国在追求以数学化建构对自然现象解释和论证方面，确实存在明显的不足。比如，中国对天文现象更多是记录，而不是像欧洲天文学家那样运用数学思维（如测量、计算等）建构天体运动的几何模型及描述其轨道。但是，在中世纪之前的社会，即使人类不追求运用数学严密地论证结论，也不会直接影响生产、生活。因此，当时的中国，由于农耕社会较先进的工具与技术能够基本满足社会生产、生活对知识消费的需要，在经济、政治、文化等领域始终位于世界领先地位。

文艺复兴开始，欧洲社会以培根为代表创立了科学研究方法。一切结果，都需要证明；真理只有一条路，那就是由实验得出推论。至此，观察、猜想、实验成为人们获取知识的必要途径，欧洲自然科学得到快速发展。物理学、化学、生物学等学科的发展，极大地促进了纯数学研究，数学的工具性又极大地推动自然科学的进步，两者相辅相成，营造了浓厚的科学研究氛围，催生了欧洲以蒸汽机为标志的工业革命。近现代特别是 19 世纪中期以后，中国基本上还停留在农耕社会中，科学技术明显落后于欧洲。此时的欧洲，实现了以蒸汽机为标志的机械化工具和以机械化为标志的大工业生产的方法。产业工人技术培训，是工业时代的显著标志。

对比中国和欧洲形成的自然界知识，可以发现中国的科学技术是在生产、生活实践的经验中产生的，具有经验的性质，但不是经验主义知识[1]。简言之，19 世纪末以前中国的科学技术，应为"技术科学"。这种经验性知识，缺乏或根本没有欧洲经验主义生产知识理论的支撑，技术味道浓烈，科学味道不足；故存在先天性的缺陷，难以承担广泛的技术指导作用。又因为经验性知识，不需要穷理，也没有完整的理论体系，仅需要师徒传承，所以它的完善、发展只需要在具体实践中产生，不需要理论推演和实验验证。这又决定了经验性知识的狭隘性和局限性。对此，人们要深刻地认识到：人类对自然界的不同认识，生产出不同性质的知识，直接影响着人类对自然界再认识的能力，进而决定着人类对科学知识的生产能力。

事实上，人类不仅对自然界存在不同认识，对社会和个体也存在不同认识。人们对人类社会和人自身的不同认识，产生出不同类型的知识。在人类社会文明的轴心时代，中国的先哲们高度概括并提出了自然界、社会和人类共同遵循着的发展规律——"道"的生成，以此统摄宇宙，建立了整体思维宇宙观辩证思维模式。他们从人类历史观出发，发现并创建了社会管理体系中"仁"的核心地位，进而又将整体宇宙观及辩证思维模式(包括对宇宙万物起源和变化的理论)推演及人和人类社会，形成了中国博大的以人为中心的哲学体系建构。"仁义礼智信、温良恭俭让、忠孝廉耻勇"等人格修养，成为人们追求的社会主流价值观；"修身、齐家、治国、平天下"成为人们崇高的人生追求。由此，以道德修养为内核的"内圣外王"思想决定了中国特有的知识型。

鉴于人们常把在国家政府机构中做官，当作最受尊敬的人生道路选择，又由于

---

[1]　石中英：《知识转型与教育改革》，15～16 页，北京，教育科学出版社，2001。

中国独特的选士制度，总能够把优秀的人才集中到社会管理层，在漫长的封建时代，"重经义""轻自然""斥技艺"，视一切科学技艺为"奇技淫巧"，成为古代中国主流价值观。中国古代自然科学和数学知识，多是由民间人士或是中下层知识分子生产的。不言而喻，科技人员社会地位低下，也没有市场机制的引导，科技知识的消费者仅局限在社会底层。与此相比，中国古代和近代的文学、艺术等人文知识的生产者和消费者则包括了更多的圣贤君子；即使他们对自然界有敏锐的观察和新颖见解，最终也以启迪人心、社会道德价值导向为落脚点。因此，古代和近代中国人文领域，如诗歌、散文、小说、绘画、音乐、建筑、服装、饮食等取得的成就，远高于自然科学和数学领域，这是中国古代和近代人格追求的必然。

在欧洲，以古希腊雅典的先哲们为代表，他们在人、社会和自然界之间，不约而同地对自然界的本质进行了追问，形成了不同的学派。由此引发了人们对真理知识标准的质疑，使人们从对自然界本质的探讨转向了向人类个体寻求确定的真理或知识标准的探讨。"人是万物的尺度"隐含了知识真理的不可知论和社会是非的不确定论。由此，人们把关于自然界知识与真理的讨论，推进到了人类社会和自然界整体的标准上来。苏格拉底追求知识与真理的方法，奠定了欧洲社会筑造知识与真理大厦的坚实基础。在此基础上，柏拉图建构获取知识与真理的方法论和认识论，完成了理念论、辩证法、自然哲学、心理学、伦理学和政治学的著述。此后，经过亚里士多德的发展与完善，古代欧洲的知识大厦更加富丽堂皇。

文艺复兴时期，出现了全新的自然观念。从此，自然科学知识的生产，呈现了加速发展态势。考察欧洲自然科学的发展，至少有五方面的源头：一是苏格拉底式的独立思考和批判精神。苏格拉底认为，反复追问的巧妙形式可以生产知识，不管是对自然界还是人类社会，人类的一切问题，都可以用此方法取得知识、真理与善。二是亚里士多德提供的逻辑方法和丰富的学术思想。他构建了逻辑学、修辞学、诗学、物理学、植物学、动物学、心理学、伦理学、经济学、政治学和形而上学等学科体系。三是基督教对教育的重视和学校的设立。尽管学校主要宣传宗教信仰，但也保存并传承了如逻辑思维方式、理性精神、数学和文化艺术等古典文化。四是毕达哥拉斯关于自然界的数的本质说。它奠定了人们认识自然界、理解自然界、描述自然界的数学思维。五是欧洲先哲们在追求自然界本质过程中，始终认为宇宙中有上帝或神灵存在的空间。上帝或神灵完善、完美、万能的学说，不仅促使他们希望认识上帝，而且唤起了他们见到上帝的愿望，对自然科学的发展起到了促进作用。文艺复兴之后的人文知识发展得益于人性的解放。后经启蒙运动的洗礼，整个欧洲的文学、艺术学、心理学、社会学、哲学等也都取得了辉煌成绩。

讨论至此，不难发现：古典时期欧洲的科学知识生产还停留在理论建设时期，对技术的指导作用还不够凸显；但是，为文艺复兴时期科学技术的发展打下了坚实的思想基础。同时期的中国，技术科学为人类生产、生活发挥了巨人作用；其传播极大地推动了欧洲科学技术的发展。从知识的生产上，欧洲科学技术知识具有坚实的埋论支撑和实践支持，科学埋论色彩浓厚，具有广泛的埋论指导作用；加上浓厚的商业文化，在市场机制推动下，文艺复兴之后的欧洲科学技术迅猛发展。

三、人类生产的知识结构与人格追求的关系

上述以东西方知识生产和人格价值追求的关系，可以概括为：广义的个体对自然界、社会及人类自身产生哲学思考，建立哲学体系，进而形成自然科学、数学、心理学、社会科学、文学、艺术学等分支学科的知识。知识追求和人格追求，虽然由所有学科共同承担，但由于学科知识的类型不同，两者也有所不同。比如，社会科学、文学艺术对人格追求的培养，具有明显的优势；自然科学、数学、心理学的知识对生产生活更具有实用性。需要指出的是，上述功能的简单划分是不严谨的，目的是提示教育工作者在教学中发挥学科特点的同时，要二者兼顾。人文领域的社会科学、文学、艺术学的知识对生产生活也有独特作用；自然科学领域物理学、化学、生物学、数学、心理学等，除在获取知识过程中对人格产生作用外，还对人格产生更多方面的影响，如学科中著名代表人物的优秀品质、献身科学的感人故事给人潜移默化的影响等。因此，诸学科都具有生产知识和人格培养的两种功能，并相互促进。

纵观东西方教育在传授知识和培养人格方面的差异，我们感受到知识生产和知识消费决定人类追求幸福生活的质量，也决定一个国家和民族的综合竞争实力。由此，我们能够深刻理解一个国家人民的平均受教育年限和知识创新能力两个重要指

标对于衡量其综合国力的重要性了。

综上所述，人类探索自然界、社会和人类自身形成的知识结构与人格追求的关系结构如图1-2所示。

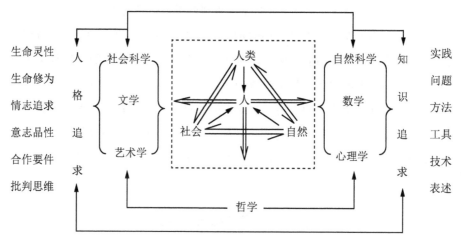

图 1-2　人类探索自然界、社会和人类自身形成的知识关系

四、教育的方向性与学校的教育问题

教育的重要性不言而喻，但通过上面的讨论，从决定教育本质的两个重要方面可以看出，选择什么知识、培养什么人格、追求什么教育价值，是至关重要的；也就是说，教育是有方向性的。人类总的教育方向应当是追求幸福生活，它是由教育目标、教育路径、教育目的共同构成。人类要实现总的教育目的，需要经历一系列历史阶段；而每一个历史阶段，又有其阶段的教育目标、教育路径、教育目的决定的教育方向。不同的历史阶段，教育方向不一样，教育效果也不一样。教育方向很重要。正像人们驾驶汽车一样，心中有目的，有路径；眼前有目标，有方向；时时盯住前方，方向永不偏离。如果教育者心中没有方向，驾驶的教育之车就不知驶向何方。

每个历史发展阶段的教育目标和教育目的决定着教育方向，也带有时代鲜明特征，预示着教育未来发展动力。由此审视，教育不可能超越这个历史阶段，但积蓄了超越这个历史阶段的力量；这既是教育本质的反映，也是教育发展的动力。人们只有既看到教育现实的一面，又看到教育超越现实的力量，才能把握教育方向，明确教育目标。如果仅狭隘地理解教育的本质属性，把教育局限在这个历史阶段、固守在这个历史阶段，看不到时代发展动力，这个教育目标是短视的，不可能实现人类终极教育目的。因此，只有全面深刻把握教育本质，才能洞察到教育的真谛。其实，教育本质属性的两个方面已经决定了教育的核心价值——引领、推动社会发展，即立足当前，着眼未来。这一点，从人类终极教育目的可以进一步得到确证——教育存在潜隐性价值。如果只看到教育表象价值，对教育的理解是肤浅的。教育一方面要主动适应社会和人发展的需要，另一方面也要引领社会和人的发展，推动社会和人的进步。这两个方面是教育工作者确定教育目标、教育目的最根本的依据，应以此来明确教育方向。

基于此，教育始终处于两个阶段，一个是相对稳定阶段，另一个是教育改革阶段。在相对稳定阶段，一般来说，教育呈现相对明晰的由教育目标、教育目的及教育价值决定的教育方向。这一时期的学校教育基本上处于"风平浪静"时期，教育方向是明确的。在学校内部，校长的主要职责一方面是带领教职工按既定的方向前进；另一方面是积极推进教育教学方法改革，以期实现教育目标，达到教育目的。在学校外部，校长要积极争取更多的社会资源支持教育发展。如，改革开放后的前20年，我国基本上处于教育稳定时期，这一时期教育目标为早出人才、快出人才；教育目的为解决社会对人才的迫切需求。以知识分子为人才标志的教育方向，成为社会、国家和学校教育的共识。围绕知识价值的追求，学校教育教学方法改革如火如荼、百花齐放，如马芯兰"四性"教学法、钱梦龙的"三主""四式"语文导读法等。仅《实用课堂教学模式与方法改革全书》(1994年中央编译出版社)一书就收录1000余种教学方法。

教育稳定时期是暂时的，教育改革是历史的必然。经过社会变革，或随着社会政治、经济、科技、文化等进步与发展，教育势必要进行改革，以引领社会和人的发展，适应时代发展的需要。教育改革的表现形式为重新制定教育目标，明确教育目的，以此确定教育方向。例如，我国"文化大革命"结束之后教育改革的教育目标为"知识教育";教育目的为"培养人才"。又如，中国教育经过相对 20 年稳定时期后，1999 年，以《中共中央国务院关于深化教育改革，全面推进素质教育的决定》为标志，以 2001 年国务院批准《基础教育课程改革纲要(试行)》为指导，开启了 21 世纪的教育改革。这一时期，教育目标为全面推进素质教育；教育目的为解决片面追求升学率，实现学生全面发展。再如，以 2018 年全国教育大会的召开为标志，党中央、国务院先后出台《关于学前教育深化改革规范发展的若干意见》《关于深化教育教学改革全面提高义务教育质量的意见》和《关于新时代推进普通高中育人方式改革的指导意见》三个文件，开启了中国教育综合改革，教育目标为全面提高教育质量；教育目的为促进人的全面发展。由此观之，国家每一次教育改革，都有清晰的教育方向。教育工作者只有牢牢把握教育改革的方向，才能收到良好的教育改革效果，否则事倍功半。

教育的方向问题，是学校产生教育问题的根源。教育方向，既是一所学校是否优秀的分水岭，更是教育家区别于普通教育工作者的根本之处。因为只要方向错了，教育一定有问题；方法越好，问题越严重。即使教育的大方向不错，但是只要有偏差，教育也会出现问题。一个历史时期学校的教育问题，一定是学校的教育方向与这个历史时期所要求的教育方向不一致或不协调产生的。

当前，我国正在进行新一轮教育综合改革，要求学校把育人放在首位，突出人格培养，优化课堂教学方式，完善教育评价体系，探索适应高考综合改革的教育教学管理模式等。面对教育综合改革任务，当前，学校的教育问题主要表现在以下几方面。

第一，学校教育没有明确的方向感，一切靠惯性运行。这一般发生在社会关注度不高、办学规模比较小、校长职业精神不强的学校。这样的学校较少有中长期办学规划，学期计划或年度计划也是按照上级行政部门的安排、复制而成，每周、每月的学校工作都在重复进行。课堂教学放任教师做主，完全取决于教师对课程的价值追求，学校对教师教学没有明确的指向性要求。对教师教学的考核评价，也是简单地依据辖区统考的学生成绩排名，或简单地由学校教职工推荐，或由学校负责人依据平时的印象评价。学校组织开展的各项活动，教育的指向性也不明确。比如，班会、升旗讲话并没有纳入学期或学年教育主题，一般由组织者根据临时或近期发现的问题进行教育。总体看，活动的随意性比较强。至于各种节日、社会实践活动、春秋季运动会，也没有明确的教育主题，只是按学期、年度惯性组织安排，活动结束后缺乏总结反思。

第二，知识教育、升学教育主导学校教育方向，人格培养处在弱势地位或辅助地位。这样的学校在我国占有较大比重。知识教育是教育本质的一个重要方面，这无可厚非，但缺少了人格教育，教育是不完整的。一个人再有智慧、再有知识，如果人格不健全、精神扭曲、道德卑劣、一切以自我为中心、不懂得尊重他人、不择手段追求物质与精神享受，则很难与他人合作，很难有社会责任担当，更不会在社会关键时期力挽狂澜。长远看，这样的人，在社会上很难实现人生应有的价值，达到应有的人生高度。

追求知识教育成为学校价值核心的具体表现：(1)学校在制订中长期发展规划、年度工作计划、学期工作计划时，将升学指标、统考成绩排名置于重要的地位；学校的年终总结、学期总结、对外宣传都以统考成绩、升学指标作为学校办学质量的标志。虽然学校在计划、总结中也对德育、人格培养做了重点安排，如将其纳入学校的重要节日、重大活动、社团建设、学校文化、社会实践等当中，但没有像知识教育那样反复、认真研讨。特别是人格教育中的尊重意识、民主意识、责任意识、合作意识、科学意识等，更没有作为教育主题在活动中凸显出来，即没有处在学校教育的核心地位。(2)教师在教学中，围绕知识传授、升学考试内容组织教学，注重知识逻辑建构、知识点理解、知识应用、记忆规律、解题技巧等，并通过让学生反复练习，达到熟练运用知识的能力，以考试分数作为检测知识的标准。学科育人价值很少得到挖掘：一是科学家献身科学的故事、追求真理的精神等很少在课堂中被介绍给学生。二是人文学科的育人价值也没有得到很好的重视与挖掘，其学科地位，在学校领导、教师、学生及家长心目中与自然学科相比相对处于弱势地位。(3)教师与家长的沟通主题，主要是学生在学校上课听讲情况、家庭作业完成情况、考试分数在班里排名情况等。教师希望家长在家里辅导学生学习，协助督促完成作业，较少关注学生在家庭、社区、社会的表现，更不关注其有无朋友，以及与朋友之间的分享、合作、交流等活动中表现出来的兴趣、爱好、特长、意志品质等情况。(4)学校对教师的评价、教师对学生的评价、家长对教师的评价、家长对学生的评价，一般也以教学成绩、学生分数为标准。教师的教学成绩经常与评优、评先、职称评定及奖励挂钩，除对师德问题一票否决，一般地说，学校较少关注教师学科育人价值挖掘的育人能力和水平，以及教师人格魅力对学生世界观、人生观、价值观的影响。教师对学生的评价，较少关注学生兴趣爱好、艺术特长，以及其是否具备乐观豁达、与人合作、分享成果、意志品质、集体观念、道德情操等人格优势。

如果学校仅以知识、升学教育作为办学方向，即校长的教育罗盘仅以知识、升学为标准方向，必将导致学校人格教育的缺失。这样的教育是有明显缺陷的，是短视的教育；长远看是对个人、国家、社会不负责任的教育。

第三，教育教学方法的选用具有明显的局限性、肤浅性，缺乏教育哲学思考。总体上看，当前中国中小学教师教育教学观念，主要受到中国传统教育观念以及国外赫尔巴特、布鲁纳和杜威等主要教学理论的影响，教学方法主要集中在以赫尔巴特教学理论为指导的讲授型，以布鲁纳发现教学法为指导的探究型和以杜威"做中学"为指导的真实情境型。

在上述三种类型中，教师更愿意选用讲授型教学法，一方面是出于知识教育和升学教育的需要。讲授型课堂教学基本上以赫尔巴特教育理论统筹教育教学设计及组织实施，突出向书本学习，注重知识传授，要求学生刻苦学习，专心致志，学业标准严格。另一方面，它有利于教师主导作用的发挥。讲授型教学中学生处在被动的接受状态，所以有利于教师对教学活动的整体控制，教师教学任务基本上能够按照计划完成。但是，讲授型教学法难以凸显学生主体地位、发挥学生的主体作用。

布鲁纳探究型教学法突出学生探究过程，以此建构学科知识，所以，不便于教师控制教学过程，往往占用较多时间。因此，在日常教学中，教师较少使用探究型教学法，一般把其运用在公开课、示范课中，用以展示先进的教学理念。

至于杜威倡导的"做中学"教学法，一般发生在低学龄阶段，或者主要体现在初中、高中信息技术课程和劳动技术课程等综合实践类课程中。

其他教学理论，如要素主义学派、奥苏伯尔理论、罗杰斯理论、"双主体"论等在教育教学实践中也难以获得有意识的运用。至于小组合作学习、讨论式学习、项目学习，要么停留在表面，要么呈现在公开课中；真正的"合作、讨论、项目"学习，在真实的课堂中总是难以实现。

究其原因，主要是教师缺乏对教学方法论中的教育哲学思考，由此导致难以掌握教学方法论中的教学本质。直率地讲，当前学校教师一部分来自师范院校，一部分来自非师范院校。非师范院校毕业生从事教师职业，要考取教师资格证，教育学和心理学知识是必考内容，也是教师资格证考取的关键；他们不仅欠缺有关教育哲学的知识，而且缺乏教育哲学的思维训练。而对于师范院校毕业生的教育哲学思维训练，相比教育学和心理学训练也处于弱势地位。总体而言，整个教师队伍的教育教学不仅缺少教育哲学的思维，更缺少教育哲学意识的指导。

从教育哲学视角看，上述教学方式和学习方式来源于不同教育哲学思考，主要体现在两个方面：一是建立在笛卡儿主客观认识论基础上的教育哲学。依据主客二分的原则，在教学中，教师为教育的主体，学生为教育的客体。只有教师保持自身的独立性，把学生置于客观的位置进行客观描述，才能透过现象看本质，才能真正地认识学生，教师对学生的教育才具有针对性。因此，这必将导致教师处于绝对的权威地位，学生处于弱势地位或被压抑的状态，产生了把学生作为知识容器的灌输式教学。二是建立在胡塞尔现象学"交互主体性"概念基础上的教育哲学。意识主体多数性的发现，使得交互主体概念较好地解释了"生活世界"中人与人之间的理解、沟通和交往的位置关系建构。胡塞尔"交互主体"概念消解了传统认识论中主客体概念，从而为主体之间的交互作用提供了一个平等对话的基础；双方或多方互为主体。至此，人们在教育中把学生也看作主体，建构教师、学生"双主体"论；每个主体都有自己的世界，在各自的世界中进行观点交流和思想碰撞，实现世界融合，达成相互理解。教师与学生的新型关系构建了一种"双主体"教学理论。由此看来，每一种教育理论都对应着一种教育哲学。

历史上每一次教育改革的背后都有教育哲学的支撑，不同的教育哲学带来不同的教育范式。教育范式的转型能否成功，实际上决定了教育改革能否成功。

21世纪，中国为解决教育唯分数、唯升学这一顽瘴痼疾，开启了新时代国家教育综合改革。这次教育改革突出了整体设计，既立足当前解决问题，更着眼于未来社会发展对教育的需要，即从观念、课程、教材、教学组织形式、招生考试、学生评价、生涯教育、教师队伍培训等方面进行一系列的改革。因此，亟须在教育实践中建构新的教育教学范式作为教育改革的支持，以便为广大一线教育工作者提供教育罗盘和可操作工具。

/ 第二章　学校内涵辨析 /

一、学校内涵的模糊性

众所周知，学校是教育的场所。那么，它是教育的唯一场所吗？家长选择学校，选择的标准是什么呢？社会评价一所学校办学质量，其标准是什么呢？这些问题，其实人们很少认真考察。对这些问题的评判、回答，人们常常依据自己潜意识里的标准：学校环境好、历史悠久、名人辈出、管理严格、老师好、升学率高，以及社会名流孩子都在这学校等。如果再追问，这是评价一所学校好坏的标准吗？再一推敲，标准就更加模糊了。

人们除对好学校标准认识模糊之外，对学校教育功能的认识也不深刻。因其对教育内涵缺乏考究，对学校内涵的认识也不清晰、准确。即使是名家学者，通常也存在认识不深刻或认识模糊的情况。从古至今，许多社会知名人士对办教育情有独钟，究其原因，一是充分认识到了教育对人类的重要性；二是具有回馈人类社会的精神；三是寄希望通过创办学校实现自己的社会理想，美国的斯坦福大学、哈佛大学、耶鲁大学、哥伦比亚大学，近代中国的燕京大学、复旦公学、南开大学、辅仁大学就是佐证。

《人类简史》的作者尤瓦尔·赫拉利在一场演讲中提出，21世纪全世界最重要的产品不再是工厂、车辆、武器，而是人的大脑思维——所以世界的重心，将逐渐从跨国公司转向那些真正杰出的学校。看得出，尤瓦尔·赫拉利对学校寄予了无限厚望。人们从来没有怀疑过教育对人类的重要性。过去如此，现在如此，将来依然如此。但是，怎样才能办好学校呢？为什么有的学校办得好，有的学校办得一般，其原因是什么呢？从构成学校的要件，可以笼统地直接给出表象原因——学校管理、师资队伍、设备设施等决定能否办成好学校。再进一步追问，学校的"时间"为什么这样管理？学校有几种"空间"？学校的"空间"为什么这样使用？等等。如果我们对学校教育中的"时间"和"空间"等概念始终模糊不清，就难以对学校内涵有清晰的认识。

在现实的教育中，我们对学校内涵的理解也需要进一步澄清。教育的分类多种多样，按责任可划分为义务教育和非义务教育；按受教育时间段可分为幼儿园、小学、初中、高中、本科、研究生教育。学校按功能类型可分为普通学校、职业学校、培训学校等；按空间类型可分为国内教育和国际教育等。不同分类标志着学校内涵不同，其实质是教育的方向不同。中国实施的九年义务教育制度，由法律做了具体规定并保障实施，因此，义务教育学校的内涵就有了明确性。现实中，人们包括教育界人士，依然对义务教育为什么不能择校，学校为什么不可以选学生，教师教学为什么要面向全体，为什么不可以按考试成绩排名等问题存在疑虑。对比义务教育，中国的高中教育、职业教育、高等教育的学校，其内涵就有明显的不同。

二、教育对象的偷换

学校是什么？学校是由一定的空间和有知识教养的成年人构成，专职为青少年传播文明、传播思想、传播真理，使其更好地成长为优秀公民，促进社会进步的机构。

按照此概念考察学校的内涵，教育对象是"人"，而不是所传授的知识或规则。事实上，许多学校教育误把知识、方法、规则作为传授的对象，青少年学生——"人"，已经完全成为接受知识的容器。所有学生，以班级为单位，在同一空间、同一时间，必须接受同一知识、同一方法、同一规则。在教师心中，让学生掌握知识、方法、规则的目标排在第一位，至于学生在学习过程中的个人综合素养，包括独立思想、情志追求、合作要件、批判思维、兴趣培养等的发展，实质上已经退到了第二位，或者完全被知识传授所替代。在教师眼里，全班只有一个抽象的、共同的"学生"在那里等待被灌输知识。学生俨然是一个器具，而不是充满灵性的不同个体。

具体考察教师的工作，或许对人们有些启发。

教师备课的内容主要有两个方面：一是"备学生"，二是"备课标、备教材"。"备学生"，主要指对学生现有的生活经验，对学生原有知识掌握程度的了解。事实上，因为多数教师始终和学生生活在同一地域，或长期教授学生，所以，学生的生活经验和原有知识掌握程度，也就隐藏在教师思想中，成为教师"备课标、备教材"时的素材。但是，学生作为充满灵性的教育对象，其情志追求、意志品性、合作要件、批判思维、灵动能力、生命修为等素养并没有被给予特殊关照。或许教师关注了学生，但他只是关注了在全班同学中，抽象出来的那一个"学生"的生活经验和原有知识储备情况。

"备课标、备教材"主要指依据课程标准、教学材料，如教科书等，确定传授的知识内容及程度要求。对教师而言，需要明确知识和技能目标：哪些是重点知识，哪些是难点知识，哪些知识是要求大致了解的，哪些知识是要求理解掌握的；哪些技能是要求知晓的，哪些技能是必须掌握的。过程与方法目标则处在相对次要位置，只需教师围绕知识点设计教学过程，在过程中体现方法。教学方法的选择要尊重心理学、教育学规律，其目标直指知识的掌握和学生能力的提升。它体现了对抽象的"学生"的认知层面的关系。情感态度与价值观的目标的重要性更不显著，虽然教师在备课过程中也对这一层面给予关注，在教案上有所体现，但一般不会像对知识目标、过程与方法目标那样深入思考。很多情况下，情感态度与价值观的目标由知识与技能目标、过程与方法目标所代替。

教师上课的过程基本遵循教师备课的整体设计。课堂结构主要围绕知识传授进行，突出对知识的理解与运用，主要有以下七个环节。

一是复习与巩固。教师讲授新课之前，一般要复习旧知识。可以由教师直接提出问题，随机抽检学生回答；也可以以习题、实际问题或给定某一情境问题的方式，由全体学生共同完成，以检测全体学生对已学知识的理解。

二是引入新课。教师根据新的授课知识内容，结合学生的原有生活情境和知识储备，构建起旧知识和新知识的关联，从而激发学生获取新知识的意愿。

三是讲授新课。教师围绕新知识的理解与记忆，构建概念、原理、规律等，从而帮助学生积累新知识，建立知识框架或逻辑体系。

四是理解运用。教师围绕新知识点的理解及能力、方法的建构设计问题或习题，由学生完成。教师通过发现学生对知识理解存在的偏差，在此基础上，进一步纠正学生使其能够对新知识深入理解。

五是巩固内化。在学生对新知识理解运用的基础上，教师围绕新知识点，以不同的问题形式，或层层递进，或给学生设置陷阱，通过问题的解决过程，实现学生对新知识的全面、深刻理解。

六是综合评价(一般是一章或一个单元安排一次)。教师通过编制试题，突出对重点、难点知识掌握情况以及方法应用、能力提升等方面的考察。通过分数评定，评估学生对知识掌握的情况以及不同学生获取知识的潜在能力。

七是布置作业。教师围绕传授重点、难点知识以及重要的方法技能，发现学生存在的问题，通过布置作业，巩固、纠正、内化学生对知识的理解，实现其知识体系的建构。

除了备课和上课，教师还负责指导两类学生社团。一类是针对国家或地区举办的学科知识竞赛、科技竞赛、体育竞赛、编程竞赛、演讲竞赛等组织的社团。该社团由学校指定优秀的专职教师，按照竞赛获奖的标准去设计、组织培训，选拔出由优秀学生组成的兴趣小组。有条件的地区可请高校和研究所人员指导。另一类是学校组建的艺术社团。艺术教师根据艺术展演的要求，侧重于社团的乐器、声乐、舞蹈、绘画等技术训练，有条件的地区可请专家担任技术指导或顾问。

综上所述，教师上课的每一个环节都围绕知识理解、知识建构、知识运用、方法掌握、能力提升进行。所以说，教师关注的是知识而非学生本身，知识传授完全取代了对学生的精神关怀和人格培养。

教师的课堂围绕知识传授，学校开展的社团活动等也着眼于知识与技能训练。学校依据社团参加各项比赛活动获得更好的名次，考核社团和教师。即使是学校自己组织的活动，也突出竞技比赛，育人效果只是其副产品。由此看来，学校开展各项活动，把获奖作为一种手段，凸显知识与技能的训练，却没有考虑把育人作为主要任务。

三、学校内涵历史演进及其惯性的存在

学校自产生以来，其教育功能及教育性就确定了。因此，人们视学校教育为教育的代名词。世俗社会把人类社会教育，包括家庭教育的责任落在了学校身上，导致"教育"的概念被窄化为"学校教育"。当然，这是狭隘的认识。学校的产生是人类重视教育的标志——有了专门的教育机构。自此，教育本质属性不仅没有被弱化，而且得到进一步加强。传授知识、培养人格，始终是学校教育的本质属性。显然，教育对象——人处于核心位置。传授知识、培养人格，都要围绕人来进行。换言之，传授知识、培养人格，为人提供了内容与装饰。内容丰富、装饰完美，人格就丰满、高尚。

虽然教育的本质属性始终没有变化，但人类不断地生产知识，不断地重塑人格标准，因此，传授知识、完善人格的方式就需要不断地更新，从而需要学校不断地赋予教育新的内涵。奴隶社会时期，中国学校主要教授"六艺"，即礼、乐、射、御、书、数；西方学校重视军事体操训练、读、写、算、音乐、文学、政治和哲学。封建社会时期，中国学校主要传授四书五经，也包括一些数学、天文学、医学等自然科学知识。西方中世纪教会学校教育的"七艺"包括语法、修辞、逻辑、数学、几何、天文、音乐，骑士教育的"骑士七技"包括骑马、游泳、投枪、击剑、打猎、下棋、吟诗。到近现代时期，基础教育为适应工业化、信息化、经济全球化的社会，增加了自然科学、信息科学、工程技术和外国语言等内容；人文学科也得到了调整和适当压缩。可以看出，不仅学校传授知识的内容变化较大，其对人格培养的要求也发生了很大的变化，以适应不同形态的社会需求。

随着历史演进，学校教学组织形式与教学方法等也在发生变化。就教学组织形式而言，陈桂生给出了两个阶段的划分，第一个阶段（16—19世纪）是从古代的个别教学制向近代的班级授课制转变；第二个阶段（19世纪末至今）是从近代单一化的

教学组织形式向当代多样化的教学组织形式转变①，如小组合作学习、探究式学习等。就教学方法而言，古代社会多采用灌输、摘抄、背诵等学生被动接受的教学方法，近现代多采用联系实际、启发学生思考的教学方法，遵循学生心理发展规律，运用现代技术手段传授知识，并出现了当代讨论法、发现法等建构知识理论的新方法。

此外，学校内涵的其他方面，如教育对象、师生关系、设备设施、时间分配等也随着人类对其认识的加深得到丰富、完善与发展，呈现出不同程度的历史演进。

伴随着社会进步，学校教育虽然鲜明地呈现出不同历史阶段传授知识和人格培养的特征，但是与人类社会的发展并不同步，一般呈现稍微滞后的状态。这是由于学校教育存在惯性。如果我们忽视学校教育惯性的存在，就容易固守学校教育原有的认知和观念，以致缺乏教育变革的动力。自夸美纽斯"把一切事物教给一切人类的全部艺术"的观念产生至今，班级授课制的传统教育方式一直存在，而且强有力地发挥着指导教学的作用，对教学组织形式、教学方法运用、知识传授与人格培养、师生关系等固有思维范式产生了深远影响。虽然它是工业化大生产的产物，但依然成为世界各国最基本的教育教学组织形式。学校像一个工厂，教育像是一道生产工序，始终被规定着起点和终点。在后工业化时代，班级授课制已经存在明显的不足。然而，当人类进入信息化社会、大数据时代，班级授课制依然具有强大的生命力。其原因是什么呢？至少我们可以找到部分原因：班级授课制有利于提高教育工厂的生产效率，在教育实践中也得到教师的拥护。显然，相比个别教学，它具有明显的效率优势。从教师的角度看，这种形式客观上决定了教师处在主要地位，学生处在次要地位；教师依然有明显优势可决定学生学什么、怎么学；学生始终处于低位状态。由此可以理解，"讲授法"教学是教师最常用、最喜欢用的一种教学方法。因为它能充分发挥教师的主导作用，既有利于节约教学时间、提高教学效率，又有利于学生系统地掌握知识。由此看，教师教学方法改革在不依靠外力推动的情况下，很难由大多数教师自发进行。

_____

① 陈桂生：《学校教育原理》，24页，长沙，湖南教育出版社，2000。

四、学校内涵要素:"人"的再认知

如果回溯上面给定的学校概念,便容易找到构成学校内涵的各项要素。要素之间相互支撑运转,构成学校丰富的内涵;要素意蕴的变化,赋予了学校教育的新内涵。其中,"人"是构成学校最基础的要素,也是最活跃的要素。对"人"要素意蕴的深刻认识,有利于人们深刻洞察学校教育内在的本质属性,从而为评判一所学校的优劣提供更有价值的标准依据。

自学校产生,"人"作为教育对象和教育者就存在了。教育对象也没有年龄限制,成年人和未成年人均可接受教育。

在早期的基础教育阶段,受教育者——学生,就像接受知识、观点、思想、技能的工具或机器,因为学生不具备对话的基础,也不具备对话的条件。当然,从一定意义上说,教育依然具有传承文明、传播思想、开启智慧的作用。但是,教师和学生是绝对不平等的关系,教师具有绝对权威,学生必须绝对服从。因此,教师与学生的关系,本质上是压迫和被压迫的关系。

"学生"概念的产生,是人类的伟大创举。当未成年人群体,作为学校学生成为独立概念时,教师和学生的关系也进入了教师绝对权威时期,即师道尊严时期。教师的权威是不可触碰的,教师是真理的代言人。教师教学重点研究知识传授、礼仪习得、技能掌握、智慧启迪等方面,较少从学生心理发展的视角实施教学。这一时期,个别教学突出了因材施教,其实质指向对学生外在的培养而不是对学生自身素质的提升,即指向学生获取知识和能力结果的可能性和价值性。但是,这一时期"未成年人""儿童"或"青少年"作为独立的概念,在人类群体中分离出来,成为人类最具潜在价值的群体,并通过"教育"获取特殊关怀。这是人类最明智、最有意义、最有远见的决断。

人类对自身的认识及哲学和心理学的发展极大促进了学校教育的发展。在教育上,遵循笛卡儿近代认识论的主、客观二分的原则,形成了教师和学生的主、客体关系的划分。教师为主体,意味着把学生放在客体位置上进行客观的、价值中立的观察与分析,只有这样才能透过表象认识学生的优势与不足,如学生的兴趣、爱好、特长、智力等，教师才能有效地主导教育教学活动。主、客观认识论哲学从理论上和哲学的高度上确立了教师的位置。教师的主体性不仅体现在对学生上，而且也体现在对学校所有物的空间建设、使用及其他客观实在上。换言之，教师是学校的主人，教育教学效果完全取决于教师的素养、能力和水平。显然，教师的专业属性和职业地位得到了历史性的确立，教师教学积极性达到了历史上的空前高度。在教学实践上，主、客观认识论从一个侧面揭示了教师与学生的真实关系，对教学发挥了巨大作用，直到现在仍具有顽强的生命力，应当充分肯定其价值。但也要看到，在教育教学实践中，主、客观认识论把学生置于类似于物的客体位置，没有完全反映学生生命灵性的特质，具有一定的局限性。

主、客观认识论体现了教师对学生绝对的控制色彩：在教育上，体现家长制、一言堂；在教学上，呈现单向度的知识灌输。教育者所关心的是如何有效地、可控制地进行知识传授。至此，学生成了知识的容器，其思维受到压抑。学生处在边缘位置，笼罩在教师权威的控制之下，势必导致师生关系的紧张和对立。

人们借用现代哲学认识论——"交互主体性"理论，消解传统认识论中主体强加到客体身上的权威和控制色彩。教师为教的主体，学生是学的主体，每个主体都有自己的世界，在各自的世界中进行观点交流和思想碰撞，实现世界融合、达成相互理解，从而建构一种新型的师生对话与交往关系，即"主体间性"或"双主体"师生关系。

这一关系凸显了学生的位置，学生从台后走到了台前，从被动走向了主动；让学生掌握接受、探究、质疑、模仿、讨论、体验等不同的学习方式，以此突出学生学习的主体地位；使学生在互动过程中建构知识、体验情感、生成能力，从而改变传统教学中教师为主体的教和学生被动接受学习的模式。教师是教的主体，是教学过程的组织者、引导者和促进者：教师主导教学目标设计、教学活动组织、课程资源选择以及学校课程的开发等；积极并运用先进的教学方法，不断提高专业水平，对学生进行针对性的教学，促进学生个性发展。毫无疑问，师生"双主体"教育理论，切实转变了教师教育教学观念，推动了教育教学改革。但是，在教育教学实践中，该理论的可操作性不足。

究其原因，本人认为，胡塞尔现象学"交互主体性"概念坚持意识主体的多数性，认为交互主体性是"生活世界"中人与人之间的理解、沟通和交往的前提，旨在为多元主体之间的交互作用提供一个平等对话的基础。这里面有个潜在的信息需要明确："交互主体"是自在的个体，处在绝对平等位置，彼此不以"交互主体"原有及交往后的理解、沟通、交往的能力为关注点，只关注彼此即时信息的建构，以实现即时信息沟通、理解为目的。比如，一个客人来到家里，与主人家的儿童交流语言学习问题，显然和学校语言老师与儿童交流语言学习问题具有本质的差异。客人与儿童的语言交流，只关心语言交流中的一些问题，为即时性信息的沟通、交流，没有约定客人与儿童的相关责任，随客人交流结束而结束。语言老师与儿童关于语言学习问题的沟通交流，不仅要解决即时性信息沟通、交流的问题，而且要关注儿童语言学习基础及未来语言发展的可能。因为，教师和儿童有法律明确规定的关系——教师有引导儿童成长的义务，儿童也有成长的权利。教师与学生关系有别于社会生活中人与人交往的关系，教师与学生关系的本质是法律规定的教育与被教育的关系，其目的指向学生成长。"交互主体性"尽管也揭示了学生主体灵性意识，但不能够真实、客观、完整地反映包括小学、中学和大学师生间的关系。因此，"双主体论"或"主体间性"教学论具有明显的局限性。

具体考察学校教师与学生的身份，可以发现如下特点：(1)学生在客观上和事实上相对教师在思想、学识、能力以及可调动资源等诸多方面，处于明显的弱势地位；(2)教师和学生具有法律赋予的教育和被教育的责任，具有完全相同和明确的任务目标——学生成长；(3)教师在促进学生成长的同时，也要促进自己的成长，以便更好地促进学生的成长——"教学相长"。因此，学校的师生关系，是一对法律赋予的"合作成长"关系，是一个"合作成长共同体"。学生始终处在前台的中心——"学生成长"是核心任务。

由此看来，"合作成长共同体"师生关系的建构，揭示了学校师生关系的客观实在，是真实的师生关系。

五、学校内涵要素："空间"的再认识

学校空间非常重要，不仅包括校内，也包括校外，学校就是连接校外空间和校

内空间的符号。至于校外空间的大小，就取决于人们对学校的认可度及学校内涵发展的需要了。

学校空间有物理空间、人文空间和网络空间。学校办学历史总是以空间构成学校的时间为标尺，空间见证了学校办学的历史。

学校的物理空间、人文空间和网络空间都具有自在性、人为性和自为性特点。

1. 学校的物理空间

其实，学校的物理空间很好理解，它在那存在，它就是学校。它可以直接被感知、被触摸，人们可以去参与、生活在其中；它给人以回忆，给人以情感，给人以力量，给人以寄托，给人以希望，给人以欢乐，给人以忧愁……它充盈着丰富的故事……它连接过去与未来，但它永远处在现在。这就是学校空间自在性、人为性与自为性呈现的丰富内涵。

学校空间自在性，是指学校纯物理空间的落成，包括学校建筑、校园、教室、实验室、图书馆、阅览室、办公室、谈话室、会议室、展览室、接待室及其一切教育教学设备所占据的原始空间的落成。学校空间的自在性，为学校赋予空间的人为性奠定了基础，也为学校发展后续空间提供了可能。

学校空间的人为性，是指学校空间在自在性的基础上，赋予并包含了人的内涵，即自在空间和人共同构成的空间。空间的人为性体现在两个阶段：一是人为性的静态阶段，即人在空间自在性的基础之上，赋予了其期望的内涵，如空间的命名、设备设施的选择、空间环境的布置等。二是人为性的动态阶段，即按照人赋予的内涵使其发挥真正作用，但是不人为变革"自在空间"的规制，而按原有空间结构及布局组织开展各项活动，如实验室的应用等。因此，空间只有被赋予了人为性，它的自在性才能消解，才具有使用功能及真实意义。

学校空间的自为性，是指在人为性空间基础上，充分发挥空间使用者对"人为空间"的理解进行再造。以学生为中心，对人为性空间进行再造，让人为空间为使用者的目的服务，如对会议室的绿植、桌椅的不同摆放等。

学校空间总是呈现以上三种空间状态。学校的空间状态呈现出学校教育的境界，是学校教育价值追求外显性的方向性标志。因此，学校三种空间状态是考察学校内涵的重要观察视角。在三种空间状态中，自为性空间状态是学校教育最高境界的标志。

如果学校大多呈现为自在空间阶段，说明这个学校或其新校址刚刚建设。如果学校有较大数量的空间处在人为性空间的第一阶段，诸如校园、教室、实验室、音乐教室、美术教室、舞蹈室、展览室、办公室，会议室、接待室、运动场、学生食堂等，第二阶段还没有开始，说明这个学校办学规模较大，且正在为开学做准备。如果深入到学校内部，考察学校人为性空间中的教室、食堂、操场、校园等处在第二阶段，而实验室、图书馆、阅览室、中午或下午放学的操场处在第一阶段，那么这个学校基本上是以升学为导向的，培养人格退居到了第二位；如果学校校园及各功能教室，都处在人为性空间的第二阶段，那么这个学校办学是规范的，运转是正常的，对外交流的态度是开放的，学术气氛是活跃的，学校有较清晰的办学方向，办学有一定的品位，教育教学氛围较好。相信这个学校的校园文化一定是经过学校领导和教师精心规划、设计的，或具有一定的历史文化积淀。学校办学方向，可以从学校典型景观、校园的美化绿化、操场布局设置、橱窗宣传栏、学校历史馆等窥其一斑。

如果学校物理空间进入第三个阶段：学校的操场、体育设施、教室、实验室、活动室、会议室、图书馆、阅览室、食堂等空间都将充满生机与活力。校园文化建设不仅让人感受到校园与学生年龄段和谐一致的美，更能让人触摸到学校深厚的文化底蕴，给人以精神力量，唤起责任担当，实现"不言而育"。进入校园，浓厚的校园文化气息有如磁石般吸引人参与其中，在与环境互动中体会到人的尊严，追求高雅的生活情趣，激起人性潜在的智慧力量。在此，人们将不由自主地发自内心地呼唤："校园真美，校园真好！这是我梦中追求的乐园。"

教室空间的桌椅不是没有情感的、呆呆的、木木的工具，而是充满人情味儿的、有温度的。人与人之间的关系由于桌椅的搭配更密切了，人们之间的情感更融洽了：由陌路人变成了共同体，由竞争对手变成了成长伙伴，由袖手旁观变成了主动配合……老师也从神圣的三尺讲台上走到了学生中间：由课堂控制者变成了课堂组织实施者，由知识传授者变成了知识建构者，由局外人变成了学生的朋友。教室还是那个教室，学生却站在了中央。至此，教师的情感和智慧构成了流动的坐标系，每个学生都感受到了教师情感的关怀、智慧的启迪。

在实验室、图书馆、阅览室、操场等空间的建构中，学生是主角，教师则变成了配角。实验室的仪器、图书馆的藏书、阅览室的文献、操场的体育设施等静态工具，由于学生的到来，被赋予了生命的活力。是他们，让本该静态的物理空间洋溢着情感、智慧和力量。这样的时空充满了灵性，连接着过去、现在与将来。

2. 学校的人文空间

人文空间，是指由于组织的存在而自然存在的一种文化空间。由于组织的存在而自然存在的文化空间属性，称为人文空间的自在性。它不是组织或个人有意识地追求的结果，而是在一个组织建立后自然形成的。因此，不管学校是大是小，人是多是少，人的整体素养、学识水平是高是低，人文空间一定存在。即便是新成立的学校、新组建的班级、新构成的团队，从其最初成立起，人文空间就存在了。最初的人文空间，即呈现了人文空间的自在性。

学校人文空间的人为性，是指人们在人文空间自在性基础上赋予人文空间某种价值追求而具有的属性。人文空间的人为性也存在两个阶段：第一阶段，是指学校组织在人文空间自在性基础上，形成明确的核心价值追求、目标及实施策略。比如，民国时期，北京大学蔡元培先生提出的以"思想自由，兼容并包"为办学方向；清华大学"自强不息，厚德载物"、北京师范大学"学为人师，行为世范"等都明确指出了学校追求的核心价值。学校人文空间人为性的第二阶段，是指学校所有成员为追求学校核心价值在思想和行为上为之不懈努力的过程。人文空间人为性第二阶段在学校能否呈现，取决于两个因素：一是学校的核心价值追求是否符合时代及未来发展的需要，是否为全体教职工和学生及其家长、社会所认同的方向。二是学校提出的目标、措施是否可行，学校组织是否有计划、有步骤、有策略真正落实到工作推进中。中国历史上在抗日战争炮火洗礼中成长起来的国立西南联合大学，其校训"刚毅坚卓"，恰是师生八年日常学习和生活的真实写照。西南联大的师生从象牙塔中走出，冒着生命危险，穿越一道道火线，跨越湘、黔、滇三个省份，只是为了在中国找到一张安静的课桌。在毕业的 3 882 名学生里，走出了 2 位诺贝尔奖获得者、5 位国家最高科学技术奖获得者、8 位两弹一星功勋奖获得者、171 位两院院士以及 100 多位人文大师。西南联大，从 1938 年开课到 1946 年结束，虽然只存在了短短 8 年，却留下了短暂但辉煌的历史，展现了当时中国知识分子的爱国良知和担当意识，体现了中华民族精神的伟大力量。

学校人文空间自为性，是指在人为性空间基础上，充分发挥人的主观能动性，体现在人的学识、思想、方法、修养、境界上，对组织及其他成员甚至社会都具有重要启迪、影响、引领的作用的空间属性。它是学校名师或国家大师级人物，甚至为人类的文明都作出突出贡献的人物影响力的呈现。学校人文空间自为性的呈现，至少需要两个基本的条件：一是学校组织能够为学校人文空间自为性提供良好的氛围和物质条件，并得到社会的支持和认可；二是取决于校长和学校教职员工自身学识、能力、修养、意志、追求等综合素质。因此，学校校长、教职员工、学生越优秀，越有利于学校人文空间自为性作用的发挥。学校呈现的人文空间越明显，对人的影响也越大。北京大学教授张岱年曾在北师大附中读书，他曾表示永远都忘不了林砺儒校长 1924 年对全校学生的一次演讲，其中讲到德国哲学家康德的三大律令中，最重要的一条就是把人人都看作目的，不要看作手段。林校长认为这是康德的大发现。70 多年后，张岱年依旧记得这次深刻的教育。

3. 学校的网络空间

学校网络空间是自 20 世纪末期出现的空间概念。当然，还有许多学校没有建立自己的网络空间，而是共享本地局域网或城域网的资源。网络空间像物理空间、人文空间一样，也有自在性、人为性和自为性的属性。

学校网络空间自在性，是指学校通过建立网络空间平台，或虽没有自己的网络平台，但校园网已实现了全覆盖，即师生可以通过本地局域网连接到外网而赋予空间的属性。

学校网络空间的人为性，既不同于学校人文空间的人为性，也不同于学校物理空间的人为性。当学校没有自己网络空间平台，完全依靠局域网连接到外网时，其人为性第一阶段完全取决于局域网。网络空间人为性第二阶段取决于学校。一是取决于学校对网络空间认识及其开放观念——网络空间扩大了人的视野，足不出户可游览世界，获取更多的信息资源，可交流研讨、寻求支持帮助。但是，网络空间是虚拟空间，信息鱼龙混杂，真假难辨，暴力、低俗内容时而充斥其中，所以网络空间正负能量同时存在，由此，学校网络空间人为性的第二阶段就取决于人们对网络空间的态度。其实，物理空间的正负能量也同时存在，人们总是身在其中，只不过网络空间相对物理空间具有更加的隐蔽性、单一性，对人的自控力、意志力是极大考验。二是取决于学校对网络空间的管理及价值取向的约束——学校网络通过局域网连接到外网：一方面，通过局域网管理实施对网络空间的净化，并通过地址进行监控管理；另一方面，对学校师生进行正向引导，让人们像在物理空间旅游、购物、进图书馆一样，学会筛选需要的、有价值的信息。因此，学校对网络空间管理和其使用价值的追求以及对网络空间的态度，是一所学校现代化程度的标志。

学校网络空间的自为性往往受到限制。只有学校拥有自己网络平台，才能较好地体现网络空间个性化建设。教师在学校网络空间平台自为性方面，远不如教师在学校物理空间自为性更有作为。而巨大的网络空间为教师网络空间自为性建设提供了可能。

事实上，当前学校网络空间正在发挥应有的作用。2020 年，受新冠肺炎疫情影响，北京自 2020 年 2 月 17 日开始实施延期开学。学生居家期间，开展"停课不停学"活动。除教育部、北京市提供的课程及其学习资源外，各地区也提供了网上课程学习资源，各学校教师结合实际，指导学生网上学习并组织学生开展网上学习活动。11 个实验学校教师借鉴了学校课堂教学改革的经验，在网络空间中进行了广泛的应用，同时进行积极探索，取得了较好的效果。润丰学校的王晓忱老师，在理想教育文化课题研究组交流群中说："疫情期间开展线上直播和会议互动，让我对如何扰启学生有了一些新的想法。其实，扰启不一定非要是师生之间的，生生之间的也可以。在常规课堂上，可能有些学生不太好意思当着很多同学和老师的面发表自己的观点，（在）课时在线对话的时空转化下，顾虑小了很多。在讨论复习知识或者进行班会的时候，同学们发言明显比平时积极，更愿意说出自己的想法，而且会更好地扰启其他同学，引发其他同学的质疑和思考。"他接着说："我觉得当疫情结束，师生们回归学校开始正常教学时，这种线上时空转换下的对话方式，也应当保持下去，是一种很好的辅助手段。"润丰学校教师冯永新表示："在疫情期间，我校各班建立了学习群，师生在学习群里交流分享，答疑解惑……而这些疑问恰恰是答疑时他的问题发生点，也是扰启的点。当然，师生的对话未必局限在群里的言语，这里的对话还包括其他形式，如音视频的制作、艺术创作等。只要对话的内容是学生真切需要的，对话就会实质发生。事实证明，我们有的学习群教师在这方面做得非常好，学生参与度非常高，师生的对话畅通真实，让线上的学习活动发出真切、真实的声音。后续我们还会保持这样的学习方式。我认为，当全体师生明白了理想文化的真谛，能在时空对话中找到合适的策略，效果一定会更加突出。"

可以预见，未来的教师不仅有自己"三尺讲台"的物理空间，更有广阔的网络空间。空间自为，属于教师。

六、学校内涵要素："时间"的运用

时间和空间总是联系在一起，空间建构总少不了时间伴随。学校空间和时间要素是构成学校内涵的基础。不管是物理空间、人文空间，还是网络空间，其自在性、人为性、自为性没有时间的支撑，一切都是泡影。

按照全国统一规定，每学年分为两个学期，秋季开学为第一学期，春季开学为第二学期。学校教育教学活动均按两个学期安排。但不同学校由于教育水平、办学目标和办学理念的不同，对时间有不同的安排，进而赋予空间不同的内涵，以此呈现出不同的课程设置。通过考察学校不同的时间安排，窥视学校不同物理空间的自在性、人为性和自为性状况，可以进一步感受学校教育价值的判断和品位的倾向。

时间安排、空间使用是一所学校文化风格和精神气质的重要呈现方式。下面呈现两所中学和普通中小学的时空安排：一是以校友回忆的方式呈现20世纪30年代北京汇文中学时间和空间的安排；二是以学期划分及课程设置的方式呈现21世纪北京中学时间和空间的安排；三是以"一日作息时间表"的方式呈现一般小学、初中、高中时空安排。[①]

据北平汇文中学的何纯渤[②]先生回忆："当时汇文学校运动场所一个大院里边运动项目就有四十八种。下午四点到六点，所有的图书馆、自修室全部都锁门。他（指学校）就不让你待在屋子里边。下雨天他都把你朝外放。……在汇文校史资料上看到这样一组照片：背景是学校大操场，操场中是一群正在进行课外活动的学生，有打

---

① 普通中小学学期划分和"一日作息时间表"，由于均按教育行政部门课程设置的安排，若学校不做课程改革，各学校则基本相同。

② 何纯渤，1914年生，1931年入北平汇文初中部，1936年毕业于汇文高三理科甲班，1963年由周总理任命为电力部水电总局局长兼党组书记。

网球、翻单杠、踢足球、打棒球、篮球赛，还有田径练习等，一派龙腾虎跃的景象。插页右下角写着一段话：四点以后的人们都是活跃的。朋友，你瞧，他们多努力！你要想你的身体健康吗？那么，每天四点以后的宝贵时间，千万不要放弃啊！"[①]

2013年9月，北京中学开始实行"大小学段制"。每学年分为两个学期，每学期分为两个大学段，中间设一个小学段，大学段9周，小学段2周。大学段以校内学习为主，小学段以学生自主活动、综合实践与社会考察为主（见图2-1）。小学、初中、高中各年级课时安排也不相同，比如，六年级每周共安排30课时，其中，基础课程占70％，用于国家课程的学习；拓展课程占30％，用于校本课程的学习（见表2-1）。如表2-2中第一学期课表所示，体育课按每课时60分钟安排；音乐、美术、服务课程按2课时90分钟连排；其他学科按每课时40分钟安排。上午课程按行政班级上课，下午课程按"走班制"上课。

图2-1　北京中学的"大小学段制"

表2-1　北京中学六年级课程安排

基础课程	语文	数学	英语	科学	社会	体育	音乐	美术	技术	合计	占总课时的比例
	4	4	3	2	2	3	1	1	1	21	70％
拓展课程	学院系列		阅历系列		服务系列	雅趣系列	健身系列			合计	占总课时的比例
	2		2		2	1	2			9	30％

① 王丽：《汇文钟声：一所中学远去的背影》，见傅国涌：《过去的中学》，137～138页，北京，同心出版社，2012。

表 2-2 第一学期课表

1班						
		周一	周二	周三	周四	周五
8:00 — 8:40	第一节	语	英	语文	英	语
8:50 — 9:30	第二节	数	数		数	科学
9:30 — 9:50	课间	自主活动(原地放松操)				
9:50 — 10:30	第三节	英	社会	科学	社会	数
10:40 — 12:40	自修	自主活动				
12:50 — 13:05	微课程	微课程				
13:10 — 13:50	第四节	学院1	服务	美术(技术)	音	阅历1
14:00 — 14:40	第五节	学院2			雅趣	阅历2
14:50 — 15:50	第六节	体育	健身1	体育	健身2	体育

学校的空间、时间和课程总是联系在一起,不同学校的课程安排,呈现了学校对知识、智慧、人格培养追求的差异,进而呈现了不同的教育境界。一所优秀学校的品质体现在学校赋予其内涵要素的意蕴上。

表 2-3、表 2-4、表 2-5 分别列出了一所小学、初中、高中的一日作息时间安排。读者可比较分析。

表 2-3 某小学夏季一日作息时间表

午别	时间	周一	周二	周三	周四	周五
上午	7:40 — 7:55	行政7点之前做好准备,教师及学生课前准备				
	7:55 — 8:00	晨检				
	8:00 — 8:40	第1节				
	8:45 — 9:30	课间操				
	9:35 — 10:15	第2节				
	10:25 — 10:30	眼保健操				
	10:30 — 11:10	第3节				
	11:20 — 12:00	第4节				
中午	12:00 — 12:40	午饭、值日				
	12:40 — 13:10	午间阅读				
午检	13:10 — 13:20	午间休息				

午别	时间	周一	周二	周三	周四	周五
下午	13:20—13:25	眼保健操				
	13:25—13:35	广播				
	13:35—14:15	第5节				
	14:25—14:30	眼保健操				
	14:30—15:10	第6节				
	15:10—15:30	环境整理				
	15:30—16:30	语文、数学教研组活动;副班上自主幸福课程	全体教师例会(15:40—17:00)	科任教师进行教研活动,班主任上阅读课程	正副班协调安排学生管理	班主任老师进行年级教研;科任老师进班管理
	16:30—17:30	课后管理		课后管理		课后管理

表 2-4　某初中第一学期的作息时间表

午别	时间	周一	周二	周三	周四	周五
上午	7:10—7:30	操场开放体育锻炼				
	7:30—7:55	晨检				
	8:00—8:45	第1节				
	8:50—9:20	课间操				
	9:25—10:10	第2节				
上午	10:20—10:25	眼保健操				
	10:25—11:10	第3节				
	11:20—12:05	第4节				
中午	12:30—12:55	午休				
下午	13:00—13:45	第5节课				
	13:55—14:00	眼保健操				
	14:00—14:45	第6节课				
	14:55—15:40	第7节课				
	15:50—16:35	分层辅导				
	16:40—15:10	体育活动				
	17:30	静校				

表 2-5 某高中春夏秋季一日作息时间表

午别	时间	周一	周二	周三	周四	周五
上午	7:40 — 8:25	第 1 节课				
	8:35 — 9:20	第 2 节课(周一为升旗仪式)				
	9:30 — 10:15	第 3 节课				
	10:25 — 11:10	第 4 节课				
	11:20 — 11:25	眼保健操				
中午	11:25 — 12:10	午餐时间 & 自由活动				
	12:45 — 13:10	午休				
下午	13:20 — 14:05	第 6 节课				
	14:15 — 15:00	第 7 节课				
	15:10 — 15:15	眼保健操				
	15:15 — 16:00	第 8 节课 (周二为班会)				
	16:10 — 16:55	第 9 节课检测(周二无第 9 节和晚自习)				
晚自习	16:45 — 17:25	晚自习				
	17:25	高一高二放学				
	18:30 — 20:30	高三晚自习				
	20:30	高三放学				

注：周二至周五每天一节体育课。

/ 第三章　教育发生的审视 /

本章将观察的视角由外部转移到教育发生的内部，以便考证教育发生的基本条件，认识教育发生的本质，探索教育发生的机理，论证教育内涵的确定性，尝试解释当前存在的教育问题，为寻求教育微观领域改革的方向、策略与措施提供依据。

一、教育发生的本质属性

众所周知，教育按来源分类，有家庭教育、社会教育、学校教育；按内容分类，有知识教育、思维教育、能力教育、礼仪教育、艺术教育、文化教育等；按教育对象分类，有他人教育和自我教育。由此看，无论通过何种渠道接受何种教育，人都是可教育的。

从广义角度讲，动物界也有教育，或称为泛在性教育。这是从教育内涵——知识(行为)传授和人格(动物格)培养的角度认识。比如，狼的教育包括奔跑速度训练，气味、叫声、肢体动作等信号的含义传授，狼群的集体分工、等级观念等内容。总的看，不同动物有不同的教育方式，主要体现在两个方面：一是动物本身历史经验关系记忆(DNA记忆)呈现知识或行为的示范；二是现实经验关系(知识或行为)的传承。动物教育的根本目的，直指动物的生存或更好地生存。如果我们承认动物界有泛在性教育，那么就应该认可植物界也有泛在性教育；换言之，生命界都有泛在性教育。究其原因，一是生命界所有生命都存在固有的历史经验关系记忆(DNA记忆)，以此确保对应生命格存在；二是所有生命在历史经验关系记忆的基础上，都能够积极获取现实经验关系(知识或行为)。比如，植物习得不同温度、湿度、光合作用等环境唤醒的知识或行为。由此推论：从广义的角度讲，生命界存在泛在性教育，否则，此生命种类将不复存在。

值得强调，虽然从广义角度，生命界都存在教育，但教育本质有重大差异。植物界泛在性教育，呈现出植物习得适应自然界的知识或行为，如乔木、灌木等的生长行为；再如，生活在沙漠里的胡杨先长根部，后长树干和枝叶。植物界的教育者是大自然。不同的自然环境可视为不同的教育者，即使是同一种类植物，其生长行为也有较大差异——"橘生淮南则为橘，生于淮北则为枳"可认为由不同教育者所为。大自然作为教育者不仅能够公平教育，而且实现了因材施教：不同种类的植物，如迎春、连翘、丁香、柳树、桃树、梨树、松柏、冬青、银杏、桂树等习得适应温度、湿度、养料成分、光合作用等知识或行为不同。

动物界的泛在性教育，相比植物界泛在性教育性质更先进、更有优势。其原因主要有三个方面：一是动物生存领域相比植物更广泛，在一定程度上比植物改造自然的能力更大；二是动物习得知识或行为，一般依靠动物父母或成年动物榜样的示范，并在实践中应用、巩固；三是动物父母或成年动物，扮演教育者角色，教育效率明显增强。除此之外，大自然在动物种群也扮演着重要教育者角色。动物种群要接受、习得大自然提供的现实经验关系，实现种群整体进化；在此基础上，成年动物肩负着对幼小动物传承生存的知识或行为的任务。

人类的教育与动植物的泛在性教育存在本质的区别，这是人类区别于其他一切生命的关键条件之一。人类教育不仅传承知识或行为，而且促进人类智慧成长，使人类在进化过程中，能够改造环境，成为自己命运的主人，而不是环境的奴仆。为了抵御寒冷，人类开始生火、穿衣、盖房子等；为了解决饮食，人类发展了种植业、养殖业，改良了物种等；为了解决交通，人类制造了汽车、轮船、飞机等；为了解决通信问题，人类发展了无线电、互联网、通信卫星等；为了探测海洋和太空，人类创造了海洋探测器、太空探测器、宇宙飞船等。因此，人类教育不仅着眼于解决人类生存的问题，而且引导人们追求幸福生活。教育者，是人类自身；教育内容是人类改造自然、认识自然的知识或行为以及人类对自身的认知。但是，必须看到，人类生活在大自然中，对自然界为所欲为的狂妄心态必须要得到遏制，否则，大自然将让人类习得新的认识或行为。那时，人类将付出巨大代价。因此，人类要清醒地认识到：除人类自身，自然界也是人类的教育者。

教育存在的本质属性取决于生命存在的本质属性。教育本质属性的差异也是生命本质属性差异的表现。那么，生命的本质属性是什么呢？

生命本质属性遵循四个原则：一是生命存在原则。它是一切生命起源、分化、进化的第一原则。换言之，只有生命存在才能考虑其他一切，生命不存在，一切都不存在。这一原则揭示了生命生存的本能需要，这一需要决定了生命必须习得相应的知识或行为。具体说：一是实现历史经验关系记忆——形成生命格；二是形成现实经验关系记忆——实现生命的生长。但是，这一原则不包括生命固有的责任和价值比较。"生命个体从起源、分化与进化，都在积极与第二结构系统要素建立关系态，不论生命个体自身适应性改造还是对第二结构系统要素的应用性改造，都是建立在生命个体存在的基础上，实现着生命个体生长——能动关系的历史经验关系记忆建构。"①其存在的本质有两种表现形式：客观存在和表征存在。客观存在就是生命真实的存在，是生命个体结构系统要素能动关系的存在；表征存在，是人类个体与周边事物积极主动建构关系态的活力表现。

二是耗能最小原则。它是指生命个体追求最小能量消耗获取生命所需要的一切。植物生命个体的形状和动物生命个体的结构充分体现了这一原则。人类的惰性即为人类追求耗能最小的例证。这里的耗能，不包括生命界固有责任及其为某种追求产生的能量消耗。"只要生命个体维持正常活力及其生长并得到基本的情感满足……生命个体无须耗散更多的无用综合能耗与第二结构系统要素建立关系态用以获取更多的综合能量补充"②。生命个体的最小耗能包含生命所需要消耗的一切能量，"物质与能量、信息与情感、能量与信息是生命个体内的几对孪生兄弟，在适宜条件下可相互转化；物质与能量转化遵循爱因斯坦质能方程，信息与情感转化标明生命个体的进化程度，能量是信息的载体，信息是能量的表征"。③

三是生命最优原则。它是指生命固有的对物质、能量、信息、情感等需要追求的程度。这一原则揭示了生命习得知识或行为的内生动力。生命个体累积了历史经

---

① 王世元：《教育文化构建的人性基础》，29 页，北京，北京师范大学出版社，2016。
② 王世元：《教育文化构建的人性基础》，32 页，北京，北京师范大学出版社，2016。
③ 同上。

验关系记忆和现实经验关系记忆，形成了价值判断能力，表现为其对物质和精神的追求。物质第一还是精神第一，这取决于生命个体对物质和精神追求的价值判断。价值选择体现出生命文明的进化程度，如人类生命个体有时可以为了对信仰的追求放弃生命等。生命文明进化程度越低，生命个体越偏向于物质追求。生命最优原则与生命存在原则、耗能最小原则紧密联系在一起。比如，生命个体在履行固有责任时可以选择献出生命(如母亲保护孩子)。"动物尽可能用较少的劳动获取较多食物。这是生命个体追求历史关系态记忆的必然结果。""人的惰性亦是如此。人的意志努力、理想追求等是更高层次生命最优的追求。"[①]

四是生命活力衰减原则。它是指生命个体的活力到达顶峰之后衰减的现象。"生命个体内生活力机制消失，内生活力随之消失，生命个体存在的电磁场不复存在，生命个体回归自然。由此，进一步得出结论：生命的活力是生命个体有序现象，生命个体活力的衰减，即生命个体系统熵增加；生命个体活力消逝，生命系统熵趋于无穷大。生命活力递减遵循熵增加原理。"[②]这一原则揭示了生命生长及习得知识或行为的动力机制。生命活力随生命诞生而诞生，随生命消失而灭亡。生命活力体现于生命的宏观周期——诞生期、成长期(初期、中期、后期)、成熟期，衰老期。生命不可能永远存在。

从生命本性的四个原则，可以洞察生命界存在着灵性(注：生命个体对第一、第二结构系统要素建立关系态的内生活力的能动机制现象成为生命个体的灵性。生命个体的灵性，也是生命个体本质属性四原则的整体呈现。[③])由于生命个体灵动能力(生命个体灵性呈现出的能力[④])不同，教育效果也明显不同，因而不同种类的生命存在泛在性教育的差异。生命界的"教育发生"不仅取决于教育者，而且取决于受教育者。生命界教育发生的差异，可借助生命界种类划分植物、动物、人类的差异来理解。由此，对应的教育分为植物类教育、动物类教育、人类教育。不管生命界教育存在多大差异，生命总需要教育，更需要适合的教育。生命的教育属性，是生命区

---

① 王世元：《教育文化构建的人性基础》，36页，北京，北京师范大学出版社，2016。
② 王世元：《教育文化构建的人性基础》，37页，北京，北京师范大学出版社，2016。
③ 王世元：《教育文化构建的人性基础》，38页，北京，北京师范大学出版社，2016。
④ 同上。

别于非生命的标准。这是因为，自然界对非生命物质世界的改造是单一的，非生命物质世界只能以单一"记忆"的方式来呈现。

二、人类教育的发生及其个体差异

人类的教育是其他生命种类的教育不可比拟的。人类在遵循"生命四原则"基础上，又呈现了自身独有的本质属性："一是形成了人类特有的历史经验关系记忆的关系结构及其丰富的现实经验关系记忆的物质基础，使工具使用、语言、思维、创造等成为可能；二是储存了人类现实经验关系的记忆，使人类的学习变为现实；三是构建了能动的人类社会关系体系，形成了人类的社会属性。"[①]

从人类本质属性可以看出，人类口头语言，让人与人之间问题陈述、方法介绍、工具使用、技术说明、知识传授、情感表达、事实描述等跨越了时空，不仅提高了人类信息交流效率，而且提高了信息的准确率。如果依据教育本质内涵，即传授知识、培养人格两个方面来考察，给定 $E=\dfrac{I}{T}$（E：教育效率，I：接受教育信息内省数量，T：接受教育信息总量）。显然，口头语言大大提高了教育效率。人类书面语言的出现，进一步扩大了人类教育时空及其教育内涵。人与人之间由只能近距离口头语言传递的教育，转变为既可由口头语言也可由书面语言传递的教育，使得自我学习、自我教育成为可能。无疑，书面语言不仅能够较长时间储存教育信息，而且内涵丰富、传播广泛，极大地推动了人类教育发展。由此可见，语言促进了人类教育的发生。

随着人类教育效率的提高，人类智能得到开发，对问题认识、方法选择、工具制造、技术发明等不断取得突破，使人类认识自然、改造自然以及对自身认识形成的知识更加广泛和深刻。标志人类进步的工具、技术呈现加速发展，人类对自然界开发力度不断加大。17世纪英国哲学家培根认为，"通过科学追求'知识与技能'……需要用'人性和慈善'来加以引导，而且这种追求不应该是'为了自得其乐、争强好胜、高人一等、追逐名利、争夺权位，或其他任何类似的卑微目的，而应该是为了

---

① 王世元：《教育文化构建的人性基础》，61页，北京，北京师范大学出版社，2016。

改善生活'"①至此，人类教育需要传授的知识量极其庞大。

那么，人人都接受庞大的知识体系，有无必要，有无可能？成了人类不断反思的问题。尽管人类生命个体有共性，但人类生命个体在工具使用、语言、思维、创造、运动以及性格、意志、兴趣、情感等方面存在灵性的差异。这些差异非常明显地体现在人类生命个体的学习、生活、工作实践中。事实上，社会不需要人人都成为科学家、艺术家、政治家、军事家或思想家，只需要更多合格公民或最佳公民。因为，生命本质属性决定了人类追求生命最优或幸福生活。那么，教育需要传授最有价值、最有可能满足生命个体生长需要的知识，这恰是对教育者教育智慧的挑战。

综合上述讨论，人类教育，特别是学校教育，要切实关注人类生命个体的灵性，使其过一段快乐的、有意义的教育生活。

三、教育发生的工具、载体及其局限性

在教育发生本质属性讨论的基础上，进一步深入教育发生的内部，揭示教育发生的工具和载体，认清教育发生的局限性，不仅有利于对人类教育现象的理解与认识，更有利于提高教育的效率。

1. 教育发生基本工具和专用工具的确定

从教育效率公式 $E = \dfrac{I}{T}$（E：教育效率，I：接受教育信息内省数量，T：接受教育信息总量）可以看出，"教育信息"是重要的变量。因此，承载教育信息的工具就将影响教育的发生。承载教育信息的工具，有最基础的工具(或称为基本工具)，也有通用和专用工具。人类应用这些工具不断完成家庭教育、学校教育和社会教育，并不断地发明创造新的工具。承载教育信息的工具和人类社会生产生活的工具紧密相连，所以，随着人类社会工具不断进步，承载教育信息的工具及其形式与内涵也在不断发展。

人类的语言不仅是人类生活、生产的工具，也是承载教育信息的基本工具。人

---

① ［美］斯塔夫里阿诺斯：《全球通史·从史前史到 21 世纪》，吴象婴、梁赤民、董书慧、王昶译，11页，北京，北京大学出版社，2006。

从出生起就接受父母及成年人的口语教育，学会标记：爸爸、妈妈、爷爷、奶奶、姥姥、姥爷、桌子、板凳、树木、图书、小狗、小猫等。幼儿通过口语标记，建立概念、接受知识。如果幼儿能够更准确地获得更多的信息交流量，即幼儿接受信息内省量大，那么沟通交流效率就高，教育效果就好。口语词汇的不断扩大，有力地促进儿童在学校接受书面语言学习。随着识字数量的逐步增加，结合口语的运用，幼儿能够不断获取句子、段落、文章等相关语言的知识，从而实现无障碍阅读、理解、表达，获取或输出教育信息。口语和书面语言运用的丰富性、理解的深刻性、表达的准确性和艺术性等，不仅为其他学科的学习提供了基础语言工具，还可以发展为专用工具。

除语言工具外，数、量、形也是基础的工具。因此，幼儿从出生开始除接受口语教育外，随着行动和思维的进一步发展，也需要尽早学会标记数量和形。在此基础上，建立数量、形等的概念，然后，逐步建立"数"的抽象概念，形成最基本的数、量、形等知识工具。进入学校教育后，儿童逐步学会数的运算、形状认知、计量与测量等，进而建立相关概念、定理、公理、公式等基本的知识工具和程度不同的专用工具；再以此工具，获取代数学、函数学、几何学、概率论、集合论、微积分等更广泛的数学专用工具。增加的数学工具为制造或创造数学工具提供了可能。数学基础工具和专用工具直接影响到物理学、化学、生物学等诸多自然科学的学习，也就是说，数学提供的信息量，如果不能被学习者充分准确地接受、转化与运用，那么教育效率必将受到影响。因此，数学基础工具和专用工具的质量，标志着学习者工具数量的充足性、理解的深刻性、思维的全面性、技能的灵活性、逻辑的严谨性程度等。

语言和数学在"基础工具"的基础上，为各种教育提供"专用工具"。此外，其他各种教育也生产出自身的"基础工具"和"专用工具"，如体育教育、音乐教育、舞蹈教育、美术教育、劳动教育等，在语言和数学"基础工具"基础上，生产出动作、声音、颜色、技术等各自特有的"基础工具"和"专用工具"。

2. 教育发生通用工具的确定

教育传授的"知识"，本质上是人类在实践的基础上产生问题、寻找方法、运用工具和技术解决问题后形成的"表述"。虽然受教育者不可能重复人类生产知识的全部过程，但是人类基于实践、产生问题、寻找方法、运用工具和技术解决问题的思维逻辑，从情感上将有效唤醒受教育者接受教育信息、实现教育信息高度内省的方法，即教育发生的方法。因此，我们把解决问题的逻辑思维要素"问题、方法、工具、技术"称为通用工具。

学校所有课程，如语文、数学、外语、物理、化学、生物、地理、历史、政治、体育、信息技术等的课堂教学，如果教师有意识运用通用工具传授各学科知识，那么，一方面能告诉学生学习知识真实有用，激发学生学习兴趣；另一方面能传授学生知识生产的方法，从而不仅让学生掌握知识，而且塑造了学生人格。

在教师课堂教学外，教育发生的通用工具也可以得到广泛应用。2020年全国抗击新冠肺炎疫情期间，广大医务工作者主动请缨，奔赴疫情一线与时间赛跑、与病毒斗争，后方广大人民群众积极采取措施保障和巩固战斗成果。全国各学校延期开学，"在停课不停学"安排下，师生居家隔离。如果教师有意识利用教育发生通用工具"问题、方法、工具、技术"，居家学习效率将得到有效提高。以语文教学为例，教师要求学生结合疫情期间涌现出的感人故事，用不同的文学作品铭记、讴歌时代英雄。朝阳中小学生创作了《抗"疫"三字歌》《赴鄂群像》《沁园春·武汉》《念奴娇》等大量的诗歌作品。再如，疫情期间，学校倡导师生用文学艺术、家务劳动、体育锻炼等形式，展示中小学师生居家学习、生活状况，成效显著：一是缓解了教育系统师生的焦虑；二是促进了中小学生居家学习文学与艺术，开展体育锻炼和劳动教育；三是作品在朝阳教育微信公众号《"疫"时贴吧》栏目进行了交流分享，激发了师生对歌曲、漫画、书信、文章、诗歌、体育锻炼、家务劳动等各种作品创作的热情。

事实上，这些工具在传统教学中由于教师急迫传授知识而被丢弃。如果把"知识"比喻成树上的"果实"，那么教师传统的教学只是把"果实"从树上取下来，直接送给了学生，而没有把取得"果实"的思维工具传授给学生。恰似"授之以鱼"，而不是"授之以渔"。

3. 教育发生的载体

主要的教育载体可分为两类，一是实践载体；二是知识载体。从广义的角度讲，人的一生总是在从事着实践活动。从出生开始，人对世界一无所知，处在混沌状态，需要和父母或成年人一起，对混沌的世界做标记、做分类、建立概念、形成知识，这是人最初的实践活动。整个婴儿期，婴儿实践活动主要由家庭教育安排，因此，家庭安排婴儿期实践活动的丰富性、深刻性、广泛性直接影响着婴儿期教育发生。婴儿期的实践活动不仅包括对自然界、人类社会及自身可视物的标记实践，在安全的情况下，更应该让婴儿尽可能广泛地参加自然界、人类社会及其自身感知现象的标记实践。在幼儿期，家庭教育实践依然是父母的重要任务，不能完全依靠幼儿园的教育。幼儿园的社会化实践教育优于家庭的社会化实践教育，而幼儿园的自然界标记实践教育，相对社会化实践教育存在不足。因此，幼儿园要尽可能采取幼儿自然界标记实践和社会化实践活动相兼顾的教育方式。在时空设计上，除在园内设计有主题的室内游戏和室外游戏的实践活动外，在征得家长支持后，要按季节安排一定量的园外自然界主题实践活动。对小学实践活动，也要足够重视，把知识教育寓于实践和游戏活动。在实践、游戏中感受知识、理解知识，提高教育信息内省量。在中学教育实践活动中，尽管学生有相对丰富的自然、社会及其自身感性的经验或知识，而这些经验、现象或知识，一方面可能不深刻、有偏见甚至是错误的，需要波普尔所说的"批判性检验"，"我们永远不能获得对事物的客观和绝对的知识，因此我们永远会犯错误，永远不能避免犯错误，重要的是要懂得如何发现和消除错误"[①]；另一方面，实践教育本身突出了受教育者的参与，有利于受教育者的内省，正如"纸上得来终觉浅，觉知此事要躬行"所揭示的深刻道理。实践教育载体与形式多样，既可以走进自然、社区、工厂、政府机关、实验室，也可以在专用教室创建特色时空体验，还可以以项目、产品导向进行实践学习。

以知识为载体的教育发生广泛存在于教育活动中。在家庭教育中，不论家长的学历层次多高都以知识为载体进行游戏或实践，如教孩子认字，数数，背诵儿歌、唐诗等，即使让孩子学绘画、音乐、舞蹈、棋类等，教育者或家长也更多以技能性知识为考核标准。进入小学、中学、高中、大学教育，知识始终为重要的教育载体。因为，教育本质属性之一就是要传授知识，而知识从广义上可理解为通过学习获得的信息、理解、技能、价值观和态度，人们需要借助价值观、态度、技能去理解消化知识、运用知识、解决问题。因此，在知识传授过程中，教育就自然发生了。也

① 石中英：《知识转型与教育改革》，199页，北京，教育科学出版社，2001。

正因为如此，传统教育把知识传授作为教育发生的唯一载体。

4. 教育发生的局限性

教育发生的工具及载体，本质上受到受教育者自身素质和生存环境的制约。因为，没有完全相同的人类个体，人类个体之间的差异，特别是人类个体灵动能力的差异，明显导致人类个体教育发生工具及载体的差异。假如赋予不同人类个体相同的语言、数学等基础工具以及相同的问题、方法、工具、技术等通用工具，教育发生效果可能不同甚至有较大差异。不仅如此，还存在师生缄默知识的差异。"既存在着教师的缄默知识，也存在着学生的缄默知识；既存在着关于具体的教育内容的缄默知识，又存在着有关教授和学习行为的缄默知识，还存在着有关师生交往和学生之间交往的缄默知识；既存在着与语言知识学习有关的缄默知识，又存在着与社会知识学习、自然知识学习等有关的缄默知识；既存在着与教学过程有关的缄默知识，又存在着与教学空间有关的缄默知识"[①]。对此，不同受教育者的个性及其生长文化环境，直接影响着教育发生工具的性能，从而导致了教育效果的差异。因此，教育发生的工具及载体客观上存在着局限性。正因为如此，人类社会分工才成为可能。社会经过充分、自由筛选，使人类个体处在合适的位置，发挥各自的优势特长，共同为人类社会的幸福贡献力量，同时实现个体的幸福。

四、教育发生的差异性及其表现

教育发生的工具、载体存在差异，从教育效率公式 $E = \dfrac{I}{T}$ 中，我们得知教育效率存在差异。教育本质属性——传授知识、培养人格两个方面，也存在着知识传授差异和人格培养差异。两个方面的相互作用结果呈现了教育发生的差异性。

教育发生的差异性体现为两个方面，一是教育发生的倾向性差异，二是教育发生的整体性差异。教育发生的倾向性差异，一般由两种原因导致，一是受教育者自身生命灵性的影响。比如，人们有语言天赋、数学天赋、音乐天赋、绘画天赋、抽象思维天赋、运动天赋、社交天赋等差异。由于个体天赋存在，人类在相应方面表

---

① 石中英：《知识转型与教育改革》，234页，北京，教育科学出版社，2001。

现出明显优势及浓厚兴趣：接受相关知识信息迅速准确；关注收集相应知识前沿发展信息情况；投入时间精力多且不疲惫；相关知识信息储备明显超越同龄人；经常思考相关知识领域的问题；对相关知识经常反思，时有顿悟发生；自觉运用知识于实践活动；成就感明显等。相应地，个体在非天赋领域也存在着明显不足，从而表现出：对天赋外非相关知识信息的兴趣不多；对非相关信息吸收存储效率低；对天赋外知识获取投入的时间精力不够；对天赋外知识成就感明显偏低等。

事实证明，人类个体存在教育发生倾向重大差异的相对较少。一旦存在，其优势尤为突出。比如，数学家华罗庚出生于一个城市贫民家庭，从小表现出数学天赋，1924 年初中毕业，入上海中华职业学校学习，虽因家庭贫困，一年后离开了学校，在父亲经营的小杂货铺当学徒，但他利用业余时间自学数学。受清华大学数学系主任熊庆来教授的重视，1931 年他被推荐到清华大学工作，1938 年受聘任昆明西南联大教授。又如，20 世纪最具影响力的画家巴勃罗·鲁伊斯·毕加索，出生于西班牙一个美术教师家庭。他自幼爱好画画，被人们视为"神童"。但毕加索上小学时，学习成绩很差，算数、读书、写字等课程没有一样能学好，甚至连字母也拼得乱七八糟。虽然教育多次，但长进不大。他的父亲虽然想过多种方法，试图改变这种状况，可就是不见效果。只好发展儿子特长，让他去接受正规的美术教育。1897 年，毕加索创作的《科学与仁慈》崭露头角。1900 年，他首次在法国巴黎举行画展，引起法国画界的关注，后来成为法国现代画派的主要代表、蜚声画坛的大师。

另一种教育发生的倾向性差异来自环境或教师因素。文学家钱锺书出生于诗书世家，其伯父钱基成，父亲钱基博（子泉），叔父钱基厚（孙卿）均为大家。钱锺书自幼受到传统经史方面的教育，中学时擅长中文、英文，却在数学等理科上成绩极差，19 岁被清华大学破格录取，1935 年赴英国牛津大学留学，1938 年被清华大学破例聘为教授。钱锺书之所以在当代学术界自成一家，除受家庭环境影响外，学校环境特别是教师对其的影响也非常大。

教育发生的整体差异一般来源于受教育者自身和受教育者的环境因素两个方面。人类个体由于生命灵性的差异，导致最基础教育发生的语言、数学工具储备、质量上的差异。生命灵性处在优势位置的人类个体，接收教育信息及其内省量充足，其教育发生率高。相反，接收教育信息及其内省量不足的人类个体，其教育发生率低。

由于知识本身具有工具属性，当知识教育发生不足时，不仅直接影响生产教育发生工具的数量，而且直接影响其质量，从而使生命灵性处在劣势地位的人类个体处于更加不利的地位，进一步加剧生产教育发生的不平等，长此以往，知识教育的发生受阻。

在班级授课制教育的大背景下，知识教育发生的差异，如果不能及时得到人格意志方面的补充，必将产生教育差异性累积，使教育群体产生离散效应，甚至出现分化现象。比如，传统的小学教育三年级以前离散现象不明显，五六年级就出现较为明显的离散现象，甚至出现分化现象。

在教育发生基础工具数量和质量差异的基础上，通用工具的数量和质量将更加缺失和弱化，教育发生的困难进一步加剧。因为通用工具的使用是建立在基础工具基础上，基础工具数量不足、质量低下，则不会生产"问题"，更不会生产方法、工具、技术等教育发生的工具。这一方面，初中学生的表现尤其突出，因此初中二年级学生更容易出现明显的分化现象。个别学生或以恶作剧形式引起教师和同学的关注，或在社会空间或网络空间等寻找自我精神领地，再或把自己封闭起来——等待初中毕业。部分学生出现厌学、逃学、辍学等现象。

高中教育阶段与义务教育阶段不同，实施了对人类个体教育发生知识工具的筛选。应该说，人类个体知识教育发生工具相对均衡，但应该看到，初中教育发生工具的数量和质量，更多来源于基础工具，通用工具相对较少。进入高中或大学阶段，教育发生对通用工具数量和质量的要求更多，而通用工具数量和质量依然受制于生命灵动能力。相比较而言，生命灵动能力处在更加优秀位置的人类个体，获取通用工具数量和质量具有相对优势，教育发生率更高。比如，从一般初中考上优质高中或重点高中的学生，一般被认为天赋较好，再加上高中学校人格培养和自身生命行为，以及师生互动中对教育发生工具的数量和质量的不断丰富和完善，其教育效率快速提升。

生命灵动能力处在劣势地位的人类个体，随着传授知识领域的扩大和加深，如果看不到自身的薄弱处，那么其教育发生工具数量和质量难以得到有效改善，他的教育发生必将受阻。由此产生的阻力，远大于基础教育发生工具产生的阻力。因为，两者具有本质的区别：通用工具数量和质量是人类个体能力的体现，而基础教育发生工具数量和质量是知识量的体现。不管是重点还是一般高中或大学，不管学生考入高中或大学时的分数是高还是低，教育发生工具的数量和质量都呈现动态变化。高中或大学阶段群体的离散现象或者分化现象，一般发生在高中二年级或大学二年级。对于人格意志顽强又具有优秀的生命灵性的人类个体，经过高三或大三一年教育发生工具的充实和完善，其教育发生效率的提高依然可以预期。反之，另一类群体或在成人世界寻找精神安慰，或进入网络空间寻找自我精神领地，又或把自己封闭起来——等待毕业。部分学生出现厌学、逃学、辍学等现象。

历史事实证明，如果高中生或大学生看不到自身教育发生工具的不足和欠缺，不积极储备、拓展教育发生工具的数量和质量，必将影响其学习质量和未来潜力。如果再不重视人格修炼，将影响其未来的人生成就。最后，只能等进入社会后完善补充——通过终身学习，实现持续发展，追求更美好的生活。

受教育者的环境因素对教育发生的整体差异影响不可小觑。受教育者的环境可分为家庭环境和学校环境。家庭环境对教育发生的影响一般体现在两个方面：物质环境和文化环境。如果家庭物质条件优越，受教育者就有足够的时间和精力接受教育；否则，即使个体具备再优秀的生命灵动能力，其教育发生也将受阻。义务教育没有普及的时候，或即使义务教育普及了，由于家庭需要劳动帮手，受教育者经常把更多的时间和精力做家务和劳动，教育发生工具数量和质量得不到保障，教育发生率受到影响。

家庭文化环境的差异直接影响受教育者教育发生工具和载体的数量与质量。优秀家长对受教育者培养有明确的期望目标，注重知识传授、意志力培养、礼仪教育、情感教育、责任教育、劳动教育、社会教育等。相反，如果受教育者教育发生工具的数量和质量有一定局限性，将直接或间接影响人类个体教育发生工具的持续生产和质量的提升。在社会上，突出表现在农村贫困落后地区的普通家庭，与城市发达地区的普通家庭比较存在着巨大反差。

除此之外，教育发生工具数量和质量也受家庭隐性文化的影响。物质环境（奢侈豪华型、普通世俗型、文化高雅型）与家庭文化环境（父母的职业、修养、品格、意志、情趣、理性、责任等）相互作用形成混合影响。优良的隐性环境使受教育者教育发生工具数量充足、质量优越，教育效率高并可持续。反之，对受教育者产生教育阻滞现象。

学校环境对教育发生的影响是众所周知的。一所普通学校，不管从校园环境、教育教学设备、开设的课程、教育理念、师资队伍建设、学校办学目标以及社会各界对学校的支持等和一所重点学校相比具有明显的劣势。钱学森曾说："我对师大附中很有感情，在附中六年所受的教育，对我的一生，对我的知识和人生观起了很大作用。我在理工部学习，正课和选修课有大代数、解析几何、微积分、非欧几何(高一时几何老师是傅种孙先生，他讲的道理是纯推理，得出的道理，不但在教室里如此，在全中国如此，在全世界也如此，就是到了火星，也还得如此！他把逻辑推理讲得透彻极了)，物理学用美国当时的大学一年级课本。还有无机化学、有机化学(化学课，在20年代就讲化学键是由原子外壳层电子形成的，八个电子成闭壳，等等)。化学实验课比较丰富，但也有当时的困难，试剂不纯，滤纸用北京冬天糊纸窗的'高丽纸'！有些课用英文讲，到了高二要学第二外语，设有德语、法语。伦理学课是由校长林砺儒先生教，明确道德规范是因社会的发展而演变的。我今天说了，恐怕诸位还不相信，我高中毕业时，理科课程已经学到我们现在大学的二年级了。此外，音乐、美术课学校也是重视的，我们的美术老师就是不久前去世的国画大师高希舜先生。""二十年代的北京师范大学附属中学有个特别优良的学习环境，我就是在那里度过了六年，这是我一辈子忘不了的六年。当时这个学校的教学特点是考试制度，或说学生对考试形成的风气：学生临考是不做准备的，从不因为明天要考什么而加班背诵课本，大家都重在理解不在记忆。考试结果，一般学生都是七十多分，优秀学生八十多分。就是说对这样的学生，不论什么时候考，怎么考，都能得七八十分。"[1]

事实上，纵观社会每一历史阶段，学校都是有区别的。不管是小学、中学还是大学都是如此。每个省、市、县，都有众多的一般教育资源，在属地也有优质教育资源。在民国时期，全国较有名的地方学校有北师大附中、南开中学、湖州中学、扬州中学、耀华中学、汇文中学、常州中学、杭州一中、春晖中学……这些优质资源学校，不仅教学设备设施好，更重要的是有优秀的教师队伍。春晖中学的校史记

---

① 傅国涌：《过去的中学》，5页，北京，同心出版社，2012。

载着"从一九二一年到一九二五年，在这里任教的有：夏丏尊、朱自清、丰子恺、朱光潜、匡互生、王任叔（巴人）、杨贤江、刘董宇等。而到过春晖中学居住、讲学的有蔡元培、李叔同、何香凝、黄炎培、柳亚子、张闻天、俞平伯、吴觉农、蒋梦麟、于右任、吴稚辉……"①。大学也是如此。众所周知，现在的北京大学、清华大学、中国人民大学、北京师范大学、浙江大学等高校有一流的教学环境，聚集全国乃至世界一流的学者。因此，学校环境对教育发生工具的影响是显然的，要给予关注。在基础教育阶段，尤其是义务教育阶段，推进教育均衡发展、确保学生教育发生工具的数量和质量均衡发展尤为重要。要防止某个地区或某所学校呈现教育发生工具数量和质量再生产的总体落差。

综上审视，教育发生的差异，不仅来源于受教育者及其家庭，而且也来自学校环境，其中，师资队伍是显著原因。明确了教育差异成因，就找到了教育改革的方向。因此，教育工作者要重新审视教育发生的差异，理性明确教师定位、学生定位和家长定位。在校内时空，教师和学生是共同体，在校外时空，家长和学生是共同体，家长和教师并不构成紧密共同体，双方是协同关系。校外时空属于教师和学生各自所有。

五、教育发生的假象与诠释

事实上，不管是家庭教育、学校教育还是社会培训机构教育，都广泛存在教育发生的假象。换言之，表面上教育都在正常进行，即家长、教师与辅导机构都在进行正常的教育教学活动，其实，受教育者的教育并没有发生。此情况一般有三种：一是受教育者接受的是纯粹机械记忆教育；二是受教育者有意接受教育而教育发生受阻，从而不得不采取纯粹机械记忆；三是受教育者无意接受教育，也无意纯粹机械记忆。教育发生假象的三种情况，除家庭一对一的纯粹机械记忆教育和社会培训机构一对一辅导班外，多发生在班级授课环境，特别是大班或超大班环境。教育发生假象的累积，导致教育发生工具的数量不足和质量低劣。对此，势必带来受教育

---

① 张清平：《永远的春晖中华》，见傅国涌：《过去的中学》，112 页，北京，同心出版社，2012。

者未来教育的阻滞现象，甚至导致未来教育发生的不可持续性。

1. 家庭知识教育发生的假象与诠释

家庭知识教育发生的假象表现主要有两类：一是学龄前儿童教育，二是学龄儿童教育。在学龄前儿童教育中，家长通常让孩子纯粹数"数"、背诵《三字经》《弟子规》以及唐诗和儿歌等。事实上，这种家庭教育属于纯粹机械记忆教育，受教育者对"数"、背诵的"语言"只是机械记忆，没有对"数""语言"承载的知识进行解构。因此，教育没有发生。进一步分析，"数"和背诵的"语言"，是家长依托的教育发生的载体，需要学龄前儿童运用已有的"基础工具"——数和语言，以及"通用工具"——"问题、方法、工具、技术"参与下进行知识建构。但是，事实上家长没有运用"通用工具"解构"数"和"语言"，以此唤醒学龄前儿童对已有的"基础工具"的应用。以数字"1、2、3、4、5……"的学习为例，早期学龄儿童并不掌握数字知识，如果家长让儿童运送 1 个苹果、2 个苹果、3 个苹果、4 个苹果、5 个苹果……那么，家长就是在运用"通用工具"解构"1、2、3、4、5……"。儿童运送"1"个"苹果"，就是儿童运用已有的"基本工具"的数"1"和语言"苹果"的知识工具；当儿童运送 2 个苹果、3 个苹果、4 个苹果、5 个苹果……就是在建构 2 个苹果、3 个苹果、4 个苹果、5 个苹果……"数量"的含义。至此，还不是"1、2、3、4、5……"数字的知识建构。如果家长继续教孩子"数楼梯"，或结合其他"实物"教孩子数"数"，就蕴含了"楼梯"或"实物"有多少的"问题"。而结合"楼梯"或"实物"进行"点数"就是运用"基础工具"，结合"通用工具"对受教育者进行知识解构的同时建构新的知识。这里的"方法"指"数楼梯"或"实物"的方法，"楼梯"和"实物"本身也成了"工具"，运用"工具""方法"的综合过程就是"技术"。

因此，儿童通过如此反复的实践活动，对知识不断进行反思性审视，调动其缄默知识对新知识的消融，进而进行归类与建构，其实质是儿童知识"内省"过程。儿童将形成结构化的知识存储，形成新的教育发生工具，最终建立起抽象"数"的概念。教孩子背诵唐诗，比如，李白的《静夜思》，如能结合唐诗描绘的情境，相比让孩子纯粹背诵《静夜思》，教育效果要好得多。否则，背诵唐诗或朗读作品，更多只是训练孩子的语感。只有等到孩子理解了唐诗内容，教育才真正发生。

在学龄儿童的家庭教育中，家长一般配合学校在家里帮孩子完成作业。家庭作业环节，实质是学校教育发生环节中"第四阶段"的强化。教育发生阶段包括知识解构阶段、知识消融阶段、知识建构阶段、知识运用阶段和知识结构化阶段。因此，家庭作业是建立在五个阶段基础上巩固的实践。进一步说，如果孩子在学校的教育只有部分发生，那么孩子的家庭作业会受到部分阻碍。教育没有发生的部分，如果不能及时消除，即使孩子完成作业，质量也是低下的。如果在学校教育大部分没有发生，孩子的家庭作业很难完成，表现为拖沓，或者乱写应付，其教育仍然没有发生。相反，如果在学校教育发生得很彻底，孩子的家庭作业会顺利完成；或者说，即使不完成也只是缺少巩固强化训练环节。由此可知，孩子家庭作业完成情况是其在学校教育发生率的重要检测指标。

2. 学校教育发生的假象与诠释

学校教育发生的假象，一般是受教育者更多以有意接受教育而存在教育发生受阻，导致教育发生不可持续的现象。教育受阻，一方面来源于教师教育发生工具的数量不足或质量低劣；另一方面来源于受教育者智力与能力的差异。如果是后者，一般采取纯粹机械记忆的办法应对。如果是前者，一般体现在大多数学生身上，只有少部分智力与能力优异的学生可以自行修复教育发生工具的数量和质量，实现教育发生的可持续性。

除此之外，生活常识和经验，加上教师教育发生工具数量、质量强化不够，有时也带来教育发生受阻。比如，用直尺、游标卡尺、螺旋测微器等工具测量时，特别是没有提供零起点的数值时，正确率只存在 20% 左右。究其原因，生活常识中数"数"总是从"1"开始数。其实，"1"并不是自然数的起始点；"0"已经是自然数了。教师教"0"概念时，更多强化"没有"的内涵，而较少提及"起点"之意。再如，在初中数学"分式"教学中，如果教师不能生产质量合格"分数"教育发生的工具，那么一方面"分式"教育发生将受阻，另一方面生产"分式"教育发生的工具将是残品。当学生判断 $\dfrac{X^2+XY+X}{X+Y+1}$ 是否为分式时，将出现障碍。因为，解决"分式"问题工具的质量不合格，不能发挥作用。所以，真实的"分式"教育没有发生。

如果由受教育者原因导致教育发生受阻，而受教育者只采取纯粹机械记忆的方式弥补，其结果是，教育发生工具数量和质量没有得到补充和改善。如果受教育者通过纯粹模仿教师的方法完成练习，尽管结果正确，其实教育依然没有发生。实际教学中，教师以例题检验学生知识运用，其目的是促进学生的知识建构。但是，如果学生没有运用"知识工具"对新知识进行解构、消融、重构，实现教育深度内省，那么新知识的工具性功能难以充分发挥。即使学生模仿例题的方法，能够解决类似例题的问题，新知识教育也没有发生，或者发生不全面、不深刻。

譬如，小学三年级数学的长方形和正方形面积公式 $S = a \times b$ 讲解中，如果通过给出边长 a 和边长 b 由学生计算面积，即使学生计算结果正确，但是不一定真正获得了对面积知识的教育发生工具。如枭区三年级期末检测题——爸爸打算在自己的小院里围出一块长方形或正方形菜地。其中第 2 问，"如果爸爸想靠一面墙去围这块菜地，需要把 12 米长的篱笆分成三段（要求分成整米数）。猜想一下爸爸怎样分才能保证面积最大？你的猜想：……你的猜想对吗？验证你的猜想。"如果学生不能对长方形、正方形面积知识深度内省——不能获得解决问题的工具，则很难找到解决办法。

再如，高中物理"动量定理"教学中，如果受教育者不充分运用牛顿第二定律（$F = ma$）和加速度（$a = v_2 - v_1/\Delta t$）工具对动量定理（$Ft = mv_2 - mv_1$）进行批判性思维知识解构，应用缄默知识进行消融，以此达到知识内省建构，仅纯粹记忆动量定理公式，模仿教师例题，在课堂练习知识运用，结果也可能正确。但是，受教育者没有生产出合格的动量定理知识工具，遇到相关问题仍然束手无策，动量定理知识教育没有发生。物理教学经常出现"学生课上听得明白，课下不会应用"的怪现象。

教育发生的假象还有一种极端情况，经常出现在小学高年级或初中，一般在两种学生群体身上体现：一种是教育发生工具数量不足或质量低劣的受教育者，其教育发生严重受阻，或者根本没有发生，他们的学习生活是痛苦的。这些受教育者每天按时上学、按时上课、按时放学，在课上较少发言，同学也视其不存在，教师一般对其也不关注。他们生活在自己的时空中，作业一般需要同学帮助或较少完成，即使完成，质量也相对较低，除学习外，均参加班级各项活动，有时也有出色的表现。这类学生经过一段时间的煎熬，一般在初中二年级下半年开始辍学，农村学校较为严重。相比经济原因，这是当前义务教育辍学率居高不下的更重要原因。

另一种群体是艺术、体育等特长生或极度偏科的受教育者。他们在专业或最喜欢的学科上投入时间和精力较多，使得其他文化课程教育发生工具的数量不足和质量不高，导致其他教育发生持续受阻，长此以往，使得相应文化课教育发生成为假象。应该说，这些现象是缺少学生自选课程设置的混合班级授课制带来的弊端。

教育发生的假象，需要受到教育工作者重视！

/ 第四章　理想教育文化样态描述 /

通过前面两章，我们初步解析了学校内涵及教育发生的现象与机制。在此基础上，本章将进一步集中诠释《教育文化构建的人性基础》一书建构的理想教育文化内涵，以期通过理想教育文化样态描述，明确理想教育发生的追求方向，为修正现实教育发生的不足或偏差提供工具。

一、人类历史上知识传授、生产及人格追求的文化样态

前文提到，人类教育始终围绕着知识传授和人格培养进行，以此为社会知识生产和人格追求奠定基础。从上面讨论可知，人类教育始终伴随社会的发展而发展，其革命性的变化是以学校出现为标志。当然，早期的学校和中世纪及以后的学校相比，具有本质的差异。尽管学校教育有本质的差异，但学校教育承载的文化样态轮廓是可描摹的，不同历史阶段传授的知识和人格培养目标是可考证的。按照《教育文化构建的人性基础》一书，人类教育文化样态可概括为四种形态：一是追求军事、政治、宗教教育的文化；二是追求技术教育的文化；三是追求知识、智慧教育的文化；四是以人为本、追求幸福生活的教育文化。四种文化不可能得到特别清晰的划分，它们是有机的联系，是教育在不同历史时期人类个体或群体对教育作用的主流认知，或者说每一时期四种教育文化不同程度地存在。① 如果能够简略地梳理出不同教育传授的主流知识和人格培养目标的样态，就能够发现人类主流教育文化发展方向或趋势。具体说，只有勾勒出不同教育传授的主流知识和人格培养的样态，并使其在人

① 王世元：《教育文化构建的人性基础》，176 页，北京，北京师范大学出版社，2016。

类教育的长河中流动起来，其流动轨迹和内涵就是人类教育文化所呈现的方向性及其本质特征。只要人类把握教育文化发展方向及其内涵，人类教育文化向未来理想教育文化发展就有了历史源泉和历史积淀。学校理想教育文化样态的建构就有了坚实的基础。

首先，我们考察军事、政治、宗教教育的文化样态。

1. 军事文化样态

人类早期教育建设，主要以传承军事知识、政治知识和宗教知识为主，培养军事人才、政治人才和宗教人才。战争并不是人类社会开始就有的，而是随着原始社会人口增多、部落扩大，部落与部落之间发生冲突演变为战争。这是原始状态的战争。按社会性质分类，中国古代战争可分为原始社会的战争、奴隶社会的战争、封建社会的战争。约公元前2070年，中国夏王朝正式建立。奴隶制社会的战争形态也逐步形成，出现战略、战术、战争思想理论。春秋战国时期，中国由奴隶制向封建制社会转变，战火频仍，战争理论日渐繁荣，众多兵书如《孙子兵法》《孙膑兵法》《六韬》等问世。人类学校教育主要以传授军事知识、塑造军事人格、培养军事人才为目的。如夏朝庠、序、校三种学校由政府举办，供奴隶主阶级成员及其子弟接受内容广泛的训练，但其特色在于军事教育。马瑞临在《文献通考》中总结说，夏朝是"以射造士"。

公元前8世纪下半叶的西方社会，"斯巴达城邦制定了一种教育制度来培养武士人才。决定教育制度的不是个体的需求，而是整个城邦的存亡大计"[①]。斯巴达人"男孩从7岁起就住到兵营里接受训练。所有不满60岁的男子都得受军纪约束……早晨跳入欧罗塔斯河冰冷的水中"[②]。斯巴达城邦军事上的系统教育和训练方法，已经在实践古希腊犬儒派哲学家第欧根尼提出的"一国的根基在于教育它的青年"的主张。整个国家就像是一所军事学校。

战争在历史长河里不断上演。因此，人类社会的不同政治团体，都需要塑造军

---

① ［爱尔兰］弗兰克·M. 弗拉纳根：《最伟大的教育家：从苏格拉底到杜威》，卢立涛、安传达译，12页，上海，华东师范大学出版社，2009。

② ［美］斯塔夫里阿诺斯：《全球通史：从史前史到21世纪》，吴象婴、梁赤民、董书慧、王昶译，103页，北京，北京大学出版社，2006。

事人格、培养军事人才(包括军事战略家)。责任担当是合格军人的基本人格。

2. 政治文化样态

在阶级社会中，教育体现着统治阶级的意志。在古代，历代封建统治者均将教育当作治国之术，培养社会所需要的统治者或者维护者。传授的知识主要是统治阶级的政治思想、伦理道德、治人之术，与生产等相关知识的传授处于弱势地位。

譬如，我国奴隶社会学校教育的内容为"六艺"：礼，包括政治、历史和以"孝"为根本的伦理道德教育；乐，包括音乐、诗歌、舞蹈教育；射，射技教育；御，以驾兵车为主的军事技术教育；书，学习写字的教育；数，简单的数量计算教育。其中，礼、乐为核心。我国封建社会教育以儒家经典为主要内容，从汉武帝"罢黜百家，独尊儒术"开始，实行了思想专制主义的文化教育政策和选士制度。董仲舒提出"三纲五常"教育内容，明确"君臣""父子""夫妇"之间的关系。宋代以后，教育内容精选四书(《大学》《中庸》《论语》《孟子》)和五经(《诗经》《尚书》《周易》《礼记》《春秋》)作为基本教材和科举考试的依据，用以培养封建社会所需要的知识和人格素养。

古希腊哲学家柏拉图认为，雅典城邦能够取得政治稳定的唯一希望，就是建立一种挑选哲学家并把他们培养成统治者的教育制度。《理想国》给出了一份这种社会构想的教育计划。柏拉图说，建立理想城邦的目标是为全城邦的民众谋求幸福；正义的城邦是个体获得幸福的前提条件；立法者们应旨在不让任何一个社会阶层的幸福建立在其他社会阶层的痛苦之上。立法者所追求的幸福，应该是整个城邦的幸福。创造这种共同幸福的主要途径就是教育。

事实上，社会管理从古代到现代，甚至更远的将来，都是人类永恒的课题。不仅需要人类社会管理理论的支持，更需要社会管理精英和广大普通公民人格的形塑。民主思想和责任担当意识是合格公民的基本人格。

3. 宗教教育文化样态

西方宗教教育通过系统传授宗教教义，培养宗教人士及其管理人才。教会学校主要教学内容为"七艺"：语法、修辞、逻辑、数学、几何、音乐、天文。神学处于全部学科的"王冠"地位，宗教思想渗透于各门学科之中，宗教知识不可动摇。历史上，布鲁诺由于支持哥白尼"太阳中心说"，挑战了维护宗教信仰的"地球中心说"，最后被活活烧死在十字架上。可以说中世纪就是宗教的世纪，"在几乎不具备文化创造力的意义上说，构成了西方历史上的'黑暗时代'。极度贫穷、危机四伏、与世隔绝，不可能产生文学、艺术和学术杰作。"①西方在宗教文化鼎盛时期，以经院哲学为标志，从哲学的高度阐释宗教教义，从而建构了系统的宗教教义哲学理论体系，为学校宗教知识的传播提供了支撑。

宗教在本质上是人类社会管理的一种方式，是对人类精神的管理。宗教信仰既能管控人的行为，形成宗教文化，也能成为人类的一种追求，让人类个体的精神有所寄托。

其次，我们考察人类追求技术的教育文化样态。

人类社会总是伴随着技术的进步而进步，而技术和工具是密不可分的。工具和技术是人类社会每个历史阶段的重要标志，并能够呈现人类追求的文化样态。下面，简要介绍人类发展史上标志性的工具及技术。

1. 双手

人类双手从单一行走器官变成具有工具属性的器官时，开始了人类最早的工具革命。"双手"工具属性伴随着人类使用双手的技术提高，在实践中较好地解决了人类生活中许多问题，不仅极大地改进了人类生存状况，而且促进了人类智力、语言、情感表达等快速发展；人类迅速地扩大了生存空间。

2. 火

人类发现了火，认识了火，使用了火。火的使用，解决了人类生存中的许多问题：使人类有别于动物的饮食习惯；用火取暖，改变了人类被动适应自然环境的原始现象；"刀耕火种"提高了土地开垦效率，极大地提高了人类生产力；生产出了人类历史上具有时代标志性的工具——陶器、青铜器和铁器。"火"加速了人类从采摘文明时代进入到农耕文明时代，以陶器、青铜器和铁器工具的使用为典型标志的生产、生活得到了极大地改善。

3. 铁器

铁器工具制作与使用技术是生产力发展的重要标志，也是人类农业文明时代先进性标志。人类从战争兵器的制作、使用，到农业社会的生活、生产都离不开铁器

---

① [美]斯塔夫里阿诺斯：《全球通史：从史前史到21世纪》，吴象婴、梁赤民、董书慧、王昶译，284页，北京，北京大学出版社，2006。

的应用。

4. 蒸汽机

蒸汽机的发明制造对人类工业革命的发端起了重大作用。蒸汽机开始应用于纺织业，逐步扩大到化工、冶金、采矿、机械制造、运输等部门。至 19 世纪末，整个欧洲基本上完成了产业革命，近代工业体系已建立起来，从而标志着人类社会进入了一种新的文明形态——工业文明。

5. 电磁

人类以对电磁认识为基础，发明制造了电动机、发电机、内燃机、无线电通信机等一系列现代工具，人类社会从而进入了电气化时代。

6. 互联网

互联网工具技术扩展了人类的交流空间，改变了人类的沟通方式、工作方式，标志着人类进入了数字化时代，人工智能、大数据、云计算、物联网、3D 打印等一批新型技术深层次地改变了人类的生产、生活方式。

上述工具与技术的使用和生产，伴随着人类在实践过程中发现和解决新问题，实现螺旋式上升。由此，伴随着知识的生产与工具、技术的不断革新，人类从依赖自然恩赐，走向自给自足；从依赖生物力量，走向蒸汽时代、电气时代、互联网时代、信息化时代，逐步实现从野蛮走向文明。至此，工具承载的技艺，使人类独立于生命界的顶端，傲视生命种群，享受着生命的尊严。

再次，我们考察追求知识和智慧的教育文化样态。

从教育本质发生的属性可知，人类始终在实践过程中不断地进行着教育与学习，人类智慧也在不断得到发展，哪怕人类自身还没有意识到。由实践到经验、经验到知识、知识到智慧，反过来，再运用智慧、知识、解决问题……人类不断地追求着。下面，从人类生产的古代知识和现代知识两个重要阶段进行考察。

1. 古代知识阶段

原始社会后期，一方面，人类讨论许多基本范畴问题，并在不同学派之间开展问题辩论。由此，人类不自觉地追求知识的生产，促进了古代人类知识的进步。另一方面，古代学校主要传递有关自然、社会和人生的形而上学知识。其特点是诉诸理性和思辨，通过逻辑和辩证法建立形而上学的知识信仰体系，并在寻求理解形而上学的知识过程中发现新的知识，进而使人类学习能力得到提升，智慧得到开发。东方中国建构了道家、儒家、法家、阴阳家等哲学流派及相应的数学、天文、文学、艺术等知识体系。西方古希腊产生了爱奥尼亚"物理学家"、毕达哥拉斯、赫拉克利特、埃利亚、恩培多克勒、原子论和阿那克萨哥拉等学派，经过智者时期，以苏格拉底、柏拉图、亚里士多德等为代表，形成了对真理进行不断反思和建构的哲学理论体系。

2. 现代知识教育阶段

现代知识产生于西方，促进了西方自然史博物馆、天文台和解剖室的建立，推动了用观察法研究自然现象学派的形成，为以培根为代表建立的实验研究范式奠定了基础。17 世纪前后，欧洲出现了牛顿、伽利略等天文学家以及培根、洛克、笛卡儿、斯宾诺莎、莱布尼兹等现代经验主义和理性主义认识论的代表人物，至此，科学知识观得到确立，加速推进了科学知识的生产。[①] 具体说，17 世纪以来，微积分数学的诞生、牛顿经典力学体系的创立、电磁学理论的建立、原子物理时代的到来、进化论的出现、生命科学的发展等科学知识给人类生产、生活带来了实实在在的好处。人们深刻地认识到：科学知识是人类文明极重要的成果；在对自然、社会和对人自身的研究中，自然科学的方法是可靠的。

由此，人类对知识和智慧的追求，呈现两个阶段：一是以"识字"为基础知识，以人类经典知识的学习为人生智慧的追求，这一追求不仅能获得物质财富，而且更能愉悦精神生活；二是人类对科学知识、科学技术及其生产出的智慧的追求。科学思想、生命修为已成为现代人的人格特征。

最后，我们考察以人为本、追求幸福生活的教育文化样态。

当人类在追求知识、智慧教育文化过程中获得实实在在的益处，特别是科学技术知识给人类带来物质极大丰富的时候，科学、技术人才的培养竞争更加激烈。知识，特别是科学知识成了教育的"主体"，人类社会对知识的重视超过了人自身。人被知识边缘化了，变成了知识的"容器"。而学校变成了"等级化"的机构和发放学历证书的场所，无边的考试、无聊的重复和无情的筛选，导致了普遍的厌学情绪。"问

---

① 石中英：《知识转型与教育改革》，59～61 页，北京，教育科学出版社，2001。

题的严重性已经到了这样一个程度：如果不借助于纪律、职业诱惑或其他外在措施，就几乎没有学生会去努力学习。"①至此，人们发现，知识越来越凌驾于人主体之上，知识的传授掩盖了教育对人的关怀，知识霸权现象掩盖了育人的本质。

因此，必须恢复人的中心地位。教育不仅关系到收获技能，还涉及尊重生命和人格尊严的价值观，而这是多样化世界中实现社会和谐的必要条件。

下面，结合梳理出的人类主流教育文化发展方向与内涵，具体阐释理想教育文化本质特征。

二、理想教育文化架构及其内在关系

依托《教育文化构建的人性基础》一书中构建的三大范畴（社会范畴、学校范畴、个体范畴）和该书第三章"人类本性与教育关键"提供的知识传授和品格型塑方法论，我们构建了理想教育文化架构，抽象出理想教育文化模型。

下面，我们分别阐述理想教育文化"三大范畴"的内涵。

1. 社会范畴

人类生命个体生存的社会范畴是大范畴，是人类生命个体的起源与归宿。社会范畴提出了"最佳公民"概念，明确了"最佳公民集合"的内涵，即"尊重、民主、责任、科学"，它标识了人类教育人格培养的理想目标。如果受教育者经过教育，都能沿着这样的目标前行，哪怕因个体灵动能力不同而呈现出"最佳公民"内涵的"质"和"量"有所差异，但都能尽其所能、奉献社会，那么这个社会一定是有序的、和谐的。生活在有序、和谐的理想社会中，人类个体是幸福的。围绕着"最佳公民"的素质教育，正是人类教育追求的目标。如果把"最佳公民"内涵要素划分为不同程度的"质"和"量"，作为不同人类群体或个体的阶段性目标，就可以保障教育方向的明确性。因此，"最佳公民"的标准就是教育工作者的罗盘，其内涵就是罗盘标定的方位。

在"最佳公民集合"的四个素养中，"尊重"是理想人类个体人格具备的第一个标识。"尊重"是人类在不断发展的过程中需要凸显的概念，原因有二：其一，从人类

---

① 石中英：《知识转型与教育改革》，119页，北京，教育科学出版社，2001。

生命本质属性和生命个体的社会关系建构角度考察，"尊重"有对生命敬重之意，既要珍惜、爱惜自己的生命，自尊、自重，又要对他人生命存有敬畏、怜悯。如此建构的人类社会才是和谐的、幸福的。其二，从人类在生命界所处的"顶端优势"看，"尊重"有保护人类生态环境之意，有对"规律"包括自然规律、社会发展规律、生命生长规律等的"尊重"之意。其目的是避免大自然对人类的惩罚，减少由违背规律给人类带来的不幸。具体说，只有对他人、对自己、对规律、对环境等存在"尊重"意识，才有可能在工作与生活中把"尊重"态度落实在自己行为中。大到一个民族或国家，中到一个组织、社区，小到一个家庭，其和谐环境的创设，无不与"尊重"意识有关。没有尊重意识的人类个体或群体，对非生命世界和生命世界都是一种灾难，包括人类自身。①

"民主"是理想人类个体人格具备的第二个标识。民主思想既包含民主意识，也包含民主能力。民主意识是在尊重意识基础上产生的，没有尊重就不可能有民主。民主能力是在民主意识基础上产生的，没有民主意识，不可能有民主能力。没有民主能力，民主意识是没有价值的。民主思想的核心，是调动人类个体灵动能力、聪明智慧，实现信息共享，服务于人类社会。但是，民主需要有法律保障。从根本上说，民主与法制互为条件，不可分离。"宪法和法律对人民民主权利的保障是民主政治的基本前提，没有这个前提，就谈不上民主，若没有法治……民主进程就有可能导致秩序的失控。"②

"责任"是理想人类个体人格具备的第三个标识。"责任担当"，是人类个体履行责任的前提条件。不论固有责任，还是约定责任，没有责任担当，一切无从谈起。有责任担当意识的人，才能有意识提高自己担当责任的能力，遇事不逃避，失误不推责，在责任担当中增长智慧、才干，锤炼心性。责任担当体现在家庭中，体现在社会生活中，体现在平凡工作中，体现在组织委托中，体现在突发事件的决策中。正如维克多·弗兰克所说："每个人都为生命询问，而他只有用自己的生命才能回答此问题；只有以'负责'来答复生命。以此，'能够负责'是人类存在最重要的本质。"

"科学"是理想人类个体人格具备的第四个标识。科学精神是人类走向文明的重

---

① 王世元：《教育文化构建的人性基础》，208 页，北京，北京师范大学出版社，2016。
② 闫健：《让民主造福中国：俞可平访谈录》，2 页，北京，中央编译出版社，2009。

要成果，也是重要标志。人类伴随着社会实践而进行不断思索，追求真理与正义，经历了漫长而曲折的道路，逐步从愚昧走向科学。然而，人类个体一经掌握了科学知识与技术，社会就呈现了加速发展。人类不仅得到了体力的解放，而且物质生活的生产更加丰富，生活的空间更加开阔，沟通交往更加便捷，人类面对自然灾害更不是束手无策……科学知识和技术给人类带来了实实在在的好处。科学精神，不是让每位公民都成为科学家、工程师，而是让每位公民都具有科学思想、科学意识、科学方法和科学发展观。因为，只有人类个体具有了科学精神，才能依靠理性摒弃愚昧、走向文明。

2. 学校范畴

学校是除了家庭之外对未成年人进行知识传授和人格培养的重要场所，更是助推其社会化的重要力量。学校教育的价值显而易见。学校教育教学方法，一直是人类关注的热点与重点。理想教育文化构建了学校教育教学方法论。这一方法论是建立在社会最佳公民基础上，即教师一定是"最佳公民"。也就是说，教师一定具备尊重意识、民主思想、责任担当和科学精神。在此基础上，教师才能运用教学方法论"扰启、内省、质疑、实践"组织教育教学。

理想教育文化教育教学方法论中的"扰启"，是教师在备课中首先考虑到的一个思想方法，也是教师组织教育教学过程中普遍使用的思想方法。"扰启"思想方法，强调教师"扰"动的作用，从而带来对学生的"启"发，而不是传统教学中"不愤不启，不悱不发"的等待。"扰启"既有教师的主动作为，也有教师对学生适时、适度回应而设置障碍之意。教师主动作为的"扰"对学生具有"撩拨"之意，使学生"灵动"起来，"兴奋"起来，使之情绪昂扬；教师回应学生而设置的障碍是教师有意"干扰"或"扰乱"学生思维所为，其目的是让学生思维更加全面、更加深刻。因此，"扰启"不同于"启发"，它比"启发"更有效率，更深刻。"扰启"是方法论，而不仅仅是一个具体方法。教师对学生可以通过创设情境、制造乐趣或者麻烦，利用"撩拨"、幽默等教育智慧潜移默化地使学生变被动为主动，使学生的思考由狭隘变全面，由浅薄变深刻。

理想教育文化教育教学方法论中的"内省"，既是教师实施教育教学过程中追求的目标，也是教师实施教育教学过程中评价是否发生的工具。因此，教师在备课时要立足学生现有的显性知识和缄默知识工具，设计教学方法和教学过程。在教育教学实施过程中，教师所有教育教学方法都要立足于学生的"内省"，这是"内省"教育教学方法论的本质规定。没有学生对所传授知识和人格培养的"内省"，不管教师多么慷慨激昂，多么情感充沛，课堂活动内容多么丰富，教育教学也没有真正发生。"内省"方法论的本体是学生，"扰启"方法论的本体是教师，教师"扰启"的根本目的是让学生"内省"。由此，学校教育教学工作，要围绕学生"内省"展开。"内省"是教育教学方法论，正像"持久战"是方法论，而不是一个具体方法一样。

理想教育文化教育教学方法论中的"质疑"，是指培养训练学生的质疑意识和质疑思维。在学校教育教学传授知识和培养人格中，如果追求让教育真正发生或深度发生，必须打破追求"记忆型教学"的"一元逻辑"思维，从而追求开放式教学的"多元逻辑"思维。质疑意识培养和训练，是让学生思维警觉起来，守护好已建构起来的知识门户。质疑思维能力，是让新的知识和价值观包括教师传授的知识概念、信息及价值观，通通接受自己思维的审视和批判。质疑思维的实质，是解构他者传授视为正确的知识、信息及价值观，并应用自身显性知识和缄默知识反思性审查，确保知识质量，从而建构自己的知识与价值体系。没有经过质疑而获得的知识，是肤浅的不深刻的；没有经过质疑追求的价值观，是不值得坚守的。若要质疑得深刻，就需要理性，需要逻辑，需要对话。互联网时代，人类更需要质疑意识和质疑思维。

理想教育文化教育教学方法论中的"实践"，是将"实践"作为教师教育教学"方法论"的思考方式进行备课和组织课堂，而不是专指学生某一种具体的教育教学实践活动。甚至可以说，"实践"方法论，是一种教师让学生置于"那过程"或"那情境"之中，让学生每一个感觉器官都参与"那过程"或"那情境"的一种主体活动，而不是作为旁观者。"实践"，让探究、抉择、审议成为新知识获得"内省"的工具。如果把这种"内省"称为"实践内省"，那么"实践内省"的真实性、过程性和情境性，无疑是最深刻、最透彻的，也可能最令人困惑。由此，一方面诱发学生追求实验兴趣，另一方面倒逼学生寻求新的工具诠释困惑，实现深度内省。其实，"实践内省"过程不仅能够获得科学知识、训练科学方法，而且能够培养科学精神。

3. 个体范畴

个体范畴是理想教育文化构建的三大范畴之一，也是最具活力的范畴。理想教育文化中的个体范畴指明了人类个体理想的生长方法论。人类个体充分发挥自身灵动能力，使其理想生长方法论"独立、追求、养控、审美"各文化要素的力量充分发挥作用，从而构成人类建设理想社会可持续的内部动力源。人类社会在学校外部动力源和人类个体内部动力源相互作用下，"最佳公民"社会建设的目标不仅能够达成，而且"最佳公民"构成的社会将持续存在。

理想教育文化人类个体生长方法论中的"独立"，是指人类个体在生长的过程中不仅要具备独立意识，而且要具备独立能力。独立意识是前提，没有独立意识，自己生长总是依赖别人，借助别人，寻找别人的帮助，久而久之，自己不具备与他人合作的要件，更不具有贡献社会的才干与能力，将会丧失独立能力。具备独立意识和独立能力，并不是不要合作，而是为了更好地合作。独立能力需要自身"合作要件"包括知识、才干支撑，是在独立意识指导下，努力生产自身"合作要件"并使其增值。没有"合作要件"就没有合作的基础和条件，社会或他人与你合作的可能性，取决于你自身"合作要件"的数量和质量。"合作要件"的数量和质量在一定意义上体现了人类个体的人格价值。特别是互联网、人工智能、大数据时代的到来，更需要人类个体独立意识、独立思维、独立能力支撑下"合作要件"的生产与增值。否则，个体的人格价值将会贬值。

理想教育文化人类个体生长方法论中的"追求"，是要求人类个体在生长过程中要有追求精神、追求目标。如果人类个体没有追求精神和追求目标，就会感到空虚，丧失生长的动力，生长将停滞不前。人类个体的精神追求是生命生长的动力源泉，而人类个体追求目标是人类个体生长的方向和期望值。人类个体不同生长阶段的目标，既不能过低，也不能过高，在生长最近发展区，设定与其生长能力相匹配的阶段目标。

理想教育文化人类个体生长方法论中的"养控"，是指人类个体生长过程中修炼"养控"品格。人类个体在生长过程中，要有意识用知识和文化涵养自己的品格，因为，只有知识和文化涵养的人格内涵才丰满，才能够有充足的优质生活、社会交往需要的工具，而不是在生活、工作、社会交往中，遇到各种问题捉襟见肘，因找不到解决问题的工具而精神恐慌。人类个体除在生长过程中，用知识和文化涵养人格外，还要学会管控自身外在行为。其实，人的本质属性决定了人具有情境化、情感化精神倾向，人的理智是在人本质属性基础上发展而来，更多是后天生成的，而情境化、情感化精神倾向更容易使人产生冲动。人类个体成熟的标志，就是能够对自己的行为负责；而"养控"品格的实质是尊重他人、尊重自己。因此，人类个体在生长过程中的行为"管控意识"要及时建立，即通过人类个体自身"管控意识"的建立，约束自己外在行为。"养控"需要人类个体内在涵养和外在管控，即涵养品格、管控行为。

理想教育文化人类个体生长方法论中的"审美"，是要求人类个体在生长过程中提高"审美能力"。"审美能力"不仅是人类个体审美素养，更是深层次影响人类个体生活、学习、工作质量的能力素养。其实，人类个体都有自己的审美观，都有自己对美的核心价值的追求，然而，人类个体对美的发现、对美的欣赏、对美的核心价值的审视能力却不同。因此，人类个体在生长过程中，要有意识提高自己的审美情趣，建构自己的审美世界，唤醒自己艺术共情的能力。这不仅让人类个体在生长过程中学会美化生活、学习、工作环境，使自己和他人精神愉悦、品格高雅，还能激发生活、学习、工作的激情和动力。进一步说，审美能力，如对数学美、物理美、化学美、生命美等自然科学之美本质的把握等，决定你把握事物本质的能力，决定你发现、发明、创造的能力。

理想教育文化"三大范畴"架构就像三维空间，充满灵性的人类个体联通了"三大范畴"架构，从而不仅使教学方法论的实施有了确定对象，而且使生命生长方法论有了承载主体，更重要的是给出了人类个体传授知识和品格型塑的方法论。"三大范畴"架构空间，充满了理想教育文化意蕴和内生活力。下面，分别阐述知识传授和品格型塑方法论的内涵。

1. 知识传授方法论

关于人类知识的传授，理想教育文化从揭示人类知识生产过程出发，给出了"实践、问题、方法、工具、技术、表述"的方法论。这使得所有学科教师在传授知识的过程中有一个基本的或根本的遵循，从而既体现了学校教育传授知识的功能，也赋予了所传授知识生产新知识潜在力量。这一方法论，既明晰了人发展核心素养培养目标的操作路径，也为教学三维目标(知识与技能，过程与方法，情感态度价值观)具体设计找到了逻辑起点和逻辑可能。

教育本质属性规定的传授的知识，一定是人类在生产、生活实践中人类遇到的或生成的问题，而人类为了解决、解释这些问题，方法、工具、技术选择与使用是关键，但自然界并没有早早为人类准备好方法、工具与技术，而是需要人类发现、发明、生产与制作。如果人类发现、发明、生产与制作的方法、工具与技术，有效地解决了问题或能对问题、现象给出合理的解释与预测，那么人类就生产出了知识。因此，方法、工具、技术及其对问题的表述就构成了知识内涵。所以，人类传授知识，就应该着眼于方法、工具、技术及其对问题结果的表述。这不仅传授了人类生产知识的结果，而且传授了人类生产知识的方法，从而使获得知识的人类个体也获得了生产知识潜在的能力。知识不是死的、静态的，而是人类针对问题的解决，应用智慧，创造方法、工具、技术而形成阶段性规律的认识。因此，知识是有生命的，离开了解决问题能力，知识就失效了。人类一方面生产知识，另一方面修订原有知识，保证具有解决问题的生命力，并淘汰没有生命力的知识。

因此，称职的传授知识的教育者，不仅要具备系统学科知识和学科素养，更要知晓学科知识生产的背景、过程和不同的表达方式，特别是发挥突出作用的方法、工具与技术。也就是说，要把历史的知识，赋予现实的生命；要把静态的知识赋予"教育灵魂"。如果教师备课，只着眼于一个课时，只能是"只见树木，不见森林"；如果教师备课，着眼于一个单元或模块，只能是"站在山丘，俯视平原"；如果教师备课着眼于一个完整(初中或高中)学段，那么教师的备课就有了一定的"景深"；如果是专家或学者的专业报告，一般就属于"航拍"了。至此，教师备课至少要着眼于单元或模块，也就是把这个单元或模块知识形成的背景、过程、作用研究清楚透彻后，依据问题方法、工具、技术、表述分配到不同的课时，并对每节课要有预期的目标，辅以教学方法论和学生生长方法论组织教学。教师不能直接"掏出"知识结果，采取"一元逻辑"的方式呈现学生。教师直接掏出的知识是死的，而呈现"方法、工具、技术及其表述"的知识是有灵魂的，有生命力的。

2. 品格型塑方法论

品格型塑"灵动能力、生命修为、情志追求、合作要件、意志品性、批判思维"的方法论，从人类本质属性出发，明确了人类个体的灵性差异。也就是说，在"最佳公民"人格总要求下，人类个体要立足于自身灵动能力的基础，而不是超越自身灵动能力去追求不可达到的发展目标。生命修为，意味着人类个体无论灵性程度高低都需要努力作为。因为只有提升生命修为，人类个体才能对内检视自己，对外约束自己，从而时时处处修正自己，使自身人格更加雅正。情志追求指明了人格的发展方向，人类个体灵性不同、兴趣不同、精神追求也有所差异，但作为"最佳公民"，应该有自己相对高雅的追求。高雅的情志追求体现了"最佳公民"的知识和文化价值，是其实现生命最优或幸福生活追求最重要的标志。合作要件揭示了作为"最佳公民"人格中的责任担当必须具备的条件；没有合作要件的"最佳公民"是不可能履行责任的，也不具备民主思想的能力；因此，合作要件是人格要件的基础，而数量充足、质量优异的合作要件是优秀的"最佳公民"追求生命最优或幸福生活品格型塑的重要体现。意志品性指明了人类个体在成为"最佳公民"、追求生命自由或幸福生活过程中不可缺少的意志品格；优秀的意志品格，包括执着坚守、朝着既定目标勇往直前，而非遇到困难缩手缩脚。批判思维是人类个体理性思维的表现，也是人类科学精神的体现。如果学生不具有批判思维能力，那么其对知识的学习理解则会浅薄；如果"最佳公民"不具有批判思维能力，那么很难输出有意义、有价值的思想，其人格很难得到保障。人类个体的批判思维标志着人类个体的成熟度。

理想教育文化品格型塑方法论，除指明了品格型塑的方向，还间接地指出了品格型塑的载体。不要孤立地谈情志追求、合作要件、意志品性、批判思维，而要将其融入教育教学过程中，特别是在固定班级授课制形式下，教师要将品格型塑的方法论，赋予学校、班级、社团组织开展的教育活动与知识传授。反过来，品格型塑要求的情志追求、合作要件、意志品性、批判思维对人类个体获取知识具有显著作用。事实充分证明，人类个体如果没有高的情志追求，没有数量充足、质量优良的合作要件，没有良好的意志品性以及理性的批判思维等要素支撑的人格素养，则其获取知识或知识再生产的能力存在明显欠缺。因此，如果能够灵活运用知识传授与品格型塑方法论，人类个体获取知识和品格型塑都将达到事半功倍的效果。理想教育文化追求的品格型塑方法论——情志追求，并不排斥、否定"最佳公民"基础上的世俗文化。人类个体品格型塑方法论，旨在引领人类个体对高雅文化的追求，但不要求整齐划一的追求。人类个体本质属性本来就有差异，要让充满差异的人类个体本质属性呈现出不同的情志追求，使"最佳公民"构成的人类社会生机盎然、百花齐放。

综上讨论，理想教育文化架构如图 4-1 所示。

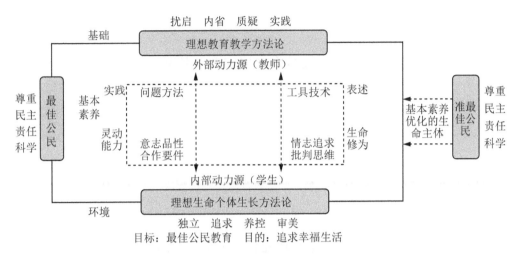

图 4-1 理想教育文化架构

理想教育文化框架类似一座充满无限能量的理想教育文化大厦。大厦呈现了"三大范畴"——社会范畴、学校范畴、个体范畴相对应的"最佳公民""教学方法论""生长方法论"与"知识传授方法论""品格型塑方法论"的相互作用后产生的"准最佳公民"。大厦内部类似一个"黑匣子"，是由具备"最佳公民"人格的教师，运用"知识传授方法论"和"教学方法论"，以及"品格型塑方法论"同人类个体"生长方法论"交织互动，赋予教育文化能量，完成人类社会"准最佳公民"的培养。大厦内部"黑匣子"要素内涵丰富，如果教师采取不同操作方式，可以窥视人类教育史上不同教育家的教育理论主张。

我们基于学校内涵辨析、教育发生审视基础建构了理想教育文化大厦，旨在为改造现实学校的教育文化，使其成为具有理想教育文化内涵的学校提供参考。

/ 第五章　历史进程中的学校教育发展问题及其社会关系分析 /

本章聚焦当前教育问题，揭示学校追求的核心教育价值，以此剖析现实学校与教师、学生及家长形成的教育关系，探索教育问题难以解决的文化原因。

一、对当前学生课业负担过重问题的分析

众所周知，当前学校至少存在两种典型问题：一是纯粹以理论知识为核心的教育；二是以他人为参照系的教育，即所谓的"成功教育"。[①] 这两类问题是当前学校面临的最紧迫、最普遍的问题。家长与社会一方面痛恨这两种典型问题，另一方面却给问题的形成推波助澜。事实上，两个问题经常耦合在一起，呈现出学生课业负担过重的现象。

在《过去的中学》一书中，傅国涌先生在前言的描述比较切合当前学校的实际："现在的中学除了讲硬件设施、以升学率作为唯一衡量指标，早已无暇他顾。学生面对的是做不完的习题、补不完的课、考不完的试，既没有多少自由阅读的时间，更不用说通过社团自治等活动展开活泼的生命。老师同样被捆绑在应对各种考试的战车上，失去了所有创作的乐趣、精神的自主、与学生一同探索未知的可能性，纯粹成了枯燥乏味的教育链条上的一个环节，几年下来，什么棱角都会被磨平，最后一点个性色彩都会消失殆尽。"[②]

社会辅导机构的发展更是如火如荼。"说到海淀黄庄，很多人可能都会想到这里高密度分布的课外培训机构。过去一段时间以来，一些培训机构被媒体多次曝光存

① 　王世元：《教育文化构建的人性基础》，104 页，北京，北京师范大学出版社，2016。
② 　傅国涌：《过去的中学》，1 页，北京，同心出版社，2012。

在不规范办学行为，引发全社会关注……以海淀黄庄地铁站为中心，半径1千米内的几乎每一栋大厦、写字楼内都分布着各种类型的校外培训机构，有的培训机构甚至在相邻两座大厦就有两个'校区'。……培训机构表示'我们会在孩子既有课程体系上进行'加厚'，帮助孩子更好地理解、掌握知识点，做到融会贯通，而不是去教一些新的、学校里不讲的内容。'……在采访中，记者见到不少家长带着孩子来上课。对于培训机构的整改效果，绝大部分家长都表示认可，'我们的要求很简单，帮孩子提高成绩，进入心仪的学校。'……一位家长感慨自己去年曾经跟孩子上所谓的数学思维课，'大学的微积分都用上了，孩子哪能消化得了。我们跟着听，还得回去再给他讲。"[1]

"事实上，教育'减负'并不是新鲜话题，早在20世纪50年代，新中国成立之初，'减负'就开始出现在国家层面的文件中。自1987年中国提出素质教育概念以来，'减负'更成为中国中小学推进'素质教育'路上一道绕不开的坎儿。1988年，原国家教委发布《关于减轻小学课业负担过重问题的若干规定》；2000年教育部发出《关于在中小学减轻学生过重负担的紧急通知》；2011年的全国'两会'上，'减负'首次被写进政府工作报告。据统计，在过去的60年间，'减负'被国家教育部喊了9次，各地的'减负令'多达上百项目。"[2]学生课业负担过重的问题依然没有得到解决。2018年12月，教育部等9部门《关于印发中小学生减负措施的通知》，提出遵循教育规律，落实立德树人根本任务，坚持政府主导、各方参与、综合施策、标本兼治的基本原则，加强统一部署、统一行动，进一步明确并强化政府、学校、校外培训机构、家庭等各方责任，推进育人方式改革，发展素质教育，规范学校办学行为和校外培训机构发展，扭转不科学的教育评价导向，引导全社会树立科学教育质量观和人才培养观，切实减轻违背教育教学规律、有损中小学生身心健康的过重学业负担，促进中小学生健康成长。

我国中小学生课业负担过重现象的发展经历了两个阶段：一是20世纪50年代至"文化大革命"；二是改革开放直至现在。国家和地方政府为解决中小学生课业负担

---

①　《记者暗访海淀黄庄辅导机构，整改后"规矩"多了仍有猫腻》，载《北京时报》，2019-08-14。

②　王云圣、沈思远：《上海市中小学生减负成效及对策研究——基于培训机构供需状况的调查》，载《中国市场》，2018(4)。

过重问题，整治力度不可谓不大，不仅发了一系列文件，而且文件很具体、全面，具有可操作性。

2018年12月教育部等九部门又印发《中小学生减负措施》(减负三十条)：严格执行国家课程方案和课程标准，不得随意提高教学难度和加快教学进度，杜绝"非零起点"教学；小学一二年级不布置书面家庭作业，三至六年级家庭作业不超过60分钟，初中家庭作业不超过90分钟；小学一二年级每学期学校可组织1次统一考试，其他年级每学期不超过2次统一考试。不得在小学组织选拔性或与升学挂钩的统一考试；考试成绩实行等级评价，严禁以任何形式、方式公布学生考试成绩及排名；家长要正确认识孩子成长规律，尊重孩子个性，个体差异和天性，保护孩子的想象力、创造力，把培养孩子的好思想、好品行、好习惯作为家庭教育的首要目标；根据孩子的兴趣爱好选择适合的培训，避免盲目攀比、跟风报班或请家教给孩子增加过重课业负担，有损孩子身心健康；不让孩子长时间看电视，保证小学生每天睡眠时间不少于10小时，初中生不少于9小时，高中阶段学生不少于8小时；各级教育行政部门要公布举报电话和信箱，畅通社会反映情况渠道，引导广大学生家长共同监督减负工作，对造成中小学生过重学业负担的行为，实行零容忍，举报一起查处一起；从2019年起，国务院教育督导委员会每年通过各省自查、跨地区交叉检查、随机抽查、实地督查等多种方式对地方各级人民政府开展减负工作督导，并向社会公布结果。

2014年，《上海市教育委员会关于开展义务教育阶段学校"减负万里行·第2季"活动的通知》有如下要求：不拔高教学要求、不争抢教学进度、不加大教学难度、不忽视学生差异、不扼杀学生兴趣，让不同起点的学生都能达到课程标准的基本要求；一、二年级不得进行书面考试，不布置书面回家作业，对学业成绩、学习表现、学习动力等评价结果采用等第表达；严禁义务教育阶段学校将奥数成绩、英语星级考等各类学科竞赛、等级考证书等与入学挂钩，不得以任何形式的文化测试选拔学生；减负要求情况与教师的日常考核、评优评先挂钩等措施；杜绝考试题目中的"超纲"现象；开学两周内，中小学不得组织任何形式带有学科测试性质的练习、测验和考试。上海市还明确将探索建立校长、教师信誉档案，对督导检查、信访等渠道发现的"阴阳课表"、违规进行考试和测试，组织跨校联考、教师有偿补课、与校外培训机构存在利益输送等违规的相关责任人记入其信誉档案。[①]

中小学生课业负担过重问题为什么长时间不能解决?其根源到底在哪里?中小学生指的是谁?是城市中小学生,还是农村中小学生?是重点学校中小学生,还是一般学校中小学生?或是所有中小学生?显然,中小学生不是指个别中小学生。"负担过重"的概念太模糊。国家和地方政府对"负担过重"的衡量,多数是指学生完成课业所需要的时间——小学一二年级如果有书面家庭作业,即为"负担过重";三至六年级家庭作业如果超过 60 分钟,即为"负担过重";初中家庭作业如果超过 90 分钟,即为"负担过重"。除此之外,根据"减负三十条",产生课业负担过重的原因还有:教学难度过高和教学进度过快;统一考试次数较多等。

毕业于北京师范大学附属中学的孙念台先生提到北京师范大学附属中学:

"首先十分重视基础工具课,即本国语文、外语和数学这三门课。从初中一年级到高中三年级,六年中每周这三门课的学时数都不少于五节,有时达到每周六至七节。语文课对作文练习很重视,至少每两周一次。此外,初中二年级的国文课另加两节'应用文'。到了高中,三年中几乎每年都有国文和英文方面的进修课。国文方面的选修课程,高一设有文学文选读、伦理学(即逻辑)、心理学,高二设有修辞学,高三设有学术文选读。英文方面的选修课程,高一设有英文短篇小说,高二设有英文长篇小说,高三设有英文时事文选。从高中二年级起,高中代数、解析几何和物理课都采用英语教材,这对于学生熟悉英文和练习阅读英文科技书籍,曾起过很好的作用。"

"从初一到高中部设有博物方面的课程。初一学习植物学和生理卫生学,初二学习动物学,初三学习矿物学,高三学习生物学,从初中到高中每年都有史地方面的课程,包括本国地理、世界地理、本国通史、世界通史和中国近百年史。物理化学课程却没有现在的学校这样多,只是初高中物理、化学各学一年,初中每周各三节,高中每周各六节;高中理化课每周包括两节学生自己动手进行实验的实验课。"[②]

---

① 王云圣、沈思远:《上海市中小学生减负成效及对策研究——基于培训机构供需状况的调查》,载《中国市场》,2018(4)。
② 孙念台:《文化课教学的成功典范》,见傅国涌:《过去的中学》,129 页,北京,同心出版社,2012。

汇文中学校史资料中记载：

"初中英文课程分别为英文文法、英文名著、英文会话三门。到了高中则变成了英文作文、英文名著、英文会话。……初中英文课上中英文混合授课，高中英文课堂上全部用英语授课。……据老校友回忆，初中英文名著选读有《神灯记》《鲁滨逊漂流记》《亚瑟王》《罗宾汉》等外国小说。高中英文教材有《莎士比亚戏剧》，课外英语读物有英文版《读者文摘》等。"

"当时的汇文英文教学口语、作文、文法、翻译并重，而且很注意中西两种语言的比较。一九四八届校友陈国新先生还记得，当时教英语语法的杨建章老师对学生非常严格，要求学生将《红楼梦》中的片段翻译成英文，大家都觉得难；其中还有一首律诗，把学生难倒了，最后只好他自己来翻。杨老师还让学生翻译过李白、杜甫、苏轼等人的诗，意在让学生体会中英两种语言在语法上的差异。"

"除了英文课之外，当时汇文高中生物、化学、数学、物理及外国史等课程的教材全部采用英文原版，如《范氏大代数》、斯盖尔氏《解释几何学》、3s 三角学，化学用 Chemistry for today，物理用 Duff 物理，还有高中《世界地理》用的也是英文原版教材。教师授课则中英文两种语言混合，完全秉承了怀里书院时期定下的'举凡一切重要学科，多用西文教授，盖欲诸生之学贯中西，为他日中西文化之灌输调和者'之宗旨。"①

由此看来，在新中国成立之前，似乎并不存在中小学生课业负担过重的问题，其原因可以从以下四个方面理解。

第一，社会原因。从辛亥革命爆发到"中华民国"创建，历经南京临时政府、北洋政府、南京国民政府等主要政权更替，直系、奉系、皖系等军阀混战以及抗日战争和解放战争等战事，直至新中国成立，中国社会处在动荡时期。民国时期，由于政局动荡不安，总体上统治者及社会各界无暇顾及中小学教育。中等教育、高等教育资源相对欠缺，只有少数人或中上等阶层子女选择升学通道。大学拥有相对独立的招生权；市场机制发挥主导作用，招生形式多种多样。社会上也不存在各种辅导班、培训机构。中小学教育办学自主权相对很大，人们对中小学教育质量的要求相

---

① 王丽：《汇文钟声：一所中学远去的背影》，见傅国涌：《过去的中学》，144～145 页，北京，同心出版社，2012。

对不高。

第二，家庭原因。在社会动荡时期，除当时政府教育主管部门和一部分社会名流、知识分子关心教育外，人们普遍为生计而劳作，能够接受中小学教育对他们来讲已经是奢侈品，家长不可能、也无暇顾及教育。处于社会中上层家庭，其子女有条件接受中小学教育，并选择升入高一级学校教育通道。民国时期，"农工等阶层出身的学生在国立大学中仅占百分之十到百分之二十，而商、学、政、法、军警等阶层出身的学生在国立大学中所占的比例高达百分之七十到百分之八十。"[1]显然，在当时社会具有较多话语权人士的子女，一般都能实现升入高一级学校教育的通道。中上层社会的家长将更多精力用在工作或者事业追求上。至于子女教育，一般放心地托付给学校。

第三，学校原因。当时，除政府办学外还有社会名流乃至西方教会组织在中国办学，中小学校性质多为私立学校。城镇中的新式学校，特别是私立学校，所聘的校长和教师，在当地都是比较有影响的知识分子或文化名人，很受人尊重。一些著名中小学的校长和教师的职业精神、学识素养都堪称一流，如当时的汇文中学：

三十年代的国文教师李戏渔先生兼北京大学中文系课，一九三五年汇文校歌歌词就是他在原来基础上重新改写的。与李戏渔老师同时的国文教师郑骞，五十年代后赴台湾任台湾大学教授。四十年代国文教师白序之先生为文学研究会成员，与《落花生》的作者许地山关系至好，著有小说《爱之谜》。三十年代英文教师金振华，原为中国驻日内瓦的领事，回国后任燕京大学教授，兼教汇文英语。物理教师张佩瑚在北大兼课，是北大物理系副教授。他当时在汇文采用的教本便是大一物理教本《达夫(Duff)物理》。绰号"生物侯"的侯恩炬先生五十年代后到首都师范大学做了生物系主任。化学老师于一峰先生讲课用他自编的教材，参考书有《今日化学》和他自编的《化学计算法》；主讲代数课的刘开祥先生当时在汇文讲授高中三年的五门数学课，包括平面几何、立体几何、解析几何、三角和代数。代数课本采用英文原版《范氏大代数》，此外还指定英文原版《霍尔耐特代数》为参考书。他后来到北大数学系任教。[2]

---

① 李涛：《民国时期国立大学招生的特点》，载《高教探索》，2017(10)。
② 王丽：《汇文钟声：一所中学远去的背影》，见傅国涌：《过去的中学》，147页，北京，同心出版社，2012。

学校对教师的管理相对宽松，一般采用聘任制。教师一经为学校聘用，就意味着胜任该学科教育教学工作。学校的"聘任"就是"考核"；没有被"聘任"，就没有通过考核。对教师的"聘任"考核，不是直接来自对"学生成绩"所处位置的评价。

第四，学生原因。民国时期的中小学是在清朝末年废除科举制之后艰难地发展起来的，总体上可分为两类：一类是乡村中小学；另一类是城镇中小学。乡村中小学学生更多选择就近入学，当时物质条件及师资力量极度匮乏，而且人们普遍对升入高一级学校的意愿不强烈，底层民众普遍认为其子女有学上就应该知足，学不好是子女的事，与教师无关。因此，教师教育教学没有太大压力。城镇中学的物质条件和师资力量都比较好，特别是一些著名的中学，学生一般来自中上层家庭或知识分子家庭。比如，过去的南开中学出自巨富之家的名作家韦君宜(原名魏蓁一)，已故北大校长张龙翔夫人刘友锵，和曾任东北数市市长和哈尔滨副市长的彭克(原名彭克谨)，学生因为家庭影响，不仅视野开阔，更有志向和抱负等明确的人生追求。学生不仅仅为分数而读书。南开中学"提倡学生组织团体、发展各种课外活动。课外活动最有名的是话剧和运动。张彭春对发展话剧贡献很大。众所周知，南开早期话剧中周恩来扮演女性角色，万家宝(即曹禺)戏剧创作的基础在南开中学时期已经奠定。一九三一年校中演出英国高尔斯华绥(John Galsworthy)的《争强》(Strike)，水平极高、令人赞叹；据说曹禺还未升学清华时，已协助张彭春把高氏的剧本译成国语了"。①

显然，新中国成立之后，学校所处发展环境远好于民国时期的学校环境。那么，怎样理解新中国成立之后学生课业负担过重问题呢？可以从三个方面加以诠释。

一是新中国成立后，有两个突出阶段，对教育事业提出了迫切任务。第一阶段是新中国成立初期，各项事业百废待兴，培养人才成为当时教育面临的迫切任务。面对当时的社会状况，国家在教育领域做了有标志性的三件事：(1)全面规范了中小学课程，完成了高等教育领域院系调整；(2)全国兴建了重点中小学；(3)实行了高校统一招生考试制度。新中国成立初期全面学习苏联教育，追求纯粹知识教育和升学教育成为当时社会的主流教育价值观。第二阶段是改革开放之后，由于10年"文化大革命"期间教育的停滞，国家经济建设面临着人才奇缺的严峻现实，为了在短时

---

① 何炳棣：《卓追忆南开中学》，见傅国涌：《过去的中学》，北京，同心出版社，2012。

间内培养一批优秀人才，国家在恢复全国统一招生考试之余，还恢复了重点中小学建设。由此，再一次唤醒人们尊重知识、尊重教育的热情，追求纯粹知识教育再次成为社会的主流教育价值观。事实证明，参加全国统一招生考试，是人们实现人生价值重要的、可靠的渠道。

二是新中国成立之后，经济、社会虽然得到了快速发展，但是城乡二元结构还十分明显，人们就业通道、职业选择、价值追求等非常单一，大多想通过考试通道实现人生理想。要在全国统考中脱颖而出，唯有在重点小学、重点初中、重点高中学习才有更大可能。因此，从小学升入重点初中、再升入重点高中，唯有"考试"才是公平、公正的体现。改革开放之后，通过统一招生考试实现人才流动，快速被社会认可，即使是一些考试失利者，也狂热地追求知识教育。人们似乎坚信，他们的下一代要实现阶层延续和向上流动，只有通过获得更好的教育、获取更多的知识，才有可能实现。

三是在社会、学校、家庭和学生群体中形成了知识教育文化。在这种文化观下，学生必须获取更多知识才能成为优秀学生，才能有更大的发展空间，才能有美好的未来，才能实现家长的愿望。社会、家长、学生对学校教育评价的唯一指标就是升学率，升学率高、考入重点大学人数多的就是好学校。由此，事实上，社会和家长捆绑着学校实施应试教育。此外，社会教育机构为迎合家长、学生的需求，借助市场的力量，对应试教育也起到了推波助澜的作用。

二、学生课业负担过重问题存在于学校关系建构中

当前，学生课业负担过重问题，其根源在于学校存在的以"纯粹理论知识为核心的教育"和"以他人为参照系的'所谓成功教育'"两个典型问题。"两个典型问题"和"学生课业负担过重问题"，共同存在于学校关系建构中，表现为四种形式：(1)学校组织结构体系，包括校长、干部队伍、教师之间的"齿轮传动"动力关系；(2)师生之间"纯粹知识团"①传递关系——知识理性与情志装饰相分离；(3)学生教育生长异化——

---

① "纯粹知识团"是指由概念、公式、定理、原理、方法等为核心，以记忆、理解知识为目的，以训练解题技巧为手段而构成的纯粹知识单元，少有情感、态度、价值观等非知识性的人格培养。

拔苗助长甚至代替生长；（4）学校教育主体——教育者和教育生长者及时空边界模糊，导致"教育熵"增加。

首先，我们来讨论当前学校组织结构体系中的"齿轮传动"动力关系。

1840年鸦片战争之后，中国沦为半殖民地半封建社会，西方教会组织开始在中国创办教会学校。从此，西方学校管理体系及课程设置引入中国。随后，洋务教育、维新教育思潮兴起。1902年，清政府制定教育新政。1905年，清政府废除科举制，建立了西方资产阶级性质的近代新式学校教育制度。短暂的新式学校教育制度在全国尚未真正实施，社会便进入了动荡期。民国时期中小学教育，教会学校和私立学校占学校总数一半以上，"据第一次全国教育工作会议统计，全国已解放地区（不含西南六省、西北三省数字）共有私立中等学校1467所，占总数的48%；在校学生36.6万人，占学生总数的42%。在城市中私立学校的比重更大，比如京、津、沪、宁、武汉5个市当时共有私立小学1452所，占小学总数的56%；私立中学439所，占公学总数的84%。"①由于社会动荡，政府财力虚弱，人才匮乏，大多数中小学校无论是管理的规范化程度，还是教育教学条件和质量都无法与新中国成立之后相比。

从新中国成立到现在，学校管理可分为三个阶段。一是学校接管阶段。新中国成立之初，整个教育事业处于新旧交替社会变革时期。这一时期，政府的主要教育管理任务是接管学校。首先，接管公立学校；其次，接管教会学校，收回教育主权；再次，改造、接收私立学校。此阶段直到1956年社会主义改造基本完成而结束。这完全确定了中国的教育性质，是共产党领导下以马克思主义为指导的社会主义教育，在政治方向上是为党的政治路线服务和为社会主义建设服务。这一时期，全国学校实行学校党支部领导下的校长负责制和当地党委、主管教育行政部门领导下的校长负责制两种模式。

二是"教育革命"阶段。党的八届十一中全会后，教育领域展开夺权运动，掀起"砸烂旧学校""批判修正主义教育路线"的斗争。全国中小学从停课"闹革命"，过渡到"教育革命"有序进行——返校闹革命。中共中央、国务院、中央军委、中央文革小组发出《关于大、中、小学校复课闹革命的通知》，从而全国学校开始了"一边进行

---

① 张晨：《改造旧教育 吐故纳新育英才》，载《中国教育报》，2011-06-17。

教学,一边进行革命"。学校在进驻的"工宣队"领导下,开展"斗、批、改"运动,对中小学课程进行"革命"。1957年"反右斗争"扩大化,明确了学校教育中存在着"资产阶级统治学校""资产阶级专了无产阶级的政"的严重现象。从此,全国中小学教育彻底打破了新中国成立初期坚持的调整、整顿和以苏为师的正规化建设,从而摧毁了新中国业已建立起来的正规、新型的学校教育制度。① 因此,"文化大革命"时期的学校教育实施了由工人、农民领导和管理的非正规学校教育制度。

三是改革开放之后。"文化大革命"结束后,1977年全国恢复统一高考,而后教育系统开始拨乱反正。教育重要性在全国各项事业中被凸显出来。邓小平在1978年全国科学大会开幕式上指出,科学技术人才的培养基础在教育;同年在全国教育工作会议上提出提高教育质量,提高科学文化的教学水平,更好地为社会主义建设服务;1982年中国共产党第十二次全国人民代表大会提出必须大力普及初等教育,加强中等职业教育和高等教育,发展包括干部教育、职工教育、农民教育、扫除文盲在内的城乡各级各类教育事业,培养各种事业人才,提高全民族的科学文化水平。之后,各届全国人民代表大会对教育都提出了明确要求:百年大计,教育为本;必须把教育摆在优先发展的战略地位;科教兴国战略;教育是科学技术和培养人才的基础,具有先导性、全局性作用;教育是民族振兴的基石、社会进步的基石;建设教育强国,是中华民族伟大复兴的基础工程;等等。

尽管改革开放初期,政府财政紧张,但政府依然以法律形式强化了教育投入,再加上社会各界对教育的重视,教育经费总体上得到了保障。从此,中小学及高等教育得到了快速发展:"中国学前教育毛入学率,从1981年的12.62%提高到2016年的77.4%,超过中高收入国家平均水平5个百分点;2016年九年义务教育巩固率达到93.4%,超过高收入国家平均水平;高中教育毛入学率,从1981年的39.56%提高到2016年的87.5%,超过中高收入国家平均水平5个百分点;高等教育毛入学率从1981年1.6%提高到2016年的42.7%,超过中高收入国家平均水平6个百

---

① 彭泽平:《知识厄运与制度悲剧——文革时期我国基础教育课程"革命"的历史省察》,载《西北师范大学学报(社会科学版)》,2005(4)。

分点。"①

在学校管理体制改革上,1985年《中共中央关于教育体制改革的决定》明确了中小学校实行校长负责制。这项决定明确了学校党支部、校长、校务委员会、教职工代表大会之间的权责关系。校长是学校的法定代表人,是学校行政的最高负责人;对外代表学校,对内全面领导教育、教学、科学研究和行政管理工作。总之,校长是学校治理结构中的主要决策主体。改革开放之后,教育快速发展的历史证明,校长负责制学校组织结构体系发挥了较好的作用。

综上所述,新中国成立之后,学校组织结构体系中的行政权力及资源调度能力,除第二阶段由"文革小组"或"工宣队"掌握外,完全掌握在校长(书记)及其领导班子手中。"文化大革命"期间的学校管理体系对当前学校管理结构体系不具有解释力,这是特殊的历史阶段。按照法国社会学家布迪厄(Bourdieu)的"场域"和"惯习"理论,学校校长(书记)、副校长、中层干部、年级组长、教研组长甚至班主任都附着某种权力或资源形式的各种位置间的一系列客观历史关系,这位置间的一系列客观历史关系就构成了学校"场域"。这个场域中的权力直接决定物质分配及教师任课安排、职称评定、奖励表彰、荣誉授予等,甚至决定着副校长、主任、年级组长、教研组长等一系列岗位的聘任。因此,这个"场域"存在着巨大的魔力。在校长(书记)、副校长、主任、副主任、年级主任、教研组长、教师等一系列位置关系中,特别结合中国根深蒂固的"官本位"传统文化,"惯习"性思维更显得自然,即"由'积淀'于个人身体内的一系列历史的关系所构成,其形式是知觉、评判和行动的各种身心图示"。②呈现在日常生活、工作过程中,一切都在按规律运行。

比如,改革开放之后,为"多出人才,快出人才",国家恢复了重点学校建设。在省、市、县,不仅将一批优秀的学科教师集中到重点中学,而且通过考试把当地优秀的学生选拔出来集中培养。在此基础上,不断加大教育经费投入、校园建设、政策倾斜以及教育教学设备的支持力度。省、市、县重点中学校长级别设置较高,

---

① 范国睿等:《全面深化改革,加快实现教育现代化——"教育现代化的中国之路"丛书总序》,《从规制到赋能——教育制度变迁创新之路》,1页,上海,华东师范大学出版社,2018。

② [法]布迪厄、[美]华康德:《实践与反思:反思社会学导引》,李猛、李康译,17页,北京,中央编译出版社,2004。

可享受县处级待遇，并由县委组织部考核任命。尽管重点中学是在短时期内组建，但重点中学校长"位置"对副校长"位置"、主任"位置"的关系就确定了。校长通过会议明确任务、职责，依据考核结果，应用物质、精神奖励，推进任务完成，督促每个领导和教职工履行责任；再通过惩罚、不被重视、岗位调整等维护组织结构体系中不同位置之间的权力关系。教职工由于受到"惯习"身心图示的作用，在日常生活和工作过程中，自动随着学校场域中位置关系运转。由此，学校结构体系中位置关系的建立及其作用发挥，潜隐在人们惯习性思维图示中。图 5-1 展示了学校场域位置关系：

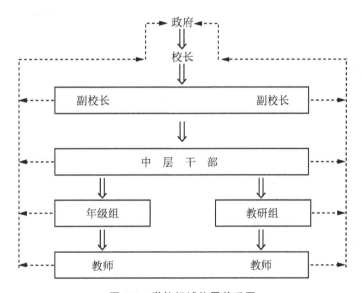

图 5-1　学校场域位置关系图

其中，校长由政府任命或委派。虽然每年政府都对校长进行考核，也就是说，副校长、中层干部、教师对校长履职做评价，但是，教职工提供给组织对校长的印象只能是优秀、良好、合格、不合格。决定校长"位置"的关键关系，是上一级任命校长"位置"的政府部门，其余上级政府部门或同级掌管人、财、物部门对校长位置起到了重要的影响作用。学校教职工对校长位置关系只能起到优化、抑制、正向或负向关系的作用。事实上，校长、副校长、中层干部、教职工之间位置关系在本质上类似科层结构体系中的位置关系，即自上而下干部序列的位置关系是"关键关系"；

自下而上干部序列的位置关系是优化、抑制、正向或负向关系。图中实线部分表示的是关键关系，虚线表示的是优化、抑制、正向或负向关系。因此，学校教职工与以校长为代表的组织结构关系模型，类似于"齿轮传动"模型，我们将这种附着于学校组织结构体系中位置的权力或资源实施单向传导关系称为"齿轮传动"动力关系。"齿轮传动"动力关系的实质是"主从"关系，校长是"主动"的，其余都是"从动"的。校长位置是动力源发源地，是能量供给方（动力源，指学校的办学愿景、目标、路径、措施、任务；能量，指学校的物质、精神等）；副校长一方面对校长动力产生及能量供给发挥着重要作用，另一方面对中层干部发挥能量分解与传输的作用；中层干部一方面接受校级干部的动力和能量，另一方面面对教职工发挥传导作用。因此，学校的发展取决于校长动力源的频率能否与教职工包括副校长、中层干部在内的内在动力频率保持一致或接近。因为，只有动力源的频率和全体教职工内在动力频率一致或接近，学校发展愿景、目标、任务才能够实现，各项保障措施才能发挥作用，能量供给才能发挥正向作用。如果差距较大，学校组织结构体系将产生内耗，体系内的各位置关系，彼此形成抑制或负向关系。由此，可以回答"一个好校长，就是一所好学校"的经验性结论。

学校组织结构体系中"齿轮传动"动力关系强调执行力，具有浓厚行政色彩，适应于任务相对单一、明确的学校，凸显校长（书记）行政作用。事实证明，新中国在成立初期，由于主要任务是对旧教育的接收和改造，从接收、改造接受外国津贴的教会学校，到改造私立学校，尤其是各级各类私立的中等和初等学校以及农村的私塾，学校组织结构"齿轮传动"动力关系发挥了很好的作用，凸显了改造效率。改革开放之后，学校教育走入正轨，合格教师明显不足，优秀教师更是稀缺，教育肩负着多出人才、快出人才的重任，重点学校校长发挥了重要作用，进一步证明了学校组织结构"齿轮传动"动力关系的有效性。与此同时，随着合格及优秀教师队伍结构的变化，"齿轮传动"动力关系也暴露出明显的不足：

在管理上，校长（书记）"一言堂""家长制"的惯习性意识依然存在。我国中小学校长负责制的实施，强化了校长个人的权威，淡化了民主意识，弱化了班子整体和教职工的作用。"齿轮传动"动力关系把学校发展完全寄托于校长，如果校长能够持续不断地提供有用的足够动力，那么学校将持续不断地发展。否则，学校发展缺少或者没有动力。本质上，"齿轮传动"动力关系是靠外力推动工作，而不是通过营造环境、培植沃土，实现自身生成动力和能量。简言之，这种关系不注重文化涵养。

在教学上，"齿轮传动"动力关系组织结构难以改变追求"纯粹知识"教育的"惯习"。改革开放之后，我国各方面人才短缺，急需快速培养，所以创办了各学段重点学校，追求"纯粹知识"教育成为中小学教育的核心。分数成为选拔、评价学生的唯一标准。"齿轮传动"动力关系，本质上契合了追求"纯粹知识"教学效率的需求，因为"齿轮传动"的显著特点是彼此"咬合"，对层级管理的考核与奖励更清晰、更直接。因为中考、高考具有公正、客观的性质，所以中考、高考结果成了教育行政部门和社会评价学校一般或优质的直观标准。择校热，经久不衰；学区房，难以降温。从小学到高中学校教育，在某种程度上，不仅被社会捆绑而且演变成了考试的附庸。

事实上，如果不考虑改革开放初期人才缺乏，追求高效率的教育目标，那么创办重点学校、追求"纯粹知识"的教育，在某种程度上是牺牲了教育公平。这恰好验证了鲍尔斯（S. Bowies）和金蒂斯（H. Gintis）所认为的：教育不能给社会带来平等，反而使已有的社会不平等合法化。因此，与改革开放初期相匹配的学校"齿轮传动"动力组织结构体系，在新时代的背景下具有明显的不足。

在教育上，学校"齿轮传动"动力组织结构，不适应中国新时代追求"育人"教育文化的需要。中国改革开放以来，社会、经济、政治、文化、科学、技术等取得了快速发展，人力资源结构发生了重大变化，教育总体发展水平进入世界中上行列。因此，从一定意义上说，中国已经不是一个人才短缺的时代，何况以知识积累为目的的教学早已不适用于人类知识以指数级增长的学习时代。追求"纯粹知识"教育的时代已经结束。虽然说，追求"纯粹知识"教育也有育人效果，但是与追求"育人"教育文化的内涵具有明显不同。"育人"教育文化，是关注每一个人并以知识为载体，为其提供发展自身潜能的机会，使其能够适应社会变化，实现可持续的未来，而不仅仅是培养具有知识的个体。因此，"育人"教育文化，体现学校组织"育"的功能，是"涵养""滋润"，在一定意义上是"静待花开"；它不是一个人、两个人能完成的事情，需要一个组织群体的文化。显然，学校"齿轮传动"动力组织结构的"惯习"，明显落后于现代社会"以人为本"的人文主义教育思想对教育发展的需要。

其次，我们来讨论师生之间"纯粹知识团"传递关系——知识理性与情志装饰相分离的现象及危害。

"纯粹知识团"传递关系，是指教师只关注把最实用(考试内容)的知识以组团的方式传递给学生，而从不关心，甚至割裂学生性情、志向、兴趣、特长等情感因素。在中国，师生之间"知识团"传递关系具有悠久历史。其根源主要来自科举文化。从隋朝到清朝末年，科举取士是许多人终极一生的追求。因此，科举内容是人们要学习掌握的重点知识。对当今影响大的当属清朝科举考试内容，它以"经义"为重点知识，考试题目主要来自四书，答案必须依据《四书集成》所述内容。因此，要参加科举必须要熟记"经义"，做到"非圣人之言不言，非经中之语不用"。清朝旧式学校先生(教师)只传授四书和《四书集成》中的知识；最终，学生以"知识团"构建学习成果。因此，"知识团"构建不仅对科举至关重要，而且也是先生(老师)对生员(学生)进行儒家文化建构关系的媒介。其结果是，每个人在伦理网络系统中都有明确的位置和规范的言行，实现了国家政治伦理化、家庭伦理政治化。至此，教师与学生的关系，不仅是知识传授上的关系，更是伦理上的关系。清朝科举，只有在校生员(学生)能够参加，于是，对于部分生员，参加科举就意味着放弃"情志装饰"。由此，儒家文化的知识理性，必将导致人们对技能知识、实用技术、科技文化等的分离。①

尽管在鸦片战争之后，西方教育逐渐引进中国，西式学校逐渐取代了中国旧式学校，科学教育取代了伦理教育，但是人们把科举惯习形成的儒家文化的传授方法，直接应用到科学知识的传授，导致教学只注重科学知识结果的传授以及"纯粹知识团"建构，注重学生对科学"纯粹知识团"记忆、理解、运用的考核与评价。新中国成立之后，"以俄为师"，苏联凯洛夫教育学理论传入。凯洛夫教育学十分重视知识传授，加上我国传统教学方法的影响，更使得"纯粹知识团"传授成为我国学校教学的核心任务。1952年，全国实行统一招生考试，在一定程度上也折射了我国科举文化的传统。科举文化虽然有诸多弊端，但能够存在1 300年，足以说明科举制度有一定的合理性，在没有找到更好选拔人才的方法时，科举方式至少体现了公平、公正、合理的客观标准。虽然高考与科举内容有明显的不同，但都突出了对学习知识的考核，全国各高校依据学生考试分数统一录取。分数"指挥棒"迅速"挥"到全国中小学

---

① 黎发高：《中国古代科举制的利弊及其对当代的启示》，载《辽宁行政学院学报》，2008(6)。

基础教育。由此，学生考试分数不仅成为对学生学习知识的评价标准，而且也成为对教师教学情况评价标准。"纯粹知识团"教学，成了学校教学工作天经地义的中心任务。

改革开放之后，学校教育更加注重"纯粹知识团"教学。"文化大革命"期间，教育遭到严重破坏，扭曲教育、否定知识、轻视人才直接导致改革开放后社会建设各项事业人才短缺。"尊重知识，尊重人才"的教育观、人才观，再次成为社会主流。邓小平同志对"文化大革命"前17年教育和教师队伍做了充分肯定，并指出了"两个估计"不符合实际的判断。随着1977年高校恢复全国统一招生考试，以"纯粹知识团"传授为核心的教学在全国各级各类学校开展起来。重点小学、重点初中、重点高中直至大学招生无不以纯粹知识考试分数为选拔标准。谁知识熟练、谁知识量多、谁知识理解深刻，谁就能够在考试中获胜。所以，中小学教学围绕"纯粹知识团"教学，强化记忆，强化灌输，扩大范围，增加难度，反复训练。一线教师开展了众多教学改革，其中较有影响的有：江苏省洋思中学"先学后教，当堂训练"教学经验、山东省杜郎口中学"预习展示、反馈达标"教学模式等，在全国范围都产生了一定的影响。

"纯粹知识团"传授的改革使教育系统成就了一批"名师"。优秀教师在"纯粹知识团"传授过程中，除强化记忆的同时，更加注重对"纯粹知识团"的理解与应用，从而围绕"纯粹知识团"构建，训练学生解题能力——拆解知识、设计陷阱、反复咀嚼；提炼技巧、强化训练、分段过关。"名师"一般产生于两类学校：一是普通学校。普通学校教师通过"纯粹知识团"教学传授，让学生在升学考试或者各种竞赛中胜出，并形成一套普通学校"纯粹知识团"教学成功的经验。对此类学校表彰奖励，也更契合了家长及社会的价值追求。二是重点学校。重点学校教师通过"纯粹知识团"教学传授，让众多学生在升学考试或者竞赛中名列前茅，形成一套重点学校"纯粹知识团"教学的成功经验。该类教师不仅让学生"异化"了价值信赖，更让学校及家长的"虚荣心"得到满足。普通学校成长的"名师"，一般流动到重点学校。重点学校之所以成为重点，是有一批深谙"知识团"传授的"名师"和能考出高分的"优秀学生"。

由此，不管是普通学校还是重点学校，虽然掩盖在素质教育之名下，但"应试"教育的实质并没有发生根本的变化。事实上，一些学校教师的成名，盖因其培养出了高分学生即考试能手。"知识团"传递关系依然是师生主流关系。

为改变应试教育愈演愈烈的状况，中国围绕开展素质教育进行了一系列教育教学改革。改革开放初期，教师教学设计了基础知识、基本技能目标(简称"双基"目标)；21世纪初，知识与技能、过程与方法、态度情感与价值观(简称"三维"目标)成为主流；2016年，教学目标由"三维目标＋核心素养"构成。从上述教学目标设计的演变中，我们可以清晰地感受到教改的愿景：教师从单纯注重知识传授，转变为引导学生学会学习、学会合作、学会生存、学会做人；培养学生社会责任感、健全人格、创新精神和实践能力；培养学生终身学习的愿望和能力、良好的信息素养和环境意识；打破教师和学生传统的精英主义思想和升学取向，从而建立新型的师生关系。但是，尽管教学目标的演进都能呈现在教师教学设计方案上，可是"纯粹知识团"传授始终占据教师教学主导地位。为此，2018年以来，国家对基础教育进行了顶层设计，同时推进教育综合改革——课程改革、教学改革(包括选课走班等)、评价方式改革、考试方式改革、招生方式改革……从根本上扭转不科学的教育评价导向，克服唯分数、唯升学、唯文凭、唯论文、唯帽子的顽瘴痼疾，彻底解决教育评价指挥棒问题。这次教育综合改革，从国家重视程度至改革的广度、深度等社会面都是空前的，但要彻底克服这一顽瘴痼疾，对学校而言最根本的是要改变教师教学的思想或观念，进而改变"纯粹知识团"传授的教学方法。

"纯粹知识团"传授的危害性至少体现在两个方面：一方面，教师的知识观僵化，没有看到人类生产的人文科学、社会科学、自然科学知识，只是人们对人、人类社会及自然界在某一阶段的认识，认为知识是客观的、绝对正确的、有标准答案的，因此，教师传授"知识团"，主要目的是让学生记住，能够应用。久而久之，学生学习的主体性、自主性、质疑精神、探究意识、批判性思维渐渐磨灭了。学生在教师眼中就是一张"白纸"、一个空的"容器"，接受"知识团"就是他们主要任务。"知识团"建构并不需要他们参与和发展。优秀的教师就需要把知识拆解，让学生认识透彻，理解深刻，然后建构自己的知识框架。另一方面，教师忽略了知识生产的方法、精神与文化，认为知识是预设的，天然就有的，不是主体发现的。因而，掌握了知识，就意味着能够较好地解释或说明人、人类社会及自然界某一现象，或是判断、预测人、人类社会及自然界某一现象的发生。这样就模糊了人类知识生产的过程，弱化了知识生产的方法，消解了知识生产过程中人的精神特质，进而淡化了人类知识生产过程中知识与精神融合后形成的文化。

其实，传授知识的重要性不仅仅在于知识结果，因为结果可能是静止的、僵化的、有局限性，但生产知识过程呈现的方法、精神及其形成的文化，对知识再生产具有工具性和人类品格型塑价值。在一定意义上说，这一价值超过知识结果本身。通过"纯粹知识团"传授，学生可以获得更多的知识，但获得不了知识再生产的工具和知识本身具有的精神文化。如果没有被赋了情志追求，再多知识也难以型塑充满灵性特质的人格。其结果，就像工厂生产出的标准零件一样。

再次，我们来讨论对学生教育"生长"的异化——拔苗助长甚至代替生长的教育现象。

美国教育哲学家杜威先生提倡的"教育即生长"，揭示了教育的目的，也揭示了生长的方法论——教育论。由此，"教育"与"生长"紧密地联系在了一起。然而，除实施广义教育的教育者外，狭义的教育者更多是指担负教育责任的家长或教师，而"生长"意指受教育者，即学生或未成年人。据此，教育者主要决定着"教育过程"，从而决定着学生的"生长"。事实上，学生的"生长"在"教育"的掩盖下存在着诸多"拔苗助长"或"替代生长"的现象。可是，发生这一现象，教育者并不知情，只是觉得学生不能很好地配合，没有理解自己的"好意"——都是为了你。教育者，在艰难或无奈的情况下执着地履行着教育职责，从而使学生"生长"异化，至少"生长"不情愿、不快乐。教育"生长"异化的现象主要体现在以下三个方面。

一是"知识增长"即教育"生长"。在学校，学校领导和教师不自觉地就把文化知识，或直接说，关系到升学的文化知识传授作为教育的全部内容，将相应学科视为"主科"，而将音乐、美术、体育、劳动、综合实践、信息科学、地方课程等视为"副科"。学校活动，如运动会、社会实践等集体性活动以及学校安排的其他活动，被认为是教育的辅助或装饰。学校评价教师的主要标准就是学生的考试成绩及排名，并以此对教师进行评价与奖励。因此，教师评价学生一般也以学生知识掌握、考试分数评价学生优秀与否。于是，学校或教师把教育的内涵窄化为知识的传授，认为学生一旦掌握了知识就实现了"生长"。教师围绕着知识传授，对知识进行咀嚼性解读——强化学生理解、记忆并进行反复训练；规定标准化答题程序、方式，以追求考试分数为目标，提高准确率和解题速度。有些学校为追求培养高分数段学生，不顾学生原有知识基础、认知结构，采取高速度、高难度原则，擅自扩充知识范围，加大知识容量，提高知识难度等。有些学校把知识学习作为唯一"生长"的渠道和阶层流动的通道，甚至举办中高考前"百天誓师大会"。教室里的考前倒计时、"只要学不死，就往死里学"宣传语等处处呈现出学校拔苗助长式的教育。

其实，家长也为拔苗助长式教育推波助澜。家长以不输在"起跑线"为名，提前择校或报名各种辅导班，对孩子进行超前教育。不让孩子或尽量少让孩子参加家务劳动、社会公益活动，甚至完全代劳孩子的起居活动，其目的，就是让孩子把所有的精力用于学习文化知识。除此之外，在校生的家长还要配合学校，帮助孩子或代替孩子完成相关知识的学习，甚至，有条件的家长继续给孩子增加相关知识的学习任务。不具备时间或知识储备辅导孩子的家长，也舍得或希望"购买"孩子知识的增长，因此，学生空余时间或周末也要参加社会文化课培训机构的同步学习。社会文化课考试培训机构如火如荼的原因，正是其契合了教师和家长"知识增长就是教育生长"的观念。学校每学期的家长会议或家校联系会上，教师与家长沟通也多以知识学习、考试分数排名等为核心内容，以求得一致意见提高学生的学习成绩。

殊不知，知识增长，甚至智慧增长都不是成长的全部。许多满腹经纶者的历史悲剧，让人惋惜而又心痛。培养出大批"精致的利己主义者"更是教育的悲哀。

二是以他人为参照系，评价受教育者的"生长"。学校教师总是把学生的生长放在群体中去比较：要么在一个班级内对学科成绩或总成绩进行排名，试图对班内所有学生学科位置或总成绩的位置做出标记，并通过历次考试位置上升或者下降轨迹变化，来评价学生的生长或预测其生长潜力；要么在一个年级、一个区域或者更大范围标示出有可比性考试的位置。这样做的目的一是看学生在同龄人中的生长情况，二是看其生长的优势和不足。以他人为参照系评价自己的"生长"，有利于认清自己在群体中的位置，是一种选拔性评价。选拔性评价以筛选为目的，本质在于"区分"而不在于"生长"。然而，教育的本质属性，恰恰不在于"区分"而在于"生长"。

每个人类个体灵动能力不一样，生长的环境不一样，即使通过完全一样的教育，也不可能实现完全一样的生长。其实，在生命界，即使同一物种，在完全相同环境下生长，其结果也是不一样的。人类只有存在差异，社会分工才有可能。教育即"生长"，着眼于人类个体通过教育而生长，进而实现人类群体通过教育而生长。因此，其度量，不是以他人为参照系而是以自身某个起点为参照；不仅要度量人类个体知识量和随之而来的生存能力，也要度量人类个体人格品质的型塑以及人类个体呈现的幸福生活状况。

学校教育以他人为参照系评价学生，最大的危害是把一部分人类个体所谓的幸福，建立在一部分人的痛苦之上。由于人类个体灵动能力的差异，终究有一部分人类个体就教育获取知识量增长来说处于弱势，如果对这一部分人始终以此标准进行度量，他们很难获得精神的愉悦或幸福。如果教师过于看重这种评价，而个别学生长时间处于精神痛苦之中，就有可能导致师生冲突和积怨。事实证明，每个人类个体都有自身的优势。

学校主要以可比性考试，如统一质量检测、升学考试等的学生成绩对教师进行评价考核，这些评价直接涉及教师的切身利益，如职称评定、岗位聘任、骨干评选、表彰奖励等，所以，教师在某种程度上更希望学生考出更好的成绩。本质上，教师的愿望和学生的愿望是不矛盾的，是合二为一的。正是愿望的同一性，使得教师潜隐性的利益追求，在一定程度上，异化了学生的教育"生长"，突出表现在：增加课堂教学容量，加快教学进度，提高教学难度，增加学生的作业量；抢占教学时间，提前上课、拖堂、占用非教学时间、拓宽教学时空(家庭时空、社会时空)；借助家长和社会培训机构等方式。这些用于教育"生长"的方式，一般说来，都是着眼于教育知识量的增长；或者说，教师围绕评价考核而赋予学生教育"生长"任务的安排。教师追求的潜隐性利益，不仅指教师的物质利益，也包括教师精神的满足。教师的精神满足，不仅指物质、荣誉带给教师的精神满足，更是指教师教育"生长"出优秀学生带给教师的精神愉悦。因为，优秀学生是教师教育生长的成果，是对教师专业性最重要的认可，优秀学生带给老师一生的精神满足。

值得进一步指出，教师追求的潜隐性利益，从本质上讲，是人类本质属性在教师职业上的一种反应。教师首先是人类个体，同其他个体本质上没有什么不同。正同社会其他职业分工一样，教师这种职业，不仅具有专业性，而且具有较高道德要求。因此，一切拔高或者贬低教师人类本质属性的做法都是不科学的，不利于对教师职业本质的认识，更不利于教师队伍建设。对此，一方面要认识到教师潜隐性利益追求对教育"生长"的异化作用；另一方面也要认识到它对教育"生长"具有积极作用。因为，如果教师失去了潜隐性利益追求，教育"生长"动力将不足，进而导致教师职业专业性的弱化。利用好教师潜隐性利益追求将有利于教育促进生命个体的生长。

其实，潜隐性利益追求下的"生长"异化，也发生在家长中。产生的原因：一是家长把自己的追求转嫁给孩子，希望由孩子实现自己的人生目标；二是家长由孩子满足虚荣心和攀比心，甚至把孩子作为炫耀的资本；三是家长把家庭阶层跨越或者家庭阶层延续的希望寄托在孩子身上。家长潜隐性利益追求也存在两面性，在看到其对孩子生长异化的同时，也要看到有关注孩子教育生长的积极一面。但是，家长潜在隐性利益追求与教师不完全相同，因为教师很少是出于虚荣心和攀比心。

最后，讨论由学校教育主体——教育者和教育生长者及边界模糊，导致"教育熵"增加的现象。

广义上，人类物理教育场所有家庭、学校和社会，如图 5-2 所示。在每个物理教育场内，均有教育者在对应的时空内履行教育职责。在三个物理教育场所中，学校教育场所和家庭教育场所"教育生长"具有相似性。社会教育场所的"教育生长"有自身的特点，除社会教育培训机构，在知识传授方面与学校有相似之处外，其他社会领域中正式或非正式组织的职业场所具有的教育功能则完全不同。可

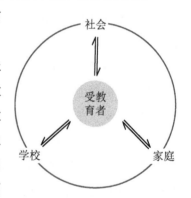

图 5-2　三个物理教育场所关系图

以说，在家庭和学校教育场所，受教育者经历"学徒式成长"的过程，而在社会教育场所是"实践式成长"过程。由于社会教育场所不是本章讨论的内容，暂不深入讨论。下面，以学校教育场所为主体讨论家庭教育主体及边界，以期明确教育与生长的责任。

学校教育场所中"教育即生长"中的"教育"，在一定程度上被学校教育，或者说，教师的教育所取代；也就是说，学生在学校受教育的过程中实现的生长，完全归功于学校和教师。与其说是"功"不如说是"功和过"的全部。形成此种情况，主要有四个方面原因。

一是学校存在的功能和教师的职责带来的表象。众所周知，学校是具备教育教学设备设施，由校长、教师团队组成的专门对受教育者实施教育的场所。由此，学校主要的功能就是教育，教育者就是教师。学校的核心功能和教师教育的专业性，一方面，使社会和家长对学校教育形成最大依赖和信任，放心地、完全地将孩子委托给学校和教师；另一方面，社会和家长的教育价值取向直接影响对学校教师的评价，所以社会和家长也在捆绑学校和教师教育的追求。两方面原因使得学校教育者和教育生长者的责任模糊。

学校为迎合社会、家长，以升学考试为目标，模糊了教育生长者的职责。教师通过纯粹的知识灌输，强迫学生知识生长，由此带来诸多危害：(1)使得学生愿意来到学校，而不愿意去上课；(2)认为同伴比教师更可亲、更友好；(3)中考、高考结束，学生更是如释重负；(4)"知识知识、做题做题、考试考试、排名排名"成为童年、少年、青年阶段枯燥乏味的真实写照；(5)"撕书、扔书、焚书，发自内心不想读书"，是部分学生在基础教育 12 年后内心情感的流露。至此，教师不仅弱化了学生生长者的动力，更让学生失去了应有生长者的责任。

学校承担了社会、家长的责任，模糊了与社会、家庭教育空间的边界。学校用尽气力，协调各方，承担家长、社会附加的任务，如城镇中小学下午 3：30 后的托管，初、高三毕业班增加晚自习辅导，假期补课，等等。尽管如此，社会、家长对学校教育管理仍有诸多微词，家校冲突、师生矛盾依然多发。至此，教育者与教育生长者之间的责任模糊，不仅体现在校内时空，还体现在校外时空。

二是教育生长者的弱势掩盖了教育生长的责任，模糊了学校的本质。受传统教育观念影响，教育者处于主导地位，受教育者处于弱势地位。受教育者，即教育生长者，长期处于被生长的环境中，或者说，教育生长者的一切生长都由教育者来安排，具体表现：(1)教育生长者对构成学校教育教学设备设施及教师——教育者，没有选择权；(2)教育生长者的兴趣、爱好及其灵动能力，要服从于教育者的安排；(3)教育生长者的知识学习和人格形成，完全按照教育者的意图实施，教育生长者始终处于被生长地位；(4)教育生长者生长的任务主要是"知识生长"，其他生长被教育者所忽略。由此，教育生长者的生长责任，或被限制，或被掩盖。

上述表现的实质是学校教育本质模糊。因为，学校是教育的舞台，而教育舞台的本质是"师生成长共同体",教师不能包办、代替学生的生长——教师,是陪伴者、扰启者;学生,是生长的主体。具体说,学校教育必须把学生请到前台,让学生积极参与(至少不反感)"舞台表演"。此时的舞台,不仅指课堂、实验室,更指社团活动、体育比赛、社会调查等。不管学生在舞台上如何表演、其效果如何,都无关紧要,最为重要的是学生表演的过程。表演过程,就是学生受教育的过程、生长的过程,没有什么比表演的过程更为重要。在此过程中,教师要不时转换角色:有时是导演,有时是导游,有时是记者,其目的就是让学生在课堂中、在活动中实现"知识内省"或者"人格内省"。生长,是一个过程,是状态的连续,也是学生应有的责任。显然,传统教育观念下的教育者与教育生长者的不平等,不仅模糊了教育生长者的责任,更模糊了学校教育的本质。因此,如果教育生长者,长期处于被生长的环境中,再好的教育教学设备、再好的教师团队,都无法成就一所好学校。

三是不科学的教育评价加剧了教育者和教育生长者边界的模糊。当前学校,为学生搭设的舞台基本雷同。每所学校的师生都在扮演着同一种角色——知识教育与知识接受。由于构成学校教师和学生的不同,"知识教育"的效果具有显著的差异。然而,社会仍然普遍以"升学率"简单地评价学校教育质量的优劣,进而强化教育者的责任,弱化教育生长者的责任,从而使教育者和教育生长者的边界更加模糊。

四是学校教育和家庭教育边界及其主体的模糊,导致教育者与教育生长者的模糊。学校产生教育主体及其边界模糊的主要表现:(1)对于每次考试,教师都向家长通报孩子考试的排名,让家长关注相关知识的学习;(2)长期或经常通过微信群给家长布置督促孩子或监督孩子学习的任务,间接让家长参与;(3)布置学生不可能独立完成的学习任务;(4)个别家长经常被请到学校协助对学生的教育;等等。这些表现的实质,是教师推卸了在学校教育场所作为教育主体的责任。事实上,教师在刻意模糊学校教育与家庭教育的边界,进而导致了学校教育与家庭教育主体的模糊,弱化了学生生长的主体意识。当学生离开学校回到家庭时,教育时空已经发生了转换,教育生长的场所已经转移到了家庭,家长和孩子(学生)是家庭教育场所的主体,家长作为教育者,就应该担负起教育者的职责。当然,家长的职责,更倾向于培养孩子目标意识、效率意识、统筹规划能力、意志品质等非智力因素。在家庭,孩子(学生)的学习,恰是孩子(学生)在家庭教育场所教育生长的过程,是在履行教育生长者的责任。

家长产生教育主体及其边界模糊的主要表现：(1)家长将学生不愿意学习某个学科或某个学科成绩不好归因于教师；(2)孩子完不成家庭作业，家长责怪教师留的作业量大或难度大；(3)家长对教师教育学生方法不认同；(4)家长反对甚至抵触学校组织开展的活动；等等。这些表现的实质，是家长模糊了家庭教育与学校教育边界，推卸了家庭教育场所的主体责任，从而导致家庭教育与学校教育主体的模糊，弱化了学生生长的主体意识。此外，学校教育场所是公共的，教师面对全体学生，其着眼点是让每一个学生实现"教育生长"；教师必须立足于集体教育利益之上，再关注学生个体教育生长。如果家长经常干涉老师教育教学安排，就会导致教育主体和教育边界的模糊，实质上是家长自私自利的表现。

值得强调，教育场所转换并不是不要家校配合，而是要在明确主体和教育边界基础上，本着教育信息及时共享的原则，适时适度沟通互助，其目的是更好地落实教育者主体的责任。家长座谈会是教师和家长之间的良好沟通方式，家委会是家校沟通的重要途径。

事实上，家校教育边界模糊，一般都是由于教育生长者责任与义务履行得不够好；直白地说，教育生长者需要增强生长的力量。而且这种生长力量的缺乏又引起了教育者——家长和教师的关注，他们都希望改变这种状况。因此，更容易引发家校冲突。不管是学校教育场所的教师，还是家庭教育场所的家长，都要从观念上把握好自己教育的责任与义务，不能擅自扩大教育边界，弱化教育生长者的责任与义务。

综上分析，学校教育场所和家庭教育场所教育主体——教育者和教育生长者及其边界的模糊，不仅使学校、家庭教育场所教育主体——教师、家长的职责混乱，而且直接弱化了教育生长者的责任与义务，其实质是在学校教育场所或家庭教育场所的"教育熵"的增加。

/ 第六章 理想学校的社会关系构建 /

随着社会的不断发展，人们一边享受着现代社会的种种便利，一边反思现代社会对人性的压抑。让"一切以人为中心"回归到它本身的意义，是后现代主义的价值追求，也是理想教育文化的价值追求。在教育领域，中国新时代的教育综合改革，不仅在价值层面上为实施理想教育文化提供了可能，而且提供了平台和载体。对理想教育文化的价值追求，将引领社会、学校、家长、教师、学生之间的关系建构。

一、构建理想教育文化已经成为可能

改革开放为中国的现代化提供了物质基础。物质资源匮乏年代，人们只有通过教育改变人生命运，经济的快速发展增加了人们职业选择的机会，拓展了人们职业选择的通道。

社会各界对当前学校产生"两个典型问题"及其引发的学生课业负担过重问题的原因达成了共识，而且，政府从国家层面完成了针对此问题的顶层设计，并且有步骤地、卓有成效地组织实施。针对幼儿教育，进一步扩大普惠性学前教育资源供给；针对义务教育，实施就近入学政策，从教师队伍、教育教学设备设施及基础办学条件，实施均衡配置，使义务教育从基本均衡向优质均衡发展；针对高中教育，实施高中阶段教育普及攻坚计划。

从义务教育到高等教育一系列招生入学政策改革不断推进。义务教育阶段，除继续实施免试就近入学外，取消了特长生招生，规范了寄宿生招生；高中招生，除中考成绩加综合评定成绩之外，还将重点高中或示范高中招生名额分配到不同的初中学校；高考招生制度的改革，除取消考试大纲，高考成绩采用"3＋3"(即语文、数学、英语三门成绩，和在物理、生物、化学、历史、地理、政治六科中选三科参加统一高考的成绩)模式①外，也把学生自主选择的高中学业水平考试科目成绩作为高校录取的基本依据，并参考学生在高中的综合评价内容。从"招分"转向"招人"，打破了过去以分数录取，一考定终身的弊端，倒逼学校推进"选课走班"等一系列教育、教学内容和形式的改革。

那么，在社会、经济、政治、文化等有利于后现代教育发展的背景下，怎样构建后现代教育理念，并在理想教育文化价值引领下重塑学校、社会、家长、教师、学生以及彼此之间的关系呢？

二、构建有张力的理想学校教育文化

理想学校教育文化是"育人"教育文化，而当前学校教育文化是"纯粹知识"教育文化(知识教育本身也有育人功能，但和"育人"教育文化是有区别的)。"育人"教育文化不仅关注知识传授，更关注知识生产能力和"准最佳公民"培养。学校教育文化的转换，在一定意义上说，是学校教育场域的一次革命，抑或是一场深刻的教育改革。

首先，要改变现实学校教育观念。教育不是狭隘的知识传授，教育的本质是育人。培养"最佳公民"，是当前学校教育的根本任务。因此，要求教育工作者用培养"最佳公民"②替换教育思想中唯一"知识团"传授的教育观念。

其实，这一观念替换是非常艰苦的。因为，无论是古代科举考试还是改革开放之后全国统一高考，无不强化学校追求"纯粹知识团"传授的核心地位。特别是改革开放之后，学校追求"纯粹知识团"传授教学，快速培养了中国各条战线上急需的人才，为中国人均 GDP 从世界第 171 名跃升到第 70 名，GDP 总量从第 9 名跃升到第 2

---

① 注：2017年，北京、天津、山东、海南四个省市的高考以"3＋'6选3'"取代"3＋3"选考模式。

② 注：通过对"最佳公民"的培养，可实现社会主义核心价值观的落实。通过对未成年人"尊重意识"的人格教育，可实现"和谐、自由、平等、友善"概念的意韵；通过"责任意识"的人格教育，可实现"爱国、敬业、诚信、法治"概念的内涵；通过"科学意识"的人格教育，可以实现"富强、文明、公正"概念的价值。

名的成绩①，起到了巨大的支撑作用。

　　直到当前，人们依然把"具有知识的人"等同于"人才"，而人才价值的大小，取决于其在社会中的比例。这可以从恢复高考之后，学校以追求"纯粹知识团"传授为核心的社会人才观的演变中得到证实。改革开放初期，社会上中等专业学校或中等师范学校以上的毕业生都被视为人才；20世纪90年代初期，社会上高等专科学校以上的毕业生都被视为人才；21世纪初期，社会上本科院校以上的毕业生都被视为人才；2010年左右，社会上重点大学的毕业生都被视为人才；学校以"高考状元"或者考入清华大学、北京大学的人数来宣传办学业绩，且能得到社会有关人士的响应。教育人才观的演变，特别是教育工作者人才观的演变，使得学校教育文化发生了扭曲。学校通过"占坑"招生、提前招生、义务教育考试招生、跨区域招生、奖励补贴优秀生源等手段争夺生源；以优厚的待遇如薪酬、住房、户口、子女入学等条件争夺教师，在全国和区域内争抢学科带头人、骨干教师、特级教师、正高级教师等，其目的是以高升学率或考取重点大学人数来博取社会影响力。因此，出现了"超级中学"和"学霸"聚集现象。

　　上述教育现象，一方面是受"尊重知识、尊重人才"的教育观、人才观的影响。这种观念在"文化大革命"后期，对教育秩序的恢复与重建起到了重要作用，并且在当今学校教育中依然发挥着主导作用。事实上，"尊重知识、尊重人才"并没有错，但是，随着社会发展与进步，学校的教育观、人才观也需要与时俱进。前文反复强调人类生产的知识是有局限性的，是人类阶段性认识的产物，"尊重知识"不是指尊重一成不变的僵化的知识，而是指尊重知识的真理本质，更是指尊重生产知识的方法和能力。"尊重人才"也不是指尊重狭隘的单一知识的人才，而是指尊重广泛意义上的人才，在一定程度上，更是指尊重具有生产知识能力的人才。

　　另一方面，学校教育成为考试附庸的现象没有发生实质的变化。历史上，学校教育成为科举附庸被人们诟病；而当今，考试重复的不是"八股"内容，而是"八股"的技巧与方法。诚然，追求"纯粹知识团"传授教学，的确是复制人才的好方法。改革开放之后，中国各项事业在追求"知识团"传授教学的基础上，实现了"多出人才，

----

① 范国瑞：《从规制到赋能：教育制度变迁创新之路》，1页，上海，华东师范大学出版社，2018。

快出人才"的初级愿望，较好地支撑了社会的快速发展。

事实上，社会发展不仅需要大量普通人才，更需要拔尖创新人才。具备生产知识能力的人才能够引领一个民族、一个国家的未来。然而，改革开放四十多年后的今天，"钱学森之问"仍值得教育工作者深刻反思。

在世界一流科学家中，我国仅占总数的 4.2%，是美国的 1/10。目前我国对外技术依存度高达 50%，而美国、日本仅 5% 左右。我国的专利转化率不足 15%，美国等发达国家高达 70% 以上。缺少科学、技术等各个领域具有创造能力和国际水平的领军人物，已经成为制约中国建设自主创新型国家，增强核心竞争力的主要因素。

由此看来，转变传统教育观念，构建新型的教育文化势在必行，而理想教育文化的建构离不开实践。学校是教育实践的场所，只有把理想教育文化付诸学校实践中，改革学校育人结构，释放育人空间，理想学校建设才有实质意义。对当前学校的改造应当主要从两个方面进行。

一是实施教职工"最佳公民"建设。学校组织的周期与社会其他组织的周期一样，经历"结构、技艺、文化"三个阶段。学校组织在成立初期，即结构功能为主的创始阶段，直接受政治、经济、文化等影响，特别是人们赋予学校价值追求的影响。一般来说，学校初创的组织结构具有趋同性，即政府、社会赋予学校价值追求的一致性。学校组织结构一旦形成，构成组织结构要素的校长、干部团队及教职工便进入以"技艺"功能为主的成长阶段；这一阶段，组织结构要素围绕结构功能的发挥以及组织核心价值观的追求，在实践中形成"技艺"。学校组织结构要素"技艺"的固化，即形成学校组织文化；学校组织文化功能一旦形成，标志着学校组织结构进入成熟阶段。由于当前学校组织结构及价值追求的趋同性，尽管不同学校形成学校文化存在差异，甚至差异较大，但追求学校文化的本质没有差异。因此，改造当前学校组织结构功能，首先要改造组织结构要素的文化。因为，把构成当前学校场域的组织结构及其所有要素的"历史关系记忆"清零是不现实的，只能寻找"升级"或"进化"的方式去改造要素的"历史关系记忆"，实现"要素"新的知觉图示、评判图示和行为图示，构建新的"惯习"性思维。

理想教育文化是"升级"当前学校组织结构要素文化的工具，而理想教育文化核心要素，就是当前学校组织结构要素文化"升级"的结果。改造学校组织结构要素文化的关键不在普通教职工，而在以校长或书记为代表的学校领导层。学校领导层不仅是学校组织机构运转的动力源，而且是学校组织机构运转掌舵人和旗手。校长（书记）是旗手，领导层是护旗者。如果校长（书记）具备以尊重、民主、责任、科学为核心要素的"最佳公民"素养，那么，学校领导层将在校长（书记）履行"最佳公民"角色的同时，一方面通过结构驱动的方式提高"最佳公民"素养，另一方面通过规则驱动的方式实现"最佳公民"素养的实践。如果缺少校长（书记）"最佳公民"素养下的结构驱动和规则驱动，学校组织功能将充盈着陈腐的"场域"和"惯习"，而呈现出组织"互动论"和"主观论"的意蕴，以至于在本质上消解学校组织功能作用。

其实，只要完成以校长（书记）为代表的领导层素养的"升级"或"进化"，当前学校"齿轮传动"组织结构就将解体。与此同时，如果进一步倡导教职工天然就具备"最佳公民"素养，那么必将在校长（书记）、副校长、中层干部、年级组长、教研组长、教职工、学生岗位之间建立起以"尊重、民主、责任、科学"为核心要素的张力关系。学校组织结构主体间的张力关系，使学校组织结构具有强大的韧性，从而改变学校组织结构"齿轮传动"的机械刚性关系，消解"互动论"和"主观论"对学校组织结构"形式"与"实质"分离的批判。由于张力关系既不同于压力关系，也不同于支持力关系，是主体间形成的权力责任关系。它能使学校组织结构间的要素主体共同构筑学校组织发展的主人地位。副校长、中层干部、年级组长、教研组长、教师、学生等不再需要由校长（书记）依靠"齿轮传动"的能量推动工作了。教师不仅要具有"尊重、民主、责任、科学""最佳公民"素养，还要具备教师岗位理想教育文化要求的"扰启、内省、质疑、实践"教学方法论；学生不仅要按照"尊重、民主、责任、科学"素养的要求成长为"最佳公民"，还要构建"独立、追求、养控、审美"生长方法论。对此，学校组织结构要素间一旦形成理想教育文化张力，学校组织结构要素之间就将形成牵引，向着学校组织构建的愿景方向推进。此时，校长（书记）以掌舵者的角色把更多精力投入到"领"和"导"上，通过制定、修正学校愿景确保学校教育的发展方向。从此，校长（书记）执行者的角色被"思想者"取缔了、具体事务性工作被"专业性"工作代替了。由此，校长（书记）从代表教育行政部门在学校执行者角色的形象，转变成不仅有思想、有策略、有办法、有育人专业，而且具有高情商的人文关怀、儒雅大气与人格魅力的校长（书记）。

二是优化学校组织结构。改革开放之后，中国基础教育学校的组织结构基本呈现金字塔型（即使是当前规模较大、校址较多，或者集团化办学的学校，虽然在向扁平化组织结构方向推进，但在管理思想上依然依靠"齿轮传动"动力结构推动工作，理想学校现代治理体系并没有建立起来），即校长、副校长、中层干部、年级组、教研组、班级等构成。即使有些规模小的学校没有副校长、中层干部等，但一般也设置一位协助校长管理的负责人。前面已经分析过，这样的组织结构一方面凸显了学校"齿轮传动"动力的效率，主要强调执行力，即校长执行教育行政部门的指令，中层管理者执行校长的指令，教师执行中层管理者的要求，从而弱化了各层级对产生结果负责的意识；另一方面，契合了学校以"纯粹知识团"传授为核心的传统人才培养的价值追求。

中国以 2018 年全国教育大会召开为标志，对基础教育改革做出了全面的顶层设计和系统部署。其核心体现在"三个文件"（党中央、国务院先后出台《关于学前教育深化改革规范发展的若干意见》《关于深化教育教学改革全面提高义务教育质量的意见》《关于新时代推进普通高中育人方式改革的指导意见》）的要求上。这次顶层设计的特别之处在于，除突出了义务教育从基本均衡走向优质均衡的国家意志外，还充分利用"高考指挥棒"的作用，通过高考综合改革倒逼基础教育回归本质属性。比如，高考综合改革实行分类考试、取消考试大纲、推进选课走班制、规范学业水平考试、实施"两依据一参考"录取方式、深化考试命题改革、建立学生发展指导制度、指导学生生涯教育规划等措施。显然，高考综合改革"指挥棒"的本质，就是让基础教育回归到基于"人"的发展上。换言之，"差异性的'人'的全面发展是'新高考'的价值取向，而对'人'的重新发现是'新高考'最突出的时代贡献"。[1] 国家从学前教育到高中教育及人才选拔方式改革的顶层设计，其意明显指向逼迫学校淘汰应试教育办学模式，真正回归到以人为本教育上来。由此，这次教育综合改革，是一次调整学校长期以来作为考试附庸机构难以撼动的工具属性，使其回归到育人属性上的难得历史机遇。

按照布迪厄的社会学理论，改变学校"场域"最直接的方式，就是变革学校组织

---

① 石静：《新高考背景下普通高中组织结构变革的路径探究》，载《教学与管理》，2019(25)。

结构和岗位设置，赋予新的结构和岗位权力与职责，开启"教育转场"模式。但是，要充分认识到这种变革，会打破人们原有"场域"构建的权力关系以及人们"惯习"性思维，势必遭遇巨大阻力，甚至也包括校长（书记）等干部思想上的阻力。这也正是学校组织结构和岗位设置改革的困难所在。除此之外，学校其他行政管理人员、教职工，甚至教育行政部门、社会各界都将是学校组织结构和岗位变革的阻力。因为，一方面，人们习惯于生活、工作在稳定的组织结构中，而组织结构的变革，必将涉及地位、利益的调整；另一方面，变革不仅打破所有成员已经形成的工作经验、人际关系，而且使其知识和技能显得过时，无形增加了人们学习和工作压力。所以，一旦影响到相关人利益，或者虽无利益相关但由于"惯习"性思维的存在，对有待完善的方面也会给予问题"放大"。对此，学校组织结构的变革需要寻找机遇。可以说，当前恰逢难得的历史机遇。

义务教育优质均衡发展是各级政府的重要任务。当前，有两类典型的做法。一类是优质学校办分校。优质学校整合基础薄弱学校或接收新建学校，实现优质提升。在一个区域，分校少则3～5所，多则二十几所，甚至在全国各地办分校。如果优质学校不是只在分校挂一个牌子，那么每个分校均需要管理团队。不管优质学校校长如何管理分校，学校组织结构事实上已呈现扁平化。另一类是集团化办学。把一般学校或新建学校以独立法人的方式纳入优质学校集团化管理。显然，集团成员校在学校人、财、物等方面更具有相对独立性。由此，集团化办学更突出优质学校文化引领、教育教学活动等学术资源共享。综上所述，不管是优质资源校办分校，还是优质资源校进行集团化办学，都将给常规学校管理带来挑战。

在政府大力推进义务教育优质均衡发展的同时，伴随高考招生制度的改革，学生"选课走班"制将成为普通高中学校共有的教学情景。其本质，首先改变了师生关系。变过去在固定班级上课的固定师生关系，为选择性构建师生关系。事实上，学生在选择课的同时，也在选择教师。因此，表象在选课，其实在构建新的师生关系，是学生发自心底深处的师生关系。其次，"教师"意蕴转为动态生成。学生选课不仅基于自身对学科兴趣和未来职业选择的需要，而且也是对教师专业知识和教学能力的选择。由此可见，教师的专业性和教学能力未来将接受不同届别学生的选择；也就是说，这届学生选择了你，第二、第三届学生未必选择你。所以，"教师"意蕴由过去相对静止状态的含义，变为随学生"选课走班"动态生成的过程。终身学习，将成为教师常态。再次，"学生"意蕴彰显本质。学生"选课走班"不仅突出了主体是学生，更凸显了选的过程。这一过程，改变学生过去的"呵护生长"为"个体生长"，由此，需要学生评估自己、认识自己，并在此基础上，既着眼于当前，更着眼于未来，实现"选择"能力的生长，即更加本真的"学"与"生"。除此之外，"选课走班"颠覆了学校常规教学管理，如学校教务处、德育处（政教处）、年级组、教研组等组织结构设置；教室、实验室、阅览室、图书馆等物理空间设置；特级教师、学科带头人、骨干教师等的评选；学生综合评价，三好学生等荣誉的评选；教研活动、师徒培带、公开课、研究课等教师培训。总之，常规管理方式都将接受义务教育教育教学改革、高中育人方式改革和高考综合改革的挑战。

因此，有智慧、有理想的校长（书记），应借中国教育综合改革之势，让干部、教职工、学生家长及教育行政部门、社会知名人士参与改革的规划、设计、执行；与此同时，积极与干部、教职工、学生家长、教育行政部门、社会各界人士进行有效沟通，寻求他们的理解与支持；甚至，让他们感受到学校组织结构、岗位变革不仅有利于学校教育本质功能的发挥，而且能够实现教师、学生、家长及社会的预期目标。上述学校组织结构、岗位变革方法的实质就是"共治"。

其实，理想教育文化构建的理想学校，一定拥有"共治"的教育文化。理想学校育人的本质，依然是传授知识、培养人格，具体可分为社会和公民教育目标、智力目标、职业教育目标、个人发展目标四大领域。结合这"四大目标"，进一步明确教育治理的教育效能、教育自由、教育公平、教育效率、教育秩序五个方面的价值目标。由此，理想学校将依据"依法办学、自主管理、民主监督、社会参与等现代学校制度"[1]进行组织结构建设。就一般学校而言，比如，调整学校组织结构设置，可以变现行教学处或教务处为教学指导处，组建学术专家组。其主要目的是弱化学校教学处教育管理行政色彩，突出"最佳公民"素养基础，由教学专家组成的学术专家组指导学科教学工作，包括教学内容、教学方式、教学策略、教学的辅导辅助资料，以及与教学相关的科普、论坛和教育科研等活动。[2] 也可以变现行教育处或政教处、

---

① 褚宏启：《教育治理：以共治求善治》，载《教育研究》，2014(10)。
② 王世元：《教育文化构建的人性基础》，327 页，北京，北京师范大学出版社，2016。

德育处为学生发展指导处。其目的是弱化教育者对受教育者的惩戒、处罚意识，强化教育者与受教育者的"成长共同体"意识。关注受教育者兴趣、特长、职业倾向等，指导受教育者的科学发展，基于对受教育者相对长时间的、认真持续的观察提出发展策略。还可以把学校原有的总务处调整为综合服务处，将原有的总务处职能与教务处或教学预处的部分职能，如学籍管理、考试的组织与管理、图书管理等职能，并入学校综合服务处。[①]

除此之外，各岗位在履行"最佳公民"集合{尊重 民主 责任 科学}要素的基础上，要进一步完善岗位职责，明确组织机制运行制度，突出共治思想，如健全教职工代表大会制度、组建校务委员会、家校委员会、学生社团建设等。在此基础上，学校要制定、完善相应制度和决策程序。例如，完善集体决策制度：建立校内集体决策规则，完善决策程序，避免个人专断；健全师生参与学校治理制度：扩大教职工对学校领导和管理部门的评议权、考核权，在制定学生管理或者涉及学生利益的管理规定时要有充分征求学生意见的过程；健全家长参与学校治理制度：完善中小学家长委员会制度，让家长参与、监督学校管理，积极促进家校合作。

针对当前优质资源校办分校和集团化办学，可在总校和集团层面，建立上位的组织机构，比如，构建总校或集团校督导组织机构，实施对学校管理、文化建设和教育教学等诊断式督导评估。在此基础上，持续关注分校或集团成员校的问题整改，最终实现分校和集团成员校优质均衡化发展。

三、构建学校"合作成长共同体"的师生关系

从结构上看，教育由教育者、受教育者、教育材料及教育发生的时空构成。显然，教育者与受教育者是其中最活跃的要素。

如果从主、客观认识论哲学的视角看，教育者处在主体地位，受教育者、教育材料及其时空处在客体地位，由此，教育发生的关系就是主体和客体关系。

如果从现象学认识论哲学视角看，教育者与受教育者处在平等交流与沟通地位，

---

① 王世元：《教育文化构建的人性基础》，329 页，北京，北京师范大学出版社，2016。

教育材料及其时空是教育发生的中介。由此，教育者与受教育者构成"双主体"关系。

如果从一元认识论哲学视角看，教育者、受教育者、教育材料及其时空中构成一个整体，并以受教育者的成长为共同目标。因此，其本质是"合作成长共同体"。"合作成长共同体"有三层含义：一是"共同体"在合作的基础上，实现受教育者的成长；二是"共同体"为更好地"合作"，教育者也需要不断成长；三是在不同的"共同体"中教育者、受教育者成长的结果不同。

上述三种认识论哲学，在教育领域的不同侧面都反映了教育发生的关系，但是从教育本质属性的实质(受教育者的成长)出发，"合作成长共同体"更准确地揭示了教育发生的关系。可以说，作为"合作成长共同体"的教育者、受教育者、教育材料及其时空，为了受教育者的成长，在实施教育不同的阶段及其过程中，既可以构成主、客体的关系，又可以构成"双主体"的关系，即构成教育要素的角色可以发生相互转换。但是，不管如何转换，其目的是实现受教育者的成长。

下面，以不同时期的人类教育为例，审视"合作成长共同体"的建构情况。

1. 原始时期的教育

原始时期，人类主要是通过"仪式"完成人类个体的教育。教育者主要以"巫师"为代表，受教育者的成长是通过接受"独立能力""克服困难"以及"鞭笞"等教育过程。这个过程，需要成年人和未成年人的"合作"——成年人"批准"，未成年人"愿意"。成年人设定"仪式"，对未成年人进行"成长"教育，而未成年人需要完成"仪式"过程中的所有内容，以此实现成长。

2. 古代时期的教育

古代时期，东西方社会不同知识学派，形成不同的"合作成长共同体"。东方社会，中国产生了道家知识学派、儒家知识学派、法家知识学派，阴阳家知识学派等；西方社会产生了智者知识学派、毕达哥拉斯学派、宗教知识学派等。在上述每一个知识学派形成的教育中，受教育者的成长具有鲜明的方向性，而教育者本身在实施过程中，也在不断拓展、完善原有知识学派的知识体系和思想体系。因此，教育者也在不断地成长。

譬如，中国古代至近代时期，中国儒家知识教育形成的"合作成长共同体"中，受教育者通过学习，不仅获得了儒家知识和文化，而且，使儒家文化支配自觉的社会生活行为，至此，受教育者实现了社会化的成长。中国传统教育方法，强调记忆、不鼓励创新，科举考试强调"八股""代圣立言"，所以，在某种意义上说，教育者就像模具，受教育者就像从模具中生产出来的产品。故此，经过传统教育的受教育者，更适合人类农业文明社会。

再如，在西方社会古代至文艺复兴时期，存在宗教知识教育和由"智者派"发展而来的以苏格拉底、柏拉图、亚里士多德为代表的追求"洞见""理性"知识的教育，形成了相对应的教育"合作成长共同体"。受教育者，一是成为宗教信徒；二是成为具有理性、智慧与追求"洞见"的人。另外，教育者也在不断成长，不断生产新的知识，如逻辑学、辩证法等生产知识的知识。

3. 现代时期的教育

现代时期教育的知识主要生产于西方社会，但是东方社会在基础性实践领域极大地推动了现代知识的生产。以中国为代表的东方社会以"技术科学"知识教育构建的"合作成长共同体"，实现了受教育者的技术成长。教育者实现以技术、工具再发明、再提升为标志的再成长，进而构建"师徒"关系，形成了特有的技术知识学派。

以欧洲为代表的西方社会，在最初"智者派"基础上，经过文艺复兴，以培根为代表的哲学家生产了现代知识体系。显然，东西方现代知识教育的"合作成长共同体"具有明显的不同。通过"科学技术"教育，西方的受教育者不仅增长了科学理论知识，而且学习了科学研究方法，从而不断地生产新的科学知识。教育者在原有科学知识的基础上，又不断地获取新生产的科学知识。这就是西方社会文艺复兴之后，自然科学知识得到快速发展的原因，也是西方社会快速进入工业文明社会的原因。

4. 后现代时期的教育

伴随现代知识的生产，人类生产知识的周期不断缩短，知识生产的量不仅在增长，而且呈现综合化状态。历史来看，人类社会从石器时代、铁器时代、蒸汽时代、电气时代到互联网时代，呈现了加速换代，由此，人类生产的知识无限快速增长。

如今，人类社会已经由现代知识社会，进入后现代知识社会；人类教育已经由现代教育，进入后现代教育的时代。对此，以人为本的教育理念，在后现代教育，即理想教育文化"合作成长共同体"中更加凸显。那么，怎样建构理想教育文化"合作成长共同体"呢?

　　首先,教师要改变传统的教育观和知识观。当前,中国的教育综合改革从"选课走班"到高考"两依据一参考"录取方式的变革,直接指向 21 世纪师生关系的重构。教师与学生既不是传统师徒关系、主客体关系,也不是主体间关系,而是成长共同体。学生的生长,不仅在于知识量的增加,而更在于知识生产能力的增强;不仅在于整体人格的培养,而更在于个性的生成。教师的生长,不仅要实现职业专业素养的提升,而且要依据学生生长的需求加快拓宽知识领域;教师不仅要学习本学科的前沿知识,而且要学习网络时代新鲜的、综合的、相对广泛的语言、艺术与思维方式。这是教师新时代的本质。教师只有跟上时代的脚步,才能实现与学生同频共振。

　　其次,在实施教学过程中具体落实并优化"合作成长共同体"的内涵。教师工作有两个阶段性特征:第一阶段是教学工作准备阶段。教师要确立对学生、时间、空间、任务、材料、目标、方法、策略等一切的主导地位,简言之,其他方面都处在客体地位,以此谋划、设计"合作成长共同体"系列活动。第二阶段是教学工作实施阶段。组织开展"合作成长共同体"活动。"合作成长共同体"是一个整体,是在真诚合作的基础上,围绕着学生成长,充分发挥学生个体灵动能力,借助时间、空间、任务、材料、目标、方法等一切手段促进学生的生长,在这个过程中,教师可以调动多种资源、借助多种方法,协助而不是代替学生在"成长共同体"中发挥生长的活力或动力。

　　再次,教育行政部门要为教师生长搭建平台。(1)要建设好教师进修学院和教育科学研究院,有条件的地区要广泛与高校建立互动培训机制,确保教师专业知识和学科前沿知识的学习。(2)充分发挥互联网作用,教育进修学院、教育科学研究院、高等院校确保网络学习资源的丰富性,满足广大教师学习的需求。(3)加强校本培训和校本教研,充分发挥学校或区域名师的作用。(4)充分发挥社会教师培训机构的作用,由政府购买服务,实现区域内优质教育资源共享。(5)学校对不同年龄段教师,做好工作合理安排,针对不同教师群体需求,及时提供必要的进修学习。

四、构建学生主体生长意识、能力与环境

孩子是家庭的未来，学生是社会的希望。家长希望孩子按照自己的规划发展成自己心目中的好孩子；国家希望学生德智体美劳全面发展且能够担当国家、民族甚至人类社会发展的重任。如果这些"希望"不能有效地转化为孩子或学生内在的追求，那么，其生长，更多是在外界的压力下完成的。至此，家庭、学校，在一定意义上就是"压迫的组织"，而孩子、学生就是"被压迫的对象"。事实上，未成年甚至成年学生选择放弃生命的悲剧不断上演，折射出"被压迫者"强大的精神反抗。

这一现象警示人们反思，到底谁是教育生长的主体？

不言而喻，孩子、学生是生长的主体。其实，当孩子被家长送进幼儿园，离开家庭(家长)的时候，虽然有幼儿园教师的陪伴，但教师毕竟不是家长，于是，孩子独立生长主体意识被悄悄地唤醒。"孩子"在幼儿园变成了"学生"。他不仅与教师、同学们一起学习许多未知的知识，更结识了许多同学。而同学又不同于教师、更不同于家长，因此，他需要合作，从而进一步生长。幼儿园是孩子在家庭之外的第一个社会化组织。

然而，随着孩子对幼儿园教师、同学的熟悉，"主体生长"意识逐渐地被"家庭组织"和"幼儿园组织"潜移默化地消解了。有的家长包揽了一切孩子能做的家务劳动，包括穿衣、洗漱等。孩子"生长主体"意识在家庭组织中彻底消失了。虽然，幼儿园教师通过开展游戏使其生长，但由于幼儿园更强调教师"保育"职责，教师也更多为迎合家长的需要，从而使培养学生的"主体意识"，潜藏在了以拓展知识、开发智力为主要目的的游戏形式之中了。事实上，孩子"生长主体"的意识不仅被彻底遗忘，而且早就隐藏在教师传授知识、开发智力的观念中了。

孩子离开幼儿园后，家长又千方百计"择校"，把孩子的生长寄托给了"名校"。由此，又开始重复了孩子入幼儿园的过程。当孩子从幼儿园升入小学，他突然感觉到自己"长大了"。面对新教师、新同学，自己"主体生长"的意识又突然非常鲜明地展现出来——自己不是孩子了，是小学生了。然而，随着时间的流逝，他与教师、同学也更加熟悉起来，生长的热情与激情很快就消退了。因为，他依然感到还是生

长在原来家长和教师缝制好的"套子"里，只不过知识的学习由过去幼儿园的游戏形式变成了班级听讲的方式。自己必须努力接收教师讲解的知识，积极回答教师的提问，按教师标准化要求完成练习，争取得到教师的表扬。年级在升高、身体在生长，唯独不变的是班级听讲的形式。

上了初中，有条件和能力的家长再次"择校"。而后，又开始了"小学模板"的重复。家长和教师缝制好的"套子"就像孙悟空头上的金箍。在某种意义上，教师扮演着唐僧的角色，考试是教师的"咒语"。初中毕业，就意味着完成了法律规定的义务教育，少部分学生脱离普通高中教育，开始了职业选择——要么上职业学校，要么进入社会，于是，逃离了"套子"，再也听不到教师的"咒语"了；从此，"主体生长"意识在职业选择过程中又被唤醒。而进入普通高中的学生，始终在"套子"里听讲、练习、作业、考试、刷题……他们烦躁、郁闷、不解，一次次发自心底呐喊"真的想逃离学校"，在权衡、反思、追问后只能坚持、坚持、再坚持；最后通过全国标准化考试的筛选，终于确定了自己的"位置"。

进入到高等学校，家长和教师缝制好的"套子"突然没有了。就像孙悟空的金箍一下没了，倒是容易不适应。学生已经习惯了在"套子"里生长，但离开了"套子"，真的有点邯郸学步的感觉。他们坐在大学校园里仰望星空："繁星似锦，怎样才能找到北极星呢？""在记忆中，自从走进学校，一直在回答老师的提问，这是由自己提出的、仅有的一个问题……""有'套子'真好。因为，虽然在'套子'里看不到繁星似锦，但也不需要自己寻找'北极星'。'套子'把自己运送到这里，下一步去哪儿呢？"……

事实上，人们虽然看不见教育领域的"套子"，但是，它确实存在。它的存在，让孩子（学生）失去了主体生长的意识。只有人们把孩子（学生）作为一个有真正意义的独立个体，放飞到真实的社会情境中，摒弃家庭、学校为其按规划、设计图纸、由外在力量框定生长的做法，即彻底脱掉加在孩子（学生）身上的无形"套子"，孩子（学生）才能成为真正的生长主体。

其实，不管是家长还是教师，除有意识培养孩子（学生）生长主体意识外，还有责任培养其生长的能力，重要的生长能力至少包括以下几个方面。

一是合作能力。虽然人具有积极能动的社会属性，但人类个体合作能力是有差别的；后天培养不可或缺。学会分享，是培养合作能力最早、最好的方法。家长或教师要鼓励孩子(学生)分享自己的或公用的玩具，让其在分享的过程中领悟分享的意义，逐渐体悟分享的本质就是合作，从而树立主动分享、主动沟通、主动合作意识。通过分享合作成果以及带来的喜悦心情，进一步强化分享与合作的意义。事实上，孩子(学生)在"主动"的过程中，不仅提高了自己的目标(目的)规划能力、情感判断能力、语言表达能力，而且培养了勇敢、自信的品格，同时，也增强了失败与挫折的心理适应力。

合作能力的关键要素，要有合作要件。因此，伴随孩子(学生)在群体中的生长，不仅要提高其情商、智商，更重要的能够提供其作为合作者需要的关键要件。由此，生长主体的独特性是不可或缺的，哪怕简单到只有突出的体力。

二是意志力。孩子(学生)在生活或学习中难免遇到困难，容易选择逃避，这是人类本质属性决定的。然而，人类只有不断克服困难、解决问题，人类社会才不断进步与发展。其实，优秀的人类个体一个突出表现就是在于他的意志力。因此，培养孩子(学生)面对生活或学习上的困难时，着眼于四个方面的培养至关重要。首先，培养执着精神。要引导孩子(学生)，面对困难不要选择退缩，充分相信自己，坚持通过自己想办法、找工具、应用技术完成目标。其次，培养勇敢精神。面对困难与任务，充分认识自己，在对自己全面评估的基础上，勇于担当责任，要有"舍我其谁"的冒险精神。再次，培养"控制"能力。面对困难，特别是"应急事件"任务的出现，如家长或教师突然安排一个任务要求孩子(学生)限时完成，需要有控制情绪的能力。在一定意义上，控制情绪能力的训练，就是培养一个人理性思维，而不是一触即发的情感反应。最后，培养智慧思维。不是有了坚定的意志、勇敢的精神、良好的控制能力就一定能克服困难、完成任务，还要有智慧。没有智慧的意志力是盲目的、愚蠢的，是固执的表现。培养意志力，坚定、勇敢、情绪控制与智慧缺一不可。

三是逻辑思维能力。逻辑思维能力不仅在学习中，而且在生活、工作中也必不可少。人们经常发现，尽管有的人没有多少知识，但与人交流表达既简练又准确，生活、工作安排得也很有条理。究其原因，在于他有较好的逻辑思维习惯。由此，家长或教师有意识培养孩子(学生)逻辑思维习惯显得非常重要。逻辑思维能力的培养，可从做事和思维两个维度进行。

从做事情的维度看，孩子(学生)不管在家里还是在学校，凡事一定要有程序性要求。比如，孩子在家里早、晚洗漱、用餐等，先做什么，后做什么，要有清晰的程序；学生在学校上实验课等，也要有明确的操作程序，并且要严格遵守程序。除此之外，如果有许多事情要做，要训练孩子(学生)对时间进行统筹安排，把要做的事情按顺序安排好。比如，放寒、暑假就要让学生对假期进行统筹安排，先做什么、后做什么、然后做什么，要保证其合理性。其实，学生每天都要对时间进行统筹规划；每个学科的家庭作业，先做哪个学科、后做哪个学科；完成后是先安排自己锻炼还是安排感兴趣的事情等。事实上，人们对事情先后顺序安排、设计，其本质就是遵循事情先后顺序的内在逻辑。所以，家长或教师最好要有通过训练孩子(学生)程序意识和对时间统筹安排管理意识，来培养其逻辑思维习惯和能力。

从思维角度看，家长或教师要有意识训练概念的准确性、判断的逻辑性和逻辑可能性。首先，家长或教师与孩子(学生)沟通交流一定要明晰概念内涵，确保概念使用的准确。因此，"咬文嚼字"很有必要。其次，要求表达观点、说明原因和理由时，一定要有内在逻辑关系。再次，要求做判断、下结论时，除要有足够的逻辑支撑外，还要追问有无其他逻辑可能。总之，培养学生能力，不仅要求学生有逻辑意识和习惯，而且家长或教师本身也要做好表率。事实证明，良好的逻辑习惯不仅有利于人们生活、学习与工作，也有利于人类社会发明与创造。

孩子(学生)生长的场所主要在家庭或学校，培养和训练孩子(学生)生长主体意识和能力的责任，主要在家长和教师。由此，家庭和学校能否提供主体生长的环境是建构理想学校的关键。

一是家庭环境的建构。家长首先要树立孩子是生长主体的意识，主要体现在以下两个方面。一是家庭所有成年人形成共识：未成年人生长的主体是他自身；二是明确未成年人自己是生长的主体，要承担生长责任与义务。其次，家长负责对家庭成员提出明确要求，凡是未成年人能够独立完成的任务，尽可能由本人完成，即努力创设独立意识的环境，如生活习惯的养成、玩具使用与整理等。再次，创造条件培养孩子兴趣、审美意识与能力，如让孩子参加体育类、艺术类等活动以及参与家庭房间布置、绿植摆放、服装选择等。最后，家庭成员之间以及对外沟通交往时，尽可能遵循最佳公民素养。比如，在家庭内部，家庭成员彼此尊重、营造浓厚民主氛围、体现科学精神与责任担当；在家庭成员对外交往中，特别是和孩子一同参加活动时，家长更要体现"最佳公民"素养；在生活实践中，家长成为孩子榜样。

二是学校环境的建构。在全体教职工履行"最佳公民"素养的环境下，学校可以从四个方面创设学生生长环境。一是创设班级学生生长环境。一方面，主要由班主任(行政班)或"选课走班"后的学科教师，负责组织营造班级学生生长环境。另一方面，学科教师不仅要树立学生是生长的主体的意识，而且要在实施教学过程中，充分释放学生生长主体的活力。二是健全完善课程设置。在教育综合改革背景下，学校除提供"选课走班"条件外，还要尽可能提供丰富的学生选择课程。例如，北京中学拓展课程包含了五大系列：学院系列、阅历系列、雅趣系列、服务系列、健身系列。三是搭建学生社团平台。学校依据学生生长的需要，可以提供宽松的环境与条件，为学生创设多样的社团，如诗社、话剧社、演讲社、舞蹈社、书法社、科研社、体育社等。四是创设学生个性化学习方式。学校从机制上为学生创设个性化学习平台。依据学生申请，批准学生按照自己特点和学习风格，选择学习内容、学习方式、学习进度。尽可能提供相应条件，如提供指导教师、开放图书馆与自修室等。

五、共建人类景仰的一个地方——学校

一个称作学校的地方，是教育生命的地方，也是实现生命生长的地方。伴随人类的实践活动、经验总结、理论生成、工具制作、技术推广，教育不仅有了内容，而且被赋予了多种形式。学校，是人类最伟大的作品之一。

我们认为，教育由教师、学生、知识、方法、空间、时间六种要素构成。六种要素内涵的演进及其不同组合方式，构成了人类历史不同时期的教育。宏观上，《教育文化构建的人性基础》一书给出了初始教育、第一类教育和第二类教育的分类。中观上，可分为东、西方教育。微观上，人类在不同历史阶段创办了各级各类学校教育。在人类历史上，学校变化最引人关注的，一是学生群体的变化，二是知识的变化，三是教育方法的演进。

人类早期学校的学生，虽然不受年龄限制，但更多由青年人组成。这点我们可以从人类两部辉煌巨著《论语》和《理想国》对话主体中十分清晰地感受到。也就是说，

幼儿教育在早期并没有引起人们较多关注。此外，在早期也不是所有青年人都能接受学校教育，只有达官贵族、精英家庭和那些经济条件好的青年人，才能够享受到教育特权。或者说，学校教育对普通人来说是一件遥不可及的奢侈品。受教育的青年人，也不包括女性青年。但是，随人类社会进步与发展，幼儿和女性得到了人类的重视，学校教育进而逐步面向人类全体。学生成为按学前、小学、中学、大学、研究生等阶段划分的群体。至此，学校真正具有了人类文明里程碑的意义。因为，如果学校只是青年人受教育的场所，那么人类文明的含义也是不丰满的。只有通过学校令儿童作为新的人类成员实现社会化，并通过对儿童智慧的启迪与开发，才能为人类社会注入进步与发展的动力；否则，势必降低学校教育的价值与效率。

教育的本质，虽然是传授人类生产的知识，但又促进了人类知识的生产。特别是人类在知识传授过程中，如中国的"格物致知"及西方"苏格拉底方法"，注入了教育生产知识的潜能。由此，教育在传授原始知识的同时，促进人类古典知识的生产。与此类似，教育在传授古典知识的同时，也促进了科学知识的生产。当人们专注于自然科学知识的传授时，后现代知识的曙光又出现在人们的面前。学校教育中知识传授的变化折射出人类社会不断进步与发展。

学校教育方法，伴随着人类知识生产与人类认识的演进，从以"知识为中心"，向学生灌输知识、方法与技巧，转向以"学生为中心"，对人类生产知识进行建构。从而，不仅提高了学生获取知识的兴趣与能力，而且提高了学生生产知识的潜力。学校教育方法的转变，其实质是人类对知识本质从"绝对客观"向"相对客观"转变的体现，更是转向"以人为本"的教育观的体现。

综上所述，不管学生、知识、方法等教育要素的内涵怎样发生变化，人类教育价值追求的方向始终没有发生改变。一方面，教育都在向学生传承社会独特的文化或主流价值观；另一方面，教育始终肩负着人类社会发展的未来。历史证明，小到家庭、大到国家，谁重视教育，谁就掌握未来。重视教育的国家、民族，将引领人类发展与进步。

那么，人类应当怎样去建设学校呢？

首先，寻求政府支持。纵观教育发展史，尽管表现的形式多种多样，但其实质始终未变。统治阶级一方面通过学校宣扬信仰和主流思想及价值观；另一方面，通过学校培养统治阶级需要的社会人才和促进社会进步的科技人才。因此，学校寻求政府支持，特别是政府直属单位的支持尤为重要。以下三个方面是需要重点支持的。

一是学校建设。政府通过规划，把校址优先选在环境优雅、开阔、景色宜人的场所。例如，城镇小区配套的学校，应该规划在小区最好的位置，并留有适度开阔的空间；农村学校，应选择自然环境优美，又适于农村孩子走读上学的位置建设学校。对于学校建筑物，政府要请专业人员设计，让学校建筑设计及布局符合生命个体的年龄特点。

二是教师待遇。政府要通过相对优厚的待遇，把优秀的人才吸引到教育岗位上来。正如华为创始人任正非曾指出的，把教育做好，国家才有未来。再穷也不能穷教师，用最优秀的人去培养更优秀的人。

三是办学自主。教育行政部门要建立现代教育治理体系，建立符合教育规律的评价体系，依法支持学校自主办学。切实减少不必要的行政会议，程序性的各种事务性汇报、检查，非专业性教师培训及各种形式、仪式性活动及各种形式主义，如政府向学校摊派各种行政任务，频繁到学校检查工作，让学生参加非教育相关活动等。

其次，寻求社会支持。一是寻求地方政府、社区的支持。学校通过与地方政府、社区建立互动联络，一方面赢得学校教育教学发展的良好环境，如学校周边环境治理等；另一方面，争取地方政府、社区的物质资源及社会资源的支持，如政府部门或社区提供社会实践场所等。二是寻求校友支持。如果学校办学历史相对较长，学校可以挖掘校友资源支持学校办学。一方面，请知名校友回母校讲学、做报告或与学生座谈，或者，通过编辑知名校友趣事录等方式，激励学生奋发有为；另一方面，在学校重要时间节点，向社会宣传、介绍知名校友，为学校营造良好的舆论环境与氛围，从而间接赢得家长及社会各方面的支持。三是寻求社会名人的支持。学校通过主题教育活动的设计，邀请作家、科学家、艺术家、政治家、经济学家、企业家、军事家等社会名人讲学、做报告、与学生座谈等，实现对学生的教育。四是获取家长资源的支持。学校通过建立家校委员会，建立与家长沟通交流机制，不仅能够及时得到家长理解，而且能够得到家长的支持，如邀请家长参加学校日常管理及参与学校重大活动服务等。如此，家长在活动中理解、支持学校，而且达到广泛宣传学校的作用，从而为学校创设良好的家校关系。

再次，建立校际间的沟通交流。纵向上，通过学校师生的交流互访，一方面，师生更了解各自的工作、学习与生活，有利于师生的反思；另一方面，拓宽师生思想认识，激励、唤醒师生生长动力以及社会责任感。横向上，通过学校的社团活动，开展学校互访交流，推动学校社团活动的开展，如演讲比赛和各类体育竞赛等。

教育的重要性不言而喻，而学校作为教育的重要场所与组织方式，其尊严需要人类加倍呵护。

/ 第七章 "合作对话"式教育 /

如果理想教育文化是后现代教育的本质，那么"合作对话"式教育既是理想教育文化样态的呈现，也是后现代教育理念的核心。进一步探索"合作对话"式教育的内涵与性质，阐释其与人类教育范式及其文化演进的关系，不仅有利于对"合作对话"式教育本质的认识与理解，更有利于建构系统的理想教育文化样态。

一、教育社会的揭示

仔细考察，人类社会是由一系列社会子系统相互嵌入构成的。而构成社会子系统的要素，往往又叠套在一起。这是因为，人类个体是构成和连接所有社会子系统"活"的要素，比如，商业系统是由投资商、生产商、供应商、市场中介、销售商、政府、终端消费者等主体构成的系统，按照商业运行规律有机融合在社会中。再如，政治系统是国家、政党、重大利益集团、社会公民以一定的结构及运行机制形成的系统，在社会建设中发挥主导作用。显然，商业系统、政治系统中的人类个体，经常在不同的时空以消费者或公民的身份相连接。正是因为社会子系统相互叠套，增加了人类研究社会子系统本质与规律的难度。事实上，人们已经把相对清晰的子系统，如商业系统、政治系统等从人类社会系统中抽离出来，形成了对商业社会、政治社会等的认识；进而形成了对以商业活动、政治活动等为主要任务的社会运行规律的认识；最终，形成了人类商业社会、政治社会等知识体系。

然而，教育系统由于与其他人类社会子系统嵌入关系复杂，例如，教育始终与政治、经济、文化、科技、宗教等纠缠在一起，始终没有形成自身独特的、被人类真正认同的知识体系。除了上面的因素，还因为教育不像政治、经济等的内涵相对明晰，或者说，教育可以嵌入或弥散在人类社会的所有子系统中，甚至依托其他子系统的知识而存在。然而，人们明显地意识到教育知识不同于其他系统的知识。教育边界的划定、教育的学科立场及教育知识的系统生产，虽然经过人类历史上教育工作者的不懈努力，却始终没有真正确立起来。事实证明，教育系统相比其他子系统更复杂。尽管如此，人们依然揭示了教育某些子系统的本质与规律，形成了教育子系统的知识体系，如教育政治学、教育经济学、教育文化学、教育技术学等。总体上看，孔子、苏格拉底、夸美纽斯、赫尔巴特、布鲁纳、杜威等一批著名教育家，为使教育成为一门独立的学科，在教育方法、教育原则、组织形式、教学程序、教学方法等方面作出了奠基性贡献。经过人类历史上众多教育学者的努力，教育学体系终于得以建构。

但总体上，教育系统没有真正形成像政治系统、商业系统、工业系统、自然系统等那样反映其本质规律或原理的知识体系。教育系统发生的诸多问题，总是与人类社会其他子系统发生千丝万缕的联系，因此，很难找到破解教育系统出现问题的工具。

显然，只有把教育系统从人类社会中抽离出来，形成纯粹的、没有套叠的教育社会，从而以考察教育活动为主要任务，进而揭示人类教育的本质与规律，才能从根本上破解教育出现的一系列问题。如果不把纯粹教育社会抽象出来、悬置在人们眼前，人们看到的教育现象或问题，是有杂质的现象或有杂质的问题；因而，都不是纯粹的教育现象或问题。历史上人们看似在研究教育，其实，要么是研究"教育作用"，追求教育的"结果"；要么是研究"教育技术"，追求教育的"效率"。总之，都没有真正研究纯粹的教育。只有把以纯粹教育为基础的社会作为独立研究对象加以考察，才有可能揭示教育的本质规律或原理。当然，这是理想的教育模型。人类社会现实中的教育和理想教育模型总是有距离的，但从理想教育模型中揭示的教育规律，对于指导社会现实中的教育具有理论指导作用。正如自然科学通过对理想模型的研究揭示出自然规律用于指导人们生活、生产一样。

事实上，人类教育一直处在"工具"的位置上。不管是东方社会以传播儒家思想文化为使命的教育，抑或是传播道家、法家、阴阳学家等思想文化的教育，还是西方社会以传播演讲术(雄辩术)、科学知识为核心的教育，本质上都体现了教育的工具性。即使是人文主义教育学派，其教育的工具属性也暴露无遗。只不过，相比社会理想主义教育观和科学主义教育观，它从关注人类社会的建设、改造转向关注人类个体人格的塑造。

纵观人类历史上的教育改革，其实质没有脱离教育对于社会和人类个体的工具属性范畴。特别是当人类生产了科学知识后，一方面，教育工具极大地促进了科学知识传播和科学技术的生产；另一方面，科学技术反过来极大地提高了教育工具的使用效率。教育的工具属性在人们的意识中得到了进一步强化。至此，教育与科学知识、科学技术相互促进，创造了人类社会发展史上的一座座高峰。教育发生的时空不断被打破。互联网、大数据、移动通信、云技术、人工智能等科学技术的支撑，使人类教育方式和办学方式发生了改革，其影响不亚于哥白尼日心说对天文学的革命。泛在教育的实现又一次扩大了人类教育发生的空间，增值了人类教育发生的时间，间接延长了人类教育生命，从而促进人类个体的生长。教师的角色由最初"有专业知识"的人担任扩充为"人＋工具书"，再扩充为"人＋人工智能"的复合体或纯粹由机器人担任。如此看来，教育社会是以追求教育发生为基础，构建人与机构、人与人、人与机器、人与学习资料、人与自身、人与环境之间相互联系的结构体系。教育社会充斥于人类生活、生产的各个时空，但主要发生在家庭、学校、社会培训机构等物理时空和互联网等虚拟时空中。教育价值直接影响教育发生。人类教育系统一旦被悬置出来，就形成了纯粹的教育社会。对纯粹的教育社会加以考察，有利于揭示纯粹教育对人类个体生长作用的规律或者遵循的原理。

值得强调的是，由于互联网和移动终端的普及，人类个体随时获得的信息，或彼此之间的交流，不一定属于教育范畴，正如同人们面对面之间的交流、信息沟通等，不一定都是教育。只有人类个体利用互联网和移动终端以追求个体生长为目的而获得信息，泛在教育才真正发生。客观上，虽然人类个体以追求生长为目的去获得信息，但有时并不能形成批判式的接收与建构，以此丰富自身的知识结构体系；或者说，没有真正实现生长。尽管如此，人类个体也向生长的方向迈进了一步，就像在商品社会中，双方就商品交换进行了沟通交流，但没有形成交易一样。事实上，构成教育社会要素的家庭教育、机构教育、学校教育，一方面存在没有让教育真正发生的现象；另一方面，把教育的工具属性进行了极度扩大，渲染了教育的功利性，即违背了人类理想教育社会寄希望揭示的、人的生长规律或者遵循的原理。但是，它们依然是以追求人类个体生长为目的的教育。可以说，当前的家庭教育、机构教育、学校教育及其在社会时空中的所有教育，事实上构成了人类教育社会。

由此，在教育社会中，人们可以以"纯粹教育"的思维，既不着眼于为进入具体职业领域的结果进行教育，也不着眼于为人类社会子系统生产的具体知识的增长而进行教育；而是着眼于人类个体生命的生长。教育即生长，即获得在人类社会生长的素质与能力。至于人类个体在教育生长过程中呈现出的职业兴趣与倾向，可由个体自由选择与自主发展，并由教育组织提供职业倾向指导或搭建相关发展平台。相信人类个体职业兴趣与倾向的自主发展，一定能使个体既着眼于现实社会职业状况，又着眼于未来职业发展方向。人类个体自主生长的需要，远远超过教育组织能够提供的职业兴趣或倾向的需要；因为教育组织只能着眼于社会现实职业的需要，即使着眼于未来，也难以唤醒人类个体对未来职业发展的兴趣。因此，"纯粹教育"的思维，就是让人类个体更好地生长，从而获得更好的生活；或者说，教育让人类个体理想地生长，从而塑造理想的人类社会，实现人类个体幸福生活。理想的教育，不是仅着眼于当前某种职业技能的具体需要，而且要着眼于职业未来发展素质及潜能的需要。因此，理想教育具有明确的核心价值追求，以此形成人类个体思维惯性和行为惯性，从而构成人类生命个体追求的生活。

需要人类警惕的是，科学技术是人类科学知识转化为技术之后形成的经验知识，这就意味着，技术控制的扩大使技术的合理性转化为技术对人统治的合理性。事实上，人类历史上教育改革和教育规章的制定，始终囿于技术决定论范畴。这不仅表现在学校对教师、学生管理的技术控制，而且扩大到家庭通过技术实施对孩子的控制。如果人们的精神得不到适度放松，再多的物质享受都不可能让人感到愉悦。科学技术在给人类带来方便的同时，反过来剥夺了人的自由。人类要警惕成为科学技术的奴隶。

二、教育发生的基本规律

把教育系统从人类社会中抽象出来建构教育社会，其目的是剔除裹挟在教育中的相关要素，从而，不带有任何功利性地审视教育发生的规律。尽管教育对人类社会其他子系统都有重要影响，但都不是教育社会"教育"发生的基本规律；或者说，是教育规律发生之后，"教育"对人类社会其他子系统产生的结果。因此，揭示教育社会教育发生的基本规律，不仅有利于人类教育社会的建构，而且对人类社会其他子系统发展与进步将起到重大推动作用。

从前面可知，教育社会首先以追求教育发生为基础。或者说，如果不以追求教育发生为基础，不论是何种组织空间、组织形式，也不论规模大小、信息量的多少，都不构成教育社会。其次，构成教育发生的要素不仅有他人，也有自己；不仅有学习资料、机器，也有环境。影响教育发生的因素具有广泛性。由此，考察家庭教育、学校教育、社会培训机构教育等，关键在于其是否追求教育发生、能否实现教育发生。教育能否发生，又取决于教育发生的要素：一是取决于教育的主导者；二是取决于教育的生长者；三是取决于学习资料、环境及仪器设备等。因此，教育主导者、教育生长者及学习资料等，如果建立在合作基础上，能够有效唤醒教育生长者的生长，一般说来，教育就能够较好地发生。由此，教育生长者的主动参与是关键。历史和现实都证明，"对话"是教育生长者最好的参与方法。因此，"合作对话"是教育发生的基本规律。

"合作对话"式教育，是指教师与学生、学生与学生、学生与学习资料、学生与仪器、学生与环境、学生与自身等建立在合作基础上形成的"成长共同体"，采取"对话"的方式，就某个(类)问题进行探讨或内省，以此建立或完善共同体成员的认知体系和价值体系的过程。由于"成长共同体"既有人也有物，建立或完善"成长共同体"成员的认知体系和价值体系，也包括对学习资料、环境修订与改造等。

由此，"合作对话"式教育具备如下显著特征：一是学生处在核心地位。不管构成成长共同体其他要素是"人"(如教师、家长等成年人)还是"物"(如学习资料、仪器、机器或环境等)，都是为了教育生长者——学生的生长。因此，作为教育主导者的教师，首先要把教育生长者——学生的生长摆在首位，其次要选择学习资料、仪器和环境的布置。二是强化了教育发生要素之间的关系是"合作"而不是"对抗"。在"合作"基础上的"对话"，是着眼于教育生长者——学生生长的"对话"，而不是任意的其他"话题"的对话。三是明确了主要"参与者"是教育生长者——学生。教育生长者不仅与他人"对话"，还存在与学习资料、仪器设备、环境、教育生长者自身的"对话"。所以，教育生长者能否与物、与自身"对话"，就决定于教育生长者对物或自身合作的定位；也就是说，物或自身能否提供教育生长者"对话"的话题，完全取决于教育生长者自身。因此，"成长共同体"的建立，一方面改变了教育主导者在传统教育中处在压迫者的地位，使之成为教育生长者的合作者；另一方面，明确了教育生长者，在以"物"构成成长共同体中的主导位置，由此，彻底改变了教育生长者——学生在传统教育中的被压迫地位。教育生长者真正成为生长的主人，不仅彰显了教育的民主思想，而且更有利于培养教育生长者的民主精神、责任意识与能力。

"合作对话"式教育发生的规律，同样适用于家庭教育和社会培训机构教育。一般说来，作为家庭教育的主导者，家长首先要明确与孩子成长的合作关系。至少，家长应该有这种意识(事实上，家长很难拥有合作意识，突出表现为放任孩子成长或压迫孩子成长)。其次，要依据合作关系，尽可能为孩子创造教育发生的条件与环境，充分利用对话的形式让教育发生。再次，要明确生长的主体是孩子自身；对话是让教育发生最好的工具，不仅要鼓励孩子与他人对话，更要鼓励孩子与环境、自身对话；当然，家长作为成长共同体的一部分，也要伴随孩子一同成长。社会教育培训机构的本质和学校相同，因此，也应该遵循"合作对话"式教学。但事实上，社会教育培训机构更追求知识增长的效率，以迎合家长对孩子知识积累的诉求，并不关注对学生生产知识的能力和未来人格的塑造。因此，其教学方式和方法以讲授和训练为主导，旨在提高学生解题能力。

"合作对话"式教育在教育社会中具有广泛的应用价值，主要体现在以下四个方面。

第一，"合作对话"式教育为构建教育发生要素的配置起到了"立法"作用。从校园环境的创设，包括学校建筑物、教室环境、仪器设备、图书资料等，到学校学年、学期、重大节日及其活动的安排，都要把学生摆在中心位置，围绕"学生生长"做整体安排和设计。以此，一是考察学校与学生是否真正建立起"成长共同体"；二是考察能否让学生与学校发生"对话"，实现对教育生长者潜移默化的"生长"。例如，校园绿化、美化的环境与学生是否构成"成长共同体"？学生能否身临其境与其发生"互动"？而不仅仅满足学生"可视"后生成的意境。再如，对于学校操场、球场等的设置，学校是否给予学生充足时间与其真正"对话"，确保实现"每天锻炼一小时，健康工作50年，幸福生活一辈子"的目标，而不仅仅使其成为学校的装饰。

第二，"合作对话"式教育为教育教学规定了基本范式。教师与学生构成"成长共同体"，因此，不管学生在学校时空中出现什么"问题"或"现象"，教师都要以"成长共同体"一员的角色与其"合作对话"，而不是简单指责和批评。其实，如果教师有意识与学生构成"成长共同体"，不仅能凸显教师教育主导者的角色定位，而且，当学生与教师关于"问题"或"现象"陈述性对话时，教育生长者——学生已经在生长：一是实现了情绪舒缓与管控，二是在陈述过程中实现了"反思"与"内省"。此外，在学校经常发生学生与学生之间的矛盾。此时，学校依照教育"立法"，首先让学生双方建立合作意愿，其次，实现学生与学生之间的对话。对此，学生们不仅能够自行调节矛盾，而且通过彼此对话实现自身的生长。事实上，"合作对话"不仅有利于双方情绪疏解，而且有利于消除认识上产生误解而带来的隔阂。由于对话双方是建立在合作基础上的，所以对话是平等的、相互尊重的、民主的。双方可以不认同对方观点，但不会有人格攻击。不仅如此，对话具有区分与甄别的作用，从而澄清彼此的意图，更有利于了解、理解对方。

"合作对话"除应用在师生"成长共同体"的教育外，也为教学设计及组织实施提供了思维"立法"。也就是说，不管是有经验的教师，还是刚参加工作的教师，都可遵循"合作对话"方式组织教学。此时，教师虽然是教学的主导者，但更是"成长共同体"的建构者，尤其要承担唤醒教师与学生、学生与学生、学生与学习资料、学生与仪器、学生与自身发生"对话"的责任。唤醒教育生长者的"对话"，关键在于唤醒教育生长者的"兴趣"。由此，不管是教育主导者，还是教育生长者，"话题"的确定是关键。对此，优秀的教育主导者依据学习资料生成有质量的"话题"，是教育能力的体现。同理，优秀的教育生长者依据学习资料、仪器、环境，能及时生成有兴趣、有质量的"话题"，也是生长能力的体现。如果教育生长者，能够不断地生成有兴趣的"话题"，就能够实现不断生长。这就是创新，这就是生产知识。当然，不同教师或不同学科，虽然生成对话的"话题"不同，但"合作对话"为教师教学提供了基本操作规范。

第三，"合作对话"式教育为人们提供了泛在学习的方式、方法。互联网、大数据、人工智能、移动终端的快速发展，使人们学习方式发生了深刻的变革。这不仅发生在智慧校园、智慧课堂中，也发生在家庭及社会各个角落。但是，教育的成功不仅仅是知识的获得，更不是简单信息的接收，而是要通过"合作对话"的方式，在已知内容基础上，实现新知识的建构。对此，如果学习者不能把学习资料和自身建构成"成长共同体"，实现自身与学习资料的深度对话，就很难实现新知识的建构，即难以实现教育的生长。事实上，由于互联网高度发达，当人们可以通过线上检索、访问获得更多知识时，信息的批判性消费就显得尤为重要。学习者只有把获得的知识与自身建构为"成长共同体"，实现与知识的对话，才能真正实现批判性消费。不经过自身对话而被储存的知识，是没有灵性的知识，难以支撑学习者的生长。

第四，"合作对话"式教育不仅揭示了教育发生的基本规律，而且以此规律可分析、评论家庭教育、学校教育、泛在教育、社会培训机构教育的情况。但是，此"对话"不同于戏剧中不同角色之间的"对话"，"合作对话"在于"生成"，而戏剧不同角色之间的"对话"在于表达思想和感情；更不同于谈话和交流，甚至远高于谈话和交流范畴。因此，"合作"的"对话"，旨在通过人类思维的作用，在原有认知基础上，进行新认知建构和生产。

以此考察社会教育培训机构的教学情况，不难发现，由于社会教育培训机构，更多追求学生获得知识的效率，培训机构的教师虽然有"合作"的意识，但"合作"的指向只是"知识获得"或"思维训练"的单一合作。如果说有"对话"发生，也是在教师语境下教育生长者——学生反思式的"对话"。其实，此"对话"的思维场域，一般局限在教师主导的语境下，而不具有由教育生长者——学生生产"对话"需求的思维场域的宽度。对此，如果长期在教师语境下，唤醒教育生长者内省或反思式的对话的需求，将逐渐消解教育生长者生长的能力。教育生长者长期思考他人提出的"问题"，行走在他人预设的"思维路径"，由此产生"惯性"，将丧失自己主动生成"问题"的意识与能力；更因为没有问题生成，也难以产生与自身或他人"对话"的需求。这种教育可能输出更多知识，但是牺牲了生产知识潜能。事实上，这正是当前中国基础教育的问题所在。

"合作对话"式教育与传统教育教学既有联系又有区别。既存在形式上的联系：共同的教师、学生、课程、课时、教育教学设备设施等，又存在内在的联系：追求知识传授、实现人格培养、共同追求学生生长的目标。它们的主要区别在于，传统教育教学更关注知识累积式的增长，即使突出学生中心地位、训练学生思维能力，也是以学生知识累积作为主要衡量标准，知识生产能力是其副产品；教学组织形式一般为讲授式、小组合作学习式、探究式等。而"合作对话"式教育，不仅把学生放在中心地位，而且更关注学生生产知识的能力和人格的塑造；因此，它既实现了学生知识的累积，也更好地契合了学生未来生活素养和潜能的需要。教学组织形式，一般为师生对话、生生对话、学生与学习资料对话、学生与实验对话、学生与实践对话等。

总之，"合作对话"式教育的意义主要体现在三个方面。一是解构了传统教育的师生关系，建构现代教育师生"成长共同体"。"成长共同体"不仅明确了师生关系，而且明晰了"成长"的主体、责任与义务。二是揭示了教育发生的规律，并提供了教育范式。"合作"是"对话"的基础，强化了"师生"的"友好"而不是"对立"关系；"对话"是实现"合作"的过程；"生长"是"合作"与"对话"共同作用的结果。三是通过"合作"的内涵揭示现代师生关系，通过"对话"的本质连接"过去""现在"与"未来"。"合作对话"式教育，建构了现代教育概念，标识了教育的现代意义。

三、"合作对话"式教育的文化基础

回顾人类教育发展史，教育范式总是与人类社会文化协调一致。下面，考察原始社会、古代社会、现代社会和后现代社会的教育范式。

1. 原始教育范式

原始时期的教育，体现在"仪式"上。由于原始社会人们头脑中没有"儿童期"的概念，所以原始社会的教育主要体现在"成人仪式"上，主要有三个阶段：一是疏离阶段。儿童(11~13岁)离开出生地或氏族社会一段时间，如一周时间。二是回归阶段。离开出生地要经受饥饿、恐惧与黑暗的折磨，经过一定时间返回出生地或氏族社会。三是授权阶段。回归出生地接受"鞭笞"，经受住考验的儿童参加盛大的欢迎仪式。仪式上，儿童要做三件事：观看一些事情，模仿一些事情和听一些事情。仪式结束后，成人社会"授权"儿童：一块骨头、一根羽毛、一个姓名或任何其他镶有神灵或图腾精神的东西。儿童即成为原始社会的一员。

2. 古代教育范式

古代教育分为两个阶段。一是古代学校出现并生产形而上学知识的阶段。以中国先秦时期的诸子百家和古希腊伊索克拉底、柏拉图、芝诺、伊壁鸠鲁等所办的学校为代表,其主要特征:(1)一个学校以教师为核心形成学派。主要讨论基本范畴问题。学校内没有明显的师生界限,更没有师生明显年龄上的差异。讨论形式没有固定要求,经常在一起平等地探讨问题。"对话"是主要形式。由此,教师一定具有知识生产的能力,包括生产知识的策略、方法与途径等。(2)不同学校或学派之间对基本问题有很大分歧,所以经常举行辩论。(3)学校非常重视对语言思维能力的训练。(4)形成了相对完整的学派知识体系——建构了人类形而上学知识系统。二是传递形而上学知识阶段。以古代哲学家们创办的私学为代表,其主要特点:(1)传授抽象的绝对的知识,主要是关于自然、社会和人生的形而上学知识,也包括用形而上学方式得到的社会知识、历史知识、自然知识等,如孔子的"仁学",柏拉图的"现象世界"和"理念世界"的划分等;不传授人类生活、生产中的经验知识和神秘色彩的知识。(2)理智和信仰是学习的重要途径,逻辑和辩证法是获取知识的重要方法。(3)训练学生"概念"的定义和分类,传授概念的"实体化""逻辑化"和"系统化",突出概念之间的演绎或思辨,以此理解、建构自己的形而上学知识。(4)同一学派生产的形而上学知识具有"绝对性""终极性"或"神圣性"的特征,但不同学派之间的论辩,也是教育的重要形式。[1]

3. 现代教育范式

现代教育是科学教育,是传承和发展科学知识的教育。科学课程处在学校课程体系中的核心地位。然而,19世纪末,现代教育才真正建立起来,主要经历了六个阶段。[2]

一是现代学校的建立。以夸美纽斯《大教学论》为理论基础,以学校出现学年制和班级授课制为标志,学校教学以班级为单位,使用同一种教材,利用相同方法,

---

[1] 石中英:《知识转型与教育改革》,90~94页,北京,教育科学出版社,2001。

[2] 这种划分的依据,一是学校的规模化,适应工业社会追求高效率;二是追求实用的科学知识,较少关注人的精神与情感因素,即人文关怀不够。

有相对固定的时间，由一个教师连续地、循序渐进地授课。教学规则：教学要有趣味、激发学生兴趣、保持可视效果、运用直观教具、重复要点、提问、表扬专注的学生、纠正学生的错误、时常随意地测试学生。①

二是以"知识为中心"的教学理论阶段。以赫尔巴特"五段教学法"为代表的课堂教学程序为：(1)预习，唤起有关的旧观念，以引起新知识的兴趣；(2)提示，讲授新教材；(3)联合或比较，对新旧知识进行分析比较，使之建立联系；(4)总括，得出结论、定义或法则；(5)应用，运用得出的概念或法则解答练习题。

三是杜威"做中学"阶段。杜威把教学过程设定为五个步骤：(1)学生要有一个真实的经验的情境；(2)在这个情境内部产生一个真实的问题，作为思维的刺激物；(3)他要占有知识资料，从事必要的观察，对付这个问题；(4)他必须有条不紊地展开他所想出的解决问题的方法；(5)他要有机会和需要通过应用检验他的观念，使这些观念意义明确，并且亲自检验它的有效性。

四是以巴格莱为代表的"心智训练为主"的教学过程。(1)学生要刻苦学习，而且往往要强迫自己专心致志。努力和刻苦比兴趣更重要。兴趣分为眼前的、直接的兴趣和较高级的、持久的兴趣。努力坚持不仅能产生持久的兴趣，而且能磨砺继续努力的意志力。(2)要严格学业标准。首先，学习要有系统性和循序性；其次，强调对学生的学业成绩进行严格的检测。(3)不排除灌输。教学过程中，主要以传授间接经验知识为核心。过去的习俗和传统知识不可能完全通过非灌输的方法教给学生。

五是布鲁纳的"发现法"教学。基本步骤：(1)设置问题情境，形成使学生感兴趣的问题，或者让学生在疑问中提出自己的问题。(2)针对选出的问题，提出解决问题的各种假设和答案。(3)引导学生收集和组织有关资料，以供发现和解决问题。(4)组织学生分析、比较资料，进行思考、讨论，以事实为论据验证假说。(5)引导学生将获取的新知识(即通过自己的发现得出的结论)纳入自己的认知结构中，并运用于新的问题情境中，使其得到巩固和深化，形成迁移能力。

六是奥苏伯尔"先行组织者"教学模式。主要步骤：(1)呈现组织者。组织者要精

---

① [爱尔兰]弗兰克·M. 弗拉纳根：《最伟大的教育家：从苏格拉底到杜威》，卢立涛、安传达译，72页，上海，华东师范大学出版社，2009。

心选择知识内容，设计呈现形式，有的是抽象的组织者，有的是具体模型组织者。[①]
(2)呈现新的学习任务和材料。新的学习任务和材料以讲授、讨论、放录像、布置作业等方式提供给学生。这个阶段有两件比较重要的事情：其一是集中和维持学生的注意力；其二是使学生明确了解材料的组织，以便有个整体的方向感。在呈现材料时，要做到逻辑顺序明确可循，以便学生了解观念间的关联性。(3)整合协调，加强认知结构。教师要设法让学生把新的信息纳入认知结构中去。具体做法有：其一，提醒学生注意每一个细节与整体结构的关系；其二，向学生提问，以了解他们是否理解学习材料；其三，允许学生发问，使他们对学习材料的理解能够超越上课的内容。

4.后现代教育范式

一是罗杰斯的"意义学习"或称为"非指导性教学"模式。主要有五个阶段：(1)确定帮助的情境。教师要鼓励学生自由地表达自己的感情。(2)探索问题。鼓励学生自己界定问题。教师要接纳学生所表达的情感，必要时要加以澄清。(3)形成见识。让学生讨论问题，自由发表看法；教师给学生提供必要的帮助。(4)计划和抉择。由学生计划初步的决定，教师帮助学生澄清这些决定。(5)整合。学生获得较深刻的见识，并做出较为积极的行动，教师对此要予以支持。

二是佐藤学"共同体学习"模式。主要特征：(1)小组合作学习。要实现课堂从安静、安心到安定，教师的信任与关怀发挥重要作用。(2)协同学习。学习共同体，围绕学科本质、倾听关系和冲刺挑战性问题，实现"协同学习"目标。(3)高年阶段的小组合作学习人数应控制在3~4人，以4人为主；低年阶段的小组合作学习人数应该以两人为主，即"成对"学习。[②]

与原始社会、古代社会、现代社会和后现代社会教育范式相协调的文化呈现如下。

对应原始教育范式的文化基础是神秘的力量。原始社会的人们相信，"神"主宰

---

① 注：所谓"组织者"，是在学习新知识之前提供给学生一种引导性知识内容的组织者，也称为"先行组织者"；它要比原有知识具有更高的抽象、概括和包容水平，并且与认知结构中原有的知识和要学的新知识都有清晰的联系。

② 翻转课堂、慕课、同课异构、高效课堂等本质上不构成教育范式。

万物；"巫师"是"神"与"人"沟通交流的中介；自然现象和人类社会生活、生产的福与祸也是"神"的旨意。因此，原始社会对儿童教育的范式，也是基于"神"的旨意，并通过"神"的考核，然后赋予"神"的启示，或称为原始社会的知识——观看一些事情，模仿一些事情和听一些事情。最后，完成学业——毕业，成为原始社会的成员。

对应古代教育范式的文化基础有两个阶段。一是教育与知识生产混合时期。构成自然界的基本物质和运行规律都隐藏在一切现象背后。人类只有通过对物质现象的不断思索和反省，才能逐渐认识事物，包括自然界、人类社会和人。而西方的"Logos"（逻格斯）和东方的"思"，通过人类个体的"猜想"与"对话"，揭示对自然界、人类社会和人的认识，生产有关自然界、人类社会和人的本体知识，从而形成不同的学派体系。二是"厚古薄今"与多元知识体系并存的文化时期。由于不同学派对自然界、人类社会和人有不同的认知体系，一方面广泛存在辩论；另一方面，各学派将本学派的知识体系视为具有"绝对""终极""神圣"的价值，在同一学派内是不可置疑的，从而在教学上形成只能服从权威、引经据典的氛围。

对应现代教育范式的文化基础是西方社会的"文艺复兴"和"工业社会"文化。文艺复兴解放了人的思想，推动了自然科学的迅猛发展，从而使"实证"文化取代了人类"思辨"文化；工业社会取代了农业社会；机械化取代了手工制作；工厂取代了民间作坊。科学知识一度被认为是最可靠的知识，科学方法是获取知识唯一而有效的方法。由此，科学家、思想家和哲学家积极主张进行科学教育；人文学科弱化，即对人的精神与情感关怀缺失。

对应后现代教育范式的文化基础是后现代的文化知识型。人类生产的不管是形而上学知识还是自然科学知识，不存在"绝对性""客观性"。其本质都是人类某阶段的认识，更不是人类纯粹个体精英发明的知识。知识的本质具有人文性，因而也就有了局限性。因此，必须抛弃绝对的、客观的、终极的知识信念，彻底反对知识霸权。人类生产的一切知识，不管是自然知识，还是人文知识；不管是地方性知识，还是缄默性知识，都是知识王国的一员。所有知识，要向每一种批判开放。人类要重新反思个体成长、社会发展与知识的关系。

"合作对话"教育范式的文化基础是"互联网＋人工智能"文化。基于人类科学技术的快速发展，人们基本物质需求得到了保障，转而越来越关注社会公共事务，社会参与普遍提高。特别是互联网、大数据和人工智能的快速发展，不仅改变了传统信息获取、知识学习等方式，更为他们提供了共议公共事务、参与社会事务的渠道。尽管许多是非正式渠道，但是由于社交媒体形成的特定人群、特定关注点，既表达了特定群体的诉求，又为社会管理提供了更多参考信息，还有力地促进了社会由管理向治理推进。由此，社会迫切需要提升人的整体素养和参政议政的能力。无疑，提升社会群体素养及其参政议政能力的责任势必落到教育上。然而，单纯追求知识量增加的传统教育，一无必要，二无可能。伴随科技的不断进步，在逐步解决了物质生存环境条件下，人们逐渐把视野转向了优化人类社会关系的建设中，以此实现人类追求物质最优和精神最优的目标，即人类的幸福生活。事实上，这是人类社会文明的重要标志。具体到组成人类社会的生命个体，就是要把他们培养成"最佳公民"。而实现"最佳公民"可持续性培养的有效途径就是构建理想教育文化。

对此，要在现实社会中，抽离出教育社会，从而揭示教育社会中理想的教育文化。如果把人类理想的教育文化，付诸于人类现实的学校教育中，无疑将真正实现对学校教育的改造，即建设人类社会理想学校，最终建设理想的人类社会。实践证明，理想教育文化及其教育范式——"合作对话"，揭示了人类社会教育追求的方向及其教育发生的本质规律，具有普遍意义。

四、"合作对话"式教育的现象学审视

众所周知，人类教育早于学校而诞生。从初始教育，到第一类教育乃至第二类类教育①甚至到互联网时代的泛在教育，客观上都具有教育者、受教育者和承载教育内容的教育资料三个要件。初始教育和第一类教育，更加凸显教育者地位，受教育者始终处于弱势地位。因为，教育内容完全隐藏于教育者之中，或者说，教育内容完全掌握在教育者手中。只有教育者"愿意"对受教育者实施教育，教育内容或知识才能传授给受教育者。当然，也只有受教育者"愿意"接受所传授的内容或知识时，教育才能够真正发生。由此，教育者和受教育者的"愿意"是教育发生的基础，而"愿

---

① 王世元：《教育文化构建的人性基础》，124 页，北京，北京师范大学出版社，2016。

意"的本质就是"合作"。但是，就人类教育而言，"合作"始终没有得到充分揭示，或一直被教育者的知识存储、教育方法和受教育者的智慧、努力程度所掩盖。

至于第二类教育或泛在教育，如果受教育者具备一定教育基础，或者受教育者掌握了教育发生的工具，即使没有教育者，只要有教育资料，教育也可以发生。因为，教育资料在一定程度上充当了教育者的角色，教育资料的丰富程度，就类似于教育者优秀与否。显然，教育资料既有教育者的身份，也有教育内容或知识提供者的角色。但教育发生的广度与深度，取决于受教育者自身及其拥有教育发生的工具质量以及受教育者与教育资料合作的意愿；或进一步说，受教育者决定其与教育资料合作的程度。因为，如果教育资料提供的合作程度满足不了受教育者的要求，那么受教育者将尽全力丰富教育资料，直到满意为止。因此，即使没有教育者，受教育者和教育资料的合作依然是教育发生的基础。教育者、受教育者与教育资料合作真诚度，直接影响教育发生效率与质量。

一方面，教育发生的基础是"合作"，而"合作"的基础首先来自人的情感，或者说，当人们从情感上不认同"合作"，"合作"是不可能发生的；另一方面，情感上认同"合作"、行动上如何"合作"直接影响到教育发生的效率和质量。历史和事实证明，教育者、受教育者与教育资料三者之间，只有不断地"对话"才能确保教育内容或知识准确、深刻、高效地传递给受教育者。当然，教育者对教育资料深刻性、丰富性的理解及其对受教育者灵性的认知直接影响"对话"主题的设计；或者说，只有适合的"对话"才能不断揭示教育内容或知识，从而使受教育者通过"对话"解构自身原有知识系统，进而建构新的知识体系。

诚然，受教育者具备一定教育基础，或已经拥有了足够的使教育发生的工具，就可以通过不断与教育资料"对话"，揭示教育资料内在的教育信息或知识，以此实现教育发生。在此过程中，需要受教育者不断与自身对话，从而解构自身原有知识体系，进而重构教育资料传递的教育信息或知识，以此实现新的知识结构。此时的"对话"质量和效率，完全取决于受教育者自身对教育资料"对话"主题的确定，及应用教育发生工具对"对话"主题的挖掘。应该说，受教育者直接与教育资料"对话"以此实现教育发生的难度，远高于在有教育者指导下实现教育的发生的难度。因为，有教育者指导下的"对话"，即使受阻，也能够寻求教育者的帮助，快捷地找到清除障碍的工具；而当没有教育者指导时，受教育者与教育资料的"对话"一旦发生阻碍，受教育者只能不断地与自身"对话"寻找或生成新的克服阻碍教育发生的工具，才能保障"对话"持续进行。由此，在没有教育者指导下的受教育者与教育资料的"对话"中断，也是一件常事。就是说，自学更需要循序渐进；否则，受教育者与教育资料发生持续"对话"的工具储备将会不足。

综上审视，人类教育发生的本质是"合作对话"。以此，可以进一步考察人类有史以来的教育范式。

原始时期，尽管没有严格的教育体系，但从原始"成人仪式"上依稀感受到"疏离、回归"的"合作"。然后，通过"鞭笞"与"观看一些事情，模仿一些事情和倾听一些事情"的"对话"，建构原始人的知识体系。

古代时期，教育的第一阶段，是师生建立在合作基础上，通过不断"对话"建构人类形而上学知识体系。第二阶段，教育者尽管以传授"圣人学问"为目的，但仍然使受教育者建构在对"圣人学问"崇拜的基础上，实现与其不断"对话"。从而，建构与"圣人学问"相一致的知识体系。

现代教育，从夸美纽斯"把所有事物教授给所有人的教育艺术"的规划——学校建设起，到赫尔巴特课堂教学程序：预习、提示、联合或比较、综合、应用，以及杜威的"做中学"、巴格莱的"心智训练"、布鲁纳的"发现法教学"、奥苏伯尔的"先行组织者"教学模式，"合作对话"始终贯穿其中。如果说，在不同教学范式中"合作对话"有所不同，那也是"合作对话"的组织方式不同而已。

后现代教育和现代教育，主要是知识观的差别。由于后现代教育主要是从文化的视角认识知识，所以后现代教育时期更凸显教育的人文性、情境性与合作能力的建构。除此之外，后现代教育把情感与认知统合起来，让情感和认知作为一个整体参与教育生长。比如，罗杰斯的"意义学习"、佐藤学"共同体学习"模式等。在某种程度上，"合作对话"不仅没有削弱，而且在情感方面得到了进一步加强。由此，"合作对话"从古至今都是不同时期教育家追求教育发生的本质。

发生"合作对话"的重要场所是家庭和学校。

我们知道，家庭是人生第一所学校，家长就是教育者。无可否认，每个家庭都希望孩子更好地成长。因此，家庭教育发生的基础——合作，是家庭中家长与孩子共同的愿望。然而，事实上，家长要么合作的意愿超越孩子合作的能力，要么剥夺了孩子合作的权利。家长的教育者身份，孩子的受教育者身份，以及家长掌握的教育资料，经常处于分离状态。因此，合作的基础经常被动摇，对话的主题直接被命令代替。家庭教育看似存在，其实，在一定程度上徒有虚名，或走向另一个极端。

学校是人类最伟大的创造之一。学校从建立起，教育者以及所有的教育资料，包括学校的时空设置，都服务于学生的生长。而受教育者既然选择了学校教育，实质上就表达了与学校"合作"的意愿。因此，"合作"是学校教育最本质的体现。"对话"不仅能够使教育发生，而且更能使教育发生深刻。事实证明，人类在经验的传授、知识的生产中，"对话"作为工具发挥了重要作用。由此可见，"合作对话"是学校教育最好的范式。

/ 第八章 "合作对话"教育教学理论工具及其操作 /

既然"合作对话"是教育发生的基本规律，就要将它更好地应用到学校教育教学及其管理中。为此，我们需要对学校教育教学及其管理工作做进一步考察，以便把握不同类型的工作本质。在此基础上，结合理想教育文化的实践研究，明确"合作对话"教育教学范式、工具库与方法论，结合学校在不同类型的教育活动中的应用实践，帮助读者理解"合作对话"范式的内涵，也为今后的工作实践提供借鉴。

一、对学校教育教学及管理类型的考察

学校是教育的专门机构，主要通过课程设置、管理机构、岗位职责对学生实施教育。为确保管理机构运转及其各岗位职责适应教育教学任务的需要，学校管理者要对教职工进行适时培训引导。据此，考察学校课程设置、活动设计、机构运行、学校管理等呈现出的教育教学类型如下。

1. 学科知识课程型

此类课程主要是通过传授概念、定义、公式、定理、原理、规律等具有较强认知、理解特点的相应学科思维方式的教育。一般具有较强的理论性、抽象性、系统性与结构性特点，如基础教育中的语文、数学、英语、物理、化学、生物、地理、历史、政治等课程教育。

2. 学科知识与技术课程型

此类课程是通过传授概念和技术知识，既具有理论性、抽象性、系统性、结构性的认知特点，也具有技术操作性特点的教育。或者说，仅通过纯粹认知学习，而没有技术训练，则不可能获得学科真正知识与技术的教育，如基础教育中的体育、

音乐、舞蹈、美术、劳动等课程的教育。

3. 研究性学习课程型

研究性学习课程是综合实践活动课程中的一个领域、一种理念，是指学生在教师指导下，通过选择一定课题，以类似于科学研究的方式去获取知识和应用知识的一种学习方式；因此，不同于学科知识型或学科知识与技术型的课堂教学活动。研究性学习具有探究性、自主性、过程性、开放性等特征，指向培养学生创新能力、解决问题能力、人际交往能力和关注现实的科学态度与科学精神。

4. 技术实践课程型

技术实践课程也是综合实践活动课程中的一种实践课程，注重运用各种工具、工艺(包括信息技术)，以项目学习为载体，凸显手脑并用，实现创意设计，以完成制作或创作产品、物品等为标志的项目学习。技术实践重在培养学生的技术思维和动手操作能力，如手工制作、动漫创作、创客活动等。

5. 开展活动教育型

此类教育是通过组织开展活动实施主题教育，主要通过学生参与、体验、应用学过的知识与技能完成预设的学习任务，其目的是从活动中获得丰富的实践经验，形成关于自然、社会与自我之间内在联系的整体认识。其特点：学生主体位置突出，时空相对宽松，注重实践生成，有目标预设但过程相对开放，既可以单独也可以合作，突出运用知识、技术、智慧解决问题、具有实战性等。考察探究、社会服务、社会体验、运动会、社团活动、艺术比赛等活动均属此类。

6. 规范与矛盾调处型

此类教育一是普遍要求引导学生遵守学校规章制度、共同维护学校各级组织形象，如遵守作息时间、文明礼仪、团结友爱、积极参加学校组织的各项活动等。二是调处学生与学校之间、学生之间、师生之间以及家长与教师之间的矛盾等。

7. 教师发展指导型

此类教育是通过提高教师职业发展，间接优化学生教育工作。它主要通过教师专业知识更新，教学方法、技能的改进与提升，规范教师职业道德等方式实施，如教师专业进修、课堂教学展示、课堂教学比赛、师德演讲、优秀教师设计报告等。

8. 学校发展规划型

此类教育是通过推进学校持续发展，实现更好的学生教育，主要由学校发展研究机构，如学校发展研究处或由校长、书记负责的综合机构执行，主要着眼学校教育教学未来发展的研究与规划等。

上述学校类型又可分为学生教学类、学生教育类和教师、学校发展类。学生教学类包括：学科知识教育型、学科知识与技术教育型、研究性学习型和技术实践教育型等课程类。学生教育类包括：开展活动教育型和规范矛盾调处型。教师、学校发展类：教师发展指导型和学校发展规划型。对此，理想教育文化的建构在学校师生发展中存在两种范式："合作对话"教育(管理)范式和"合作对话"教学范式。"合作对话"教育(管理)范式，一般适用于开展活动教育型、规范与矛盾调处型、教师发展指导型以及学校发展规划型的教学。"合作对话"教学范式，一般适用于开展学科知识课程型、学科知识与技术课程型、研究性学习课程型和技术实践课程型的教学。

二、"合作对话"教育教学范式

"合作对话"教育教学范式的确立一般有七个阶段。

第一，建立"合作对话"思想。首先，教育者和受教育者要有意识地建构合作成长共同体。其次，如果教育者是由具有相应能力的生命个体(或智慧机器人)担任，就要建立与受教育者"合作对话"的思想，而不是其他的思想。再次，教育者在此基础上，通过"对话"使受教育者认同、接纳教育者和受教育者组成"成长共同体"以及通过"对话"的方式完成"共同体"的任务。一般说来，这一阶段是"合作成长共同体"组建的初期，特别是第一次使用"合作对话"教育方式。"合作成长共同体"的"合作对话"思想一经建立，"合作对话"思想将在未来"合作成长共同体"内自动生成。如果教育者是非生命个体或机器人担任，就需要受教育者赋予学习资料、客观事实、实验现象等具有教育者"合作成长共同体"的角色。这一角色看似是被动的教育者，其实，这一教育者与受教育者的合作最真诚、最主动、最和谐，也最深刻。因为，该教育者随时随地听从受教育者调遣，无怨无悔地陪伴，直到受教育者发生了"内省"或深度"内省"后，该教育者角色才能真正退出。否则，教育者角色将持续存在，直至受教育者放弃"合作成长共同体"为止。

第二，明确"合作对话"目的、目标。教育者和受教育者构成"合作成长共同体"，其目的固然是成长，但是，"合作成长共同体"进行的每一次"合作对话"都需要有明确的目标，或是深化知识的理解，或是提高运用知识解决问题的能力，或是建构新的知识结构，或是通过解决某个问题或某个过程完善人格培养等。当然，"合作对话"的目标拟定，一般由教育者依据教育环节设定，并明示给受教育者。有时，也可以由受教育者直接或间接提出需要"合作对话"解决的问题。"合作对话"的目的，在实施前一定是明确的。

第三，确定"合作对话"主题。教育者依据受教育者的成长及问题解决情况安排对话内容。一般说来，主题需要得到受教育者的认同。但传统教学中，这一环节经常被省略，或者说被"强迫"认同。主题是教育者与受教育者之间的话题。一方面，如果话题唤醒不了受教育者的兴趣，"合作对话"难以持续；另一方面，主题标志着"合作成长共同体"所关注话题的深度、高度与广度。它在纵向上，体现出时间的跨度；横向上，体现出空间的跨度。如果对话主题是单一问题或矛盾现象，则通过"合作对话"使问题解决，实现"共同体成员"的成长。如果对话主题具有层级性，使"合作对话"层层递进，那么随着对话主题层级的提升，"合作成长共同体"成员也实现了提升。因此，对于系统的学科教育教学及管理，主题设计要做好系统的统筹安排。首先要确定学年、学期的主题，其次要确定月、周主题，再次要确定最小的单元对话主题(每节课或每个具体活动)。当然，学年、学期、月、周、单元对话主题的安排，要在其最初时间与受教育者共同完成(一般由教育者主导、受教育者参与)。

第四，筹备"合作对话"活动，形成活动方案。在确定对话内容时，根据对话主题，选取对话内容，把对话内容分解成不同的任务，设计层次分明的活动，以支撑活动主题任务的完成。在准备资料时，教育者根据学年、学期、月、周及单元对话主题(上课、座谈会、研讨会等)内容与任务选取素材，统筹各项资料、设备设施、人力资源等。时间上，要从"长"到"短"，即从年度、学期、月度、周到日计划的安排进行统筹；再从"短"到"长"，即日、周、月度、学期到年度计划等进行逐项落实。教育者或组织者要根据不同主题对话需要的空间与时间进行准备。其中，时间准备包括主题对话需要的总时长、各对话环节的时长等；空间准备包括主题对话需要的空间跨度、具体单元空间布置以及对话主体对空间的流动再造等（流动坐标系建设①）。教育者还要尽可能对受教育者的知识储备、身心发展情况、不同受教育者性格特点、能力、兴趣与爱好等方面做充分了解即做好认知准备。此外，教育者根据对话主题发生的条件，依据时空跨度情况和受教育者的能力、性格、性别、知识储备情况，做好"对话单元"结构组织准备。值得说明，"对话单元"结构不是由教育者指派，而是受教育者依据教育者对"单元结构"要素的要求进行自行建构。例如，学科课堂"对话单元"结构审核评估组评估通过后，应报教育者审核备案。

第五，组织实施"合作对话"。一是要告知主题。教育者根据年度、学期、月度、周、单元对话主题，实施总主题告知与分主题提示。二是要抓好"基本单元"②对话主题的落实。"基本单元"时间相对较短，主题也相对聚焦，所以教育者围绕"基本单元"对话一般以2～3个次主题为宜。由此，教育者通过调控这些次主题的"基本单元"对话，就实现了"单元"主题对话的生成。三是要抓好阶段主题衔接。教育者在告知总主题对话和各阶段主题对话时，其目的是让受教育者感知建构系统的结构框架。因为，在对话过程中受教育者聚焦在主题或次主题的对话上，不易感受到知识系统的结构框架。

第六，建构"合作对话"成果。"合作成长共同体"围绕对话主题开展一系列对话活动。其结果可能是弄清了一个问题，形成了新的认知；可能是学习了新的研究方法，获得了一种新的技能；也可能是澄清了一个观念，拓宽了思维视野；还可能是在经历了一个过程后，完成了一项任务，悟出了一个道理。在这个过程中形成的认知、方法、技能、观念、视野、道理等都是零散的，需要教育者以"逆推"的方式，依次建构知识、方法、能力或人格等。

第七，对"合作对话"的评估（评价）。一是要通过评估，不断反思、修订、完善活动。评估（评价）环节不仅贯穿在每个阶段，而且在完成对话环节后还要进行累进式评估。比如，评估既贯穿在"合作对话"思想建立的阶段，也贯穿在"合作对话"主

---

① 以教育者为坐标原点，时间、空间为坐标轴建立的坐标系。作为坐标原点的教育者的流动带来坐标系的流动，从而改变空间结构，实现对空间的再造。空间再造的本质是重塑"对话主体"间的距离与关系。

② 最小的主题或次主题对话活动，如课堂教学、研讨、论坛等。

题确定的阶段，更贯穿在两个阶段衔接后的结果中。评估的根本目的，就是确保"合作对话"每个环节及其各环节衔接的顺畅。二是要通过评估，掌握"合作对话"主题达成度及"成长共同体"成员的生长情况。三是要通过评估，掌握"合作对话"所需要物质资源、人力资源、经济投入、时间成本、安全因素等情况，以此评估"合作成长共同体"成员成长的效果。

三、"合作对话"工具库与方法论

"合作对话"是建立在理想教育文化基础上的，因此实施"合作对话"式教育(管理)教学使用的工具及方法只能由理想教育文化提供，并运用于理想教育社会中的理想学校、家庭、社会教育(管理)教学。

（一）工具库与方法论

"合作对话"的基本工具："尊重、民主、责任、科学"。

"合作对话"的认知工具："实践、问题、方法、工具、技术、表述"。

"合作对话"的非认知工具："灵动能力、生命修为、情志追求、合作要件、意志品性、批判思维"。

"合作对话"的方法论：教育者的教育(管理)教学方法论包括"扰启、内省、质疑、实践"。受教育者的生长方法论包括"独立、追求、养控、审美"。

（二）工具使用说明

1. 基本工具使用

(1)教育者和受教育者特别是教育者，要明示自己拥有"合作对话"基本工具"尊重、民主、责任、科学"。(2)要知道基本工具的基本要求：尊重，首先是对人的，其次是规律，由此可以衍生一系列尊重的行为。民主，首先要有民主的意识，其次要有民主的能力。责任，首先要清晰责任的固有性，其次要清晰责任的约定性。科学，首先要有科学精神，其次要有科学的方法。(3)使用步骤：①安装"尊重、民主、责任、科学"基本工具，对此，理想教育社会对安装基本工具的教育者称之为"最佳公民"。由于每个公民基本工具的质量不同，所以，"最佳公民"程度亦有不同。②基本工具使用顺序：尊重是基础，民主是在尊重基础上的表现形式，责任是保障尊重与民主可持续性，科学是保障工具使用效率与效益。③基本工具"尊重、民主、责任、科学"可长期使用，重复交替。④做好基本工具"尊重、民主、责任、科学"经常性维护，与时俱进是基本工具的时代特征，"反思"是维护基本工具的"工具"。

2. 认知工具的使用

(1)教育者要明确拥有认知工具"实践、问题、方法、工具、技术、表述"。(2)教育者要充分认识、理解认知工具的使用价值，如实践是指人类或个体的实践活动，在实践中产生问题(不是臆想的)，人类为了解决问题就要不断地寻找方法，制造工具，形成一定的技术，最后对问题进行科学解释，形成表述——知识或共同认可的结果。(3)使用步骤：①安装认知工具"实践、问题、方法、工具、技术、表述"。②按照认知工具"实践、问题、方法、工具、技术、表述"的顺序使用。③由于认知工具的功能不同，使用时不可平均用力，不同阶段要突出某认知工具的功能，如方法、工具、技术等功能的作用。④做好认知工具的更新，与时俱进是认知工具的时代特征，"改进"或"发明"是更新工具的"工具"。

3. 非认知工具的使用

(1)教育者要明确拥有非认知工具"灵动能力、生命修为、情志追求、合作要件、意志品性、批判思维"。(2)要充分认识、理解非认知工具"灵动能力、生命修为、情志追求、合作要件、意志品性、批判思维"含义及功能，如灵动能力，既有智力方面、情感方面的能力，也有技术等方面的能力，直白地说"聪明程度"；把灵动能力、生命修为作为非认知工具中的基础性工具，将情志追求、合作要件、意志品性、批判思维作为功能性的专用工具使用。(3)使用步骤：①安装非认知工具"灵动能力、生命修为、情志追求、合作要件、意志品性、批判思维"。②使用非认知工具中的灵动能力、生命修为为基础性工具对其对象进行诊断，而后充分运用专用工具"情志追求、合作要件、意志品性、批判思维"的专长。③专用工具的功能，不仅可改善非认知工具中的基础工具"灵动能力、生命修为"的性质，而且可以提升认知工具性能，由此可结合使用。④维护好非认知工具，要有意识维护、巩固非认知工具中的专用工具的功能，并作为维护非认知工具中基础工具的"工具"。

4. 方法论的使用

一是教学方法论。(1)要认知、理解教学方法论"扰启、内省、质疑、实践"等核心概念，如扰启不仅具有扰动启发之意，而且具有干扰扰乱之意。所以，扰启不需要等待，这是与传统"启发"概念不同的方面。只要教育者认为可能或有必要均可对受教育者给予实施扰启。质疑和实践，都是为了使受教育者发生内省或深度内省提供的不同方法论。内省在教育方法中，既是方法又是目标。(2)要清晰教学方法论不是教学方法。方法论是为教育者提供的筛选基本方法的理论。如扰启是方法论，可针对不同学科、不同教学内容，确定不同的扰启方法——实验现象、社会现象、游戏活动、历史事件等。由此，教学方法论的使用要融入学科与内容，融入学生身心特点与教育者的教育风格中。(3)使用步骤：①安装教学方法论"扰启、内省、质疑、实践"工具。②在充分运用基本工具、认知工具、非认知工具的基础上，根据教育教学内容或核心问题以及"合作对话"实际情境，选择方法论中的方法要素，以此确定对应的方法。扰启、质疑、实践的选择与使用可交替进行，但都要围绕着受教育者内省的发生，而内省方法论是教育者追求的过程和目标。因此，内省只是在受教育者身上表现出来，且能够被观察到的现象。③教学方法论中具体方法的使用契机，由基本工具、认知工具和非认知工具决定，因此，需要"时刻准备着"。④在教育方法论中具体方法的指导下，要有意识通过理论到实践，再到理论，再到实践……不断丰富方法库建设。

二是生长方法论。(1)要明确生长方法论是受教育者生长的工具，因此，使用工具的对象是受教育者。(2)生长方法论工具，需要由教育者对受教育者一方面给予明示，另一方面在构成"合作成长共同体"的过程中进行培训。因此，"合作对话"是培养、塑造受教育者生长工具的最佳途径。(3)生长方法论使用步骤：①安装生长方法论"独立、追求、养控、审美"。②充分理解生长方法论的工具性，自觉运用"独立"方法论中的基础性作用、追求方法论中的动力性作用、养控方法论中的约束性作用、审美方法论中的层次性作用及其方法论的使用价值。③生命个体约束自己在实践中应用生长方法论，作为生活、学习、工作的基本方法。④做到一边使用一边维护，确保方法论的时代特征。

四、"合作对话"教育教学范式应用

(一)"合作对话"教育范式

学校教育存在的形态,就是促进人成长的各种教育活动。按照学校教育活动的分类,有两类针对学生的教育,有一类针对教师的发展,有一类针对学校的发展。以下四类学校教育活动适用于"合作对话"教育方式。

寓教育于活动型

寓教育于活动之中,是学校教育和教学两项重点工作之一。学校教育活动的设计与安排,本质上体现了学校教育文化的追求。学校常规的教育活动主要有开学典礼、升旗仪式、班团活动、课外活动、运动会、社会实践活动、春秋游活动、成人仪式、节日活动、演讲比赛、辩论赛、艺术节、社团活动(文学社、书画社、器乐社、围棋社、足球社、篮球社、科技社等)。学校特色或品牌活动如某校"中华民族传统美德教育的系列活动——传统美德教育、爱国主义教育、诚信教育、感恩教育""诵读古今文化经典,领悟中华文化智慧活动""中华寻根之旅活动""科技文化艺术节活动"等。不管是学校常规教育活动,还是特色或品牌教育活动,经过一段时间后,经常存在程式化的执行通行规定,因而丧失应有的教育活动功能,进而丧失学校活动特色。"合作对话"教育范式,能够限制程式化的执行通行规定,比如基础教育阶段学校常规活动的运动会。

学校按照年度计划通常组织学校运动会。由此,学校专门机构(如学校政教处、德育处、学生发展指导处、体育教研组等)进行年度策划,依据"合作对话"教育范式分为七个步骤。第一步,组织机构从思想上明确"与师生组成合作成长共同体",进而应用"尊重、民主、责任、科学"基本工具进行组织策划。基于学校体育核心素养的培养,在日常体育"两课两操"基础上,学校举行春季竞技类运动会和秋季达标类运动会,以此对学校体育教育进行测验,进而建构体育学科知识、技能与人格结构。

第二步,明确春、秋季运动会的目标。组织机构应用"认知工具"和"非认知工具",结合"两个方法论",明确春季竞技类运动会的目标:培养勇敢、顽强、进取与智慧的体育精神。秋季达标类运动会的目标：落实体育锻炼标准，促进学生身心健康成长意识。

第三步，确定春季竞技运动会的主题：拼搏、竞争、卓越与合作。依据学校体育工作条例，以田径项目为主，规模较大的学校以年级为单位实施班级对抗赛；规模较小的学校可联合学区，以学校为单位实施学校对抗赛。通过横向对抗赛，体现拼搏、竞争，通过学校或学区历史性对抗赛成绩，倡导、鼓励学生追求卓越。通过班级或学校集体对抗赛，培养学生集体主义精神、合作意识与能力以及"知己知彼"的认知智慧。秋季达标运动会主题：参与有我，为集体争光。以班级或学校为单位，评比"参与率""达标率"和"优秀率"，以此促进学生体育健康意识。

第四步，筹备春、秋季运动会，形成方案。按照学校年度计划，依据时间先后顺序筹备春、秋季运动会。从组织筹划、项目发布、竞赛规则或达标标准、参与范围与主体、场地器械准备、组织机构(包括大会组委会、宣传广播组、场地器材组、裁判组、仲裁组，编排记录组、后勤组等)。对此，学校真实意图则是让学生以班级为单位，应用"基本认知工具""非认知工具"和"生长方法论"贯穿完整的筹备过程，实现学生的生长。

第五步，运动会组织实施。这是"合作对话"教育的实战阶段。一是检验筹备阶段"合作对话"成果；二是在实战中实现班级与班级或学校与学校的集体对话，实现学生个体之间的对话，实现学生个体与自身对话，实现学生个体与项目对话等。在"对话"中运用"基本工具""认知工具""非认知工具"并真实地体验"生长方法论"。

第六步，体育知识、技术建构与人格塑造。通过从筹备到实施运动会的全过程，学校进行"育人"教育总结：主要目标是否实现？班级要进行"育人"教育总结：友谊第一，比赛第二。事实上，学校运动会的整个过程，都在增进学生智慧与人格塑造。不管是春季竞技运动会，还是秋季达标运动会，学校运动会最大的成绩，不是比赛成绩的具体结果，而是运动会过程形成的学校教职工团队、师生团队、班级团队及其学生个人的友善、坚持、勇敢、进取、智慧、合作等缄默知识的形成。

第七步，运动会评估与评价。由于评估与评价贯穿在运动会的所有环节，当然，也包括运动会后，知识、技能建构与人格塑造环节。这一环节，既保障"运动会教育活动"中"合作对话"范式的完成，也为未来学校"运动会教育活动"中"合作对话"范式的坚持与改进提供依据。

规范与矛盾调处型

规范教育与矛盾调处是学校教育中重要的教育活动。规范教育的目的在于引导学生建立人类群体意识、规章制度、法律法规意识。学校通过引导学生的意识，约束学生的行为，形成良好的教育教学秩序。规范教育是学生在学校中的重要社会化过程。矛盾调处也是学校教育中常规的教育活动。构成学校"成长共同体"的师生存在思维和认识上的差异，对同一问题或现象可能形成不同的观点，进而形成不同的处理方式或表现出不同的行为方式。师生之间、学生之间产生矛盾是正常的现象。因此，矛盾调处是学校教育中普通的教育现象。

学校规范教育主要分两个层面：国家层面，有《中小学生守则》和《中小学生日常行为规范》等；学校层面，有《一日常规》《课堂常规要求》《爱护公物制度》《自行车管理制度》等。不论学校层面规范要求的多少，就规范教育效果而言，"合作对话"教育范式更有利于学生规范教育的发生。

以《中小学生日常行为规范》(以下简称《规范》)教育为例。第一，学校教育处室负责人，要从思想意识上，充分运用基本工具"尊重、民主、责任、科学"建立与学生构成"合作成长共同体"。即不仅要求学生遵守日常行为规范，而且教师也要落实日常行为规范，并做好表率。第二，明确《规范》教育目标：让学生知晓《日常行为规范》要求，且能够自觉践行《规范》。第三，确定《规范》教育对话主题：《中小学生日常行为规范》。围绕对话主题设定次主题：(1)自尊自爱，注重仪表。(2)诚实守信，礼貌待人。(3)遵规守纪，勤奋学习。(4)勤劳俭朴，孝敬父母。(5)严于律己，遵守公德。第四，筹备《规范》教育对话，形成方案。如果对起始年级学生进行《规范》教育，负责教育的学校负责人，应用"基本工具""认知工具"和"非认知工具"以及"两个方法论"做好四方面的筹备：(1)要充分了解学生对《规范》认识和日常生活行为情况以及学生心理、身体发育状况等。(2)《规范》文本准备、时间安排，如班会、校会或其他活动时间。(3)策划《规范》教育对话形式，如报告会、讨论会、辩论会、演讲会、座谈会等。(4)策划榜样引领，如开展"选、树、学"活动，宣传学习榜样人物及事迹活动等。第五，实施《规范》教育的对话。按照筹备的四方面，开展学生之间、学生与文本之间、学生与自身日常行为方面的对话。与此同时，教育组织者，如班主任，要充分利用教学方法论"扰启、内省、质疑、实践"和学生生长方法论"独立、追求、养控、审美"推动"合作成长共同体"成员的生长。第六，对《规范》认知与行为的建构。一是通过开展"典型行为"辩论会等方式建构；二是通过"选、树、学"活动等形式建构。第七，对《规范》教育评估、评价。一是始终应用"工具库"中的"工具"对每一环节进行实时评估，确保"合作对话"范式各环节的有效性；二是通过评估、评价《规范》认知与行为建构的效率与效益，修订完善未来《规范》教育活动。

众所周知，学生之间、师生之间甚至家长与教师之间、家长与学生之间的矛盾等，需要学校教育机构调处。对此，矛盾调处的责任人，如果能够充分运用"合作对话"教育范式，矛盾调处将收到更好的效果。首先，责任人要充分拥有基本工具"尊重、民主、责任、科学"，并从思想、意识上要与矛盾双方构成"合作成长共同体"。其次，责任人要有明确的目标：让矛盾双方和解并建立友谊。再次，确定矛盾调处主题：只限于矛盾双方产生的问题。第四，筹备矛盾调处，形成"心中方案"。一般说来，学校矛盾调处具有"应急"的特点，即留给矛盾调处责任人的时间紧迫。然而，"筹备矛盾调处"依然不可或缺，如筹备矛盾调解的空间与环境、筹备"矛盾静置"的时间、筹备矛盾双方陈述的顺序等。第五，实施矛盾调处。充分运用矛盾调处的"基本工具""认知工具"和"非认知工具"以及"两个方法论"。如运用"尊重"工具，可转化为倾听，产生共情；运用"问题"工具，可寻找解决问题的方法；运用"方法"工具，可找到解决问题的"工具"；运用"技术"工具，实现矛盾解决；运用"养控"工具，可有效缓解矛盾冲突；等等。第六，对矛盾认知的建构。矛盾双方，通过调处达成和解，建构共同认知、彼此理解，实现共同成长。事实上，矛盾双方在调解的过程中就得到了建构。第七，矛盾调处责任人对矛盾调处每一环节要及时评估、评价，并做好及时修订完善，提高矛盾调处效果与效益。

教师发展指导型

"合作对话"教育范式，不仅适用于学生教育，而且适用于教师发展。但是教师发展教育，又不同于学生教育。因为，教师既是一种职业，也是一种专业。从职业的视角审视教师，是教师作为"人"生活的一种方式，是"人"全部生活的一部分。也就是说，教师作为"人"不仅教书育人，而且还有自己的生活。从专业的视角审视教师，教师具有不可替代性。由此，教师发展，一需要处理好职业与生活的关系；二需要处理好职业与专业发展的关系。在两个关系的处理上，学校组织对教师具有协调指导作用。而"合作对话"范式架起了学校与教师发展的桥梁。

首先，学校要运用基本工具"尊重、民主、责任、科学"构建与教师构成"合作成长共同体"的思想与意识。其次，制定"合作成长共同体"发展目标：合格教师或优秀教师。再次，确定"合作对话"主题。分为两个方面：一是职业发展与生活关系方面的主题；二是职业与专业发展关系方面的主题。"对话"主题的确定，可运用"认知工具"和"非认知工具"对两方面关系做充分分析确定。不管是年轻教师，还是有一定经验的教师或资深教师，要么需要职业技能的提升，要么需要专业的再发展。总之，教师职业与专业的二重性伴随教师职业一生。第四，筹备"合作对话"活动，形成方案。如筹备对话方式，青年教师座谈会、教师才艺展示活动、教师优质课展示、优秀教师报告会、对教师节日关怀与慰问、为教师创造重要培训机会、广泛开展交流活动等形式。第五，"合作对话"组织实施。由学校不同机构组织落实，如教师专业成长类合作，"对话"活动由教师发展指导处或教学处等部门落实；关心关怀慰问类活动，由工会组织部门落实；青年教师座谈会可由党团组织部门落实；优秀教师事迹报告会，由学校办公室牵头组织落实。第六，建构发展认知。既要通过"合作对话"活动本身进行认知和行为建构，又要通过"选、树、学"宣传人物事迹进行建构。第七，对"合作对话"做好评估、评价。既要对每个环节做好评估评价，做到及时完善；又要对"合作对话"全过程做好评估评价，为未来开展"合作对话"式活动提供经验。

学校发展规划型

学校教育不仅要适应社会的需要，而且要引领社会的发展，因此具有时代性特征。由此，做好学校发展规划，"合作对话"范式提供了学校规划研究平台，因为"合作对话"范式，既要求所有成员组成"合作成长共同体"，又积极寻求使每位成员发挥更大智慧。

负责学校发展规划的责任人要实施以下行为：第一，运用基本工具"尊重、民主、责任、科学"构建与师生、校友、家长、学者等相关人员形成"发展共同体"。第二，制定学校发展目标。充分利用"认知工具"，对学校现状做好分析确定目标。第三，确定"合作对话"主题和次主题，如学校发展定位问题、教师队伍建设问题等。第四，筹备学校发展规划"合作对话"活动，形成方案，如对话群体的确定，校友、专家、教师、学生、家长等；对话方式的确定，座谈方式、研讨方式、问卷方式等。第五，发展规划对话的实施。充分运用"基本工具""认知工具"和"非认知工具"及"两个方法论"唤醒"合作对话"成员的智慧。第六，建构发展规划的认知。从对学校发展现状的认识，到未来发展的方向，以及存在问题、解决对策等方面进行认知建构。第七，对"合作对话"评估、评价。一方面，对每个环节做好评估评价，做到及时修改、完善；另一方面，对"合作对话"全过程做好评估、评价，为未来开展"合作对话"活动提供借鉴。

"合作对话"教育(管理)范式，除适用于学校"活动教育""规范和矛盾调处教育"外，也适用于家庭教育和社会教育。关于"活动教育"，家长创设的活动教育可分为三个阶段：学龄前、儿童(小学)阶段、青少年(初中、高中)阶段。三个阶段活动教育的设计安排，要突出受教育者身心发展水平。如学龄前期，家长或陪护幼儿成长者，一要设计安排家庭时空活动教育；二要主动设计安排户外时空活动教育；三要主动设计安排幼儿间活动教育①。再如，家长对儿童阶段活动教育要直接参与，并有针对性地设计安排活动，包括学生寒、暑假的活动安排。但是，对初中、高中学生活动教育的安排，应由学生本身主导活动过程，家长在合理性基础上给予支持。

关于"规范和矛盾调处教育"。因为"合作成长共同体"是家庭组织特有的属性，"合作对话"教育(管理)潜隐在家庭生活之中，所以，家庭教育不仅是生命个体社会化的第一个场所，而且更需要家长运用"合作对话"教育(管理)范式。"矛盾调处教育"受制于矛盾双方角色的变化，家长不要成为与孩子对立的一方，否则，在家庭场域就失去了

---

① 当前城镇幼儿间活动教育明显不足。

矛盾"调处"机制，使"矛盾调处教育"功能丧失。因此，家庭场域矛盾调处教育必须建立在"合作对话"机制存在基础之上，即家长不要成为孩子矛盾的对立方。

至于社会机构教育，按照"合作对话"教育(管理)范式的要求，参照家庭教育和学校教育进行组织建构。

(二)"合作对话"教学范式

教学活动是学校课程实施的外在表现，而教师对课程的理解和运作是内在表现——教师在教学理念的指导下，对课程标准的理解、参考书的学习、学科研究资料、教材的使用以及以往的教学经验等。通常以编制的教学方案加以呈现。按照古德莱德"理想课程、正式课程、领悟课程、运作课程、体验课程"课程实施的划分，"运作课程"和"体验课程"则为教师的教学过程，而"领悟课程"则是教师对"正式课程"理解和运作，进而编制教学方案的过程。① 由此，教师是教学活动最基础、最关键、最活跃的要素。教师教学理念、学科素养、学情分析、教学目标、实施策略、评价与反思等直接影响学生"课程体验"。对此，学科教师课堂教学，是建立在教师自身具有学科素养基础上，依据学情及课程标准，制订学期教学计划、教学目标，并通过单元或模块教学任务、教学目标的完成，实现具有学科规格人才的培养。因此，课堂教学是教师完成单元或模块教学目标任务的分解。所以课堂教学方案，即教案的编制，其基础来自单元或模块教学方案的设计。由此，单元备课和课时备课既是完成教学活动的基础又是关键。②

1. 单元或模块备课

第一，教师要树立学科"育人思想"，而不只是"知识传授"。在最佳公民"尊重、民主、责任、科学"素养的基础上，有意识或思想与学生建构"合作成长共同体"。对此，备学生生长环境、生活经验和已有的知识储备、非认知要素"灵动能力、生命修为、情志追求、合作要件、意志品性、批判思维"以及学生生长方法论"独立、追求、

---

① "理想课程"指课程开发者所设想的课程方案或架构；"正式课程"是由教育行政部门规定的课程计划、课程标准和教材；"领悟课程"是任课教师所领会的课程，是教师对正式课程的认知和解读；"运作课程"是教师在课堂上实际实施的课程；"体验课程"是指学生实际感受和体验到的课程。

② 在单元备课基础上的课时备课教学总效果，好于在非单元备课基础上单元教学总效果，即有1+1>2的作用。

掌控、审美"的运用。

第二，确定单元或模块学习目标。依据理想教育文化认知要素"实践、问题、方法、工具、技术、表述"确定学生学习的知识目标、能力目标；依据非认知要素"灵动能力、生命修为、情志追求、合作要件、意志品性、批判思维"确定人格培养目标。

第三，明确单元或模块主题或次主题。根据学习目标，结合学科标准、教材、教师教学建议和已有的教学经验，确定单元主题或模块主题和次主题。在主题、次主题明确的基础上，确定单元或模块教学的课时计划，即课时数。

第四，准备单元或模块主题或次主题的活动，形成方案框架。依据认知要素"实践、问题、方法、工具、技术、表述"：(1)备单元或模块知识生成的逻辑结构。(2)备构成单元或模块主要知识内容：概念、原理、公式、定义、定理等；在此基础上，确定知识的重点和难点。(3)备单元或模块支撑未来知识生成的结构和能力需求。(4)备学科发展前沿信息与技术。(5)备操作流程及主要教学资源。依据教师教学方法论"扰启、内省、质疑、实践"和学生生长方法论"独立、追求、养控、审美"：①备主题或次主题"时空"建构；②备主题或次主题"合作对话"的组织形式；③备主题或次主题"合作对话"的活动设计；④备"合作对话"所需用设备设施，如多媒体技术、教师实验、学生实验、学生教具等；⑤备实践应用，包括情境试题、阅读资料、实践体验等。

第五，单元或模块主题、次主题活动的实施。按单元或模块整体课时安排，提前一周或至少2~3天准备到位；然后，依次落实到课堂教学的组织实施中建构理想教育文化样态课堂——"合作对话"时空课堂(见图8-1)①。由于单元或模块主题或次主题具有"预设性"，难免出现与事实不符的情况，教师要结合单元或模块教学实际做适度调整或修正。

---

① "合作对话"时空课堂，其坐标原点(000)为课堂教学时空的起始点，即课堂教学一经开始，教学主题、教学时间、教学空间就已经明确。随着教师教学的组织，教学主题依次转化为教学的次主题。教师在教学空间"流动"的同时，重新构建了与学生的空间距离，并传递一种教育教学艺术。此时，随着以教师为坐标原点的坐标系的"流动"，教师对课堂教学的空间进行不断地建构。由此，课堂教学时空充满了教育变换的无穷魅力。

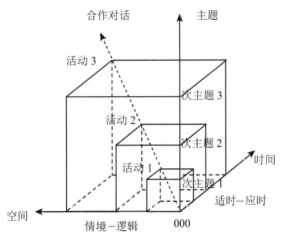

第六，备单元或模块知识、方法、能力、人格建构。根据教学目标、学科标准、人格修养的追求，建构逻辑或非逻辑知识、方法、能力等结构体系。

第七，应用理想教育文化，"一个价值观、两个方法论、十二个教学策略、三个真正落地"①，对单元或模块备课进行评估、评价，确保单元或模块备课整体或某个环节得到及时补充或者改进。

2. 学科知识教育型

在单元或模块备课的基础上开展"合作对话"式课堂教学。由于学科知识教育型，具有概念、定义、定理、定律、公式、原理、规律等较为抽象的系统的理论体系，如，自然科学(物理学、化学、生物学等)和社会科学(经济学、政治学、历史学等)；所以"合作对话"更加凸显理解性、逻辑性、抽象思维与抽象概括等能力的运用。

第一，教师以最佳公民{尊重 民主 责任 科学}集合素养与学生建构"合作成长共同体"，即充分运用"最佳公民"拥有的工具，着眼于课堂教学设计。

第二，依据教学内容、教材、课程标准、教师参考书、学科资料确定教学目标、重点、难点知识以及主要方法与能力。

第三，确定教学主题或次主题，承载主题或次主题的教学内容与活动。在此基

---

① "一个价值观"，指培养最佳公民；"两个方法论"，指教师教学方法论，"扰启、内省、质疑、实践"和学生生长方法论"独立、追求、养控、审美"；"十二个数学策略"，包括认知策略：实践、问题、方法、工具、技术、表述与非认知策略：灵动能力、生命修为、情志追求、合作要件、意志品性、批判思维；"三个真正落地"，指让社会主义核心价值观真正落地，让学生发展核心素养真正落地，让减负真正落地。

础上，充分运用教学内容呈现的认知要素"实践、问题、方法、工具、技术、表述"工具和非认知要素"灵动能力、生命修为、情志追求、合作要件、意志品性、批判思维"工具，拟定能够唤醒学生"对话"意愿的话题或者活动。依据教学方法论"扰启、内省、质疑、实践"和学生生长方法论"独立、追求、养控、审美"，拟定与学生"合作者"、与学生"对话者"，即"师生对话""学生间对话""学生与实践对话""学生与实验对话""学生与资料对话""学生与自身对话"等。

第四，筹备课堂教学，完成教学方案，即教案。(1)课堂教学——"合作对话"需要的时空建构，如小组成长共同体划分、实验室中设备设施准备等。(2)"合作对话"活动所需资料，如学习任务单设计、学具准备等。(3)"师生对话"需要的多媒体工具准备等。(4)实践应用所需材料等。

第五，"合作对话"课堂教学实施。教师按照教学方案的预设，运用教学方法论"扰启、内省、质疑、实践"和学生生长方法论"独立、追求、养控、审美"组织开展对话活动。如"活动对话"——学生实验，或开展集体活动、开展小组活动、学生自身等的活动"对话"；实现认知要素"实践、问题、方法、工具、技术、表述"等工具建构和非认知要素"灵动能力、生命修为、情志追求、合作要件、意志品性、批判思维"等工具建构。再如，"问题或现象"诠释对话。通过应用认知工具对"问题或现象"的诠释，获取新知识、方法与能力建构。与此同时，运用学生生长方法论"独立、追求、养控、审美"促进非认知要素"灵动能力、生命修为、情志追求、合作要件、意志品性、批判思维"工具的实现。

第六，课堂教学"合作对话"知识建构。课堂教学"合作对话"后生产的知识、方法、能力与人格塑造，要通过逻辑的或非逻辑的方式，建构学生新知识、方法与能力体系，包括"知识树""方法库"与"工具架"的建构。

第七，评估与评价。教师运用"一看、二听、三思考"，即一看"师生＋时空"的构建；二听：一听主题和次主题的设定，二听"两个方法论"及"认知要素"与"非认知要素"的运用；三思考：一思考教师合作的真诚度，即满足"四个原则"①。二思考知

---

① 合作的基本原则，遵循美国语言哲学家格莱斯提出的数量原则、质量原则、关系原则和方法原则。格莱斯认为人们在谈话中遵守的原则包括四个范畴，每个范畴只包括一条准则和一些准则。

识与能力的建构体系及育人效果，三思考课堂教学目标的达成度。

3. 学科知识与技术教育型

众所周知，只有既关注学科理论知识传授，又关注学科技术体验，才有可能更好地开展学科知识与技术型教育课程的教学。因此，"合作对话"教学范式，不仅要关注与"理论知识"对话，也要关注与"技术体验"对话。

以美术学科教育为例。第一，教师要从思想或意识上与学生建构"合作成长共同体"，运用最佳公民"尊重、民主、责任、科学"素养工具，着眼于认知要素"实践、问题、方法、工具、技术、表述"和非认知要素"灵动能力、生命修为、合作要件、意志品性、批判思维"工具的使用实施美术学科教育。

第二，在美术学科单元或模块备课的基础上，根据课程标准、教科书提供的教学资料，确定课堂教学目标及教学重点和难点。如《义务教育美术课程标准(2011年版)》七至九年级"造型·表现"学习领域的目标："有意图地运用线条、形状、色彩、肌理和明暗等造型元素以及形式原理，选择传统媒介和新媒介，探索不同的创作方法，发展具有个性的表现能力表达思想与感情。"以《人民美术出版社》教科书七年级上册《手绘线条图像表达——会说话的线条》一节课为例。课堂教学目标：初步认识不同线条形状、形态的组合，有不同的表现能力和感情表达。教学重点：不同线条形状、形态有不同的表现力。教学难点：综合运用线条形状、形态表达主题。

第三，明确《手绘线条图像表达——会说话的线条》主题和次主题。运用认知要素"实践、问题、方法、工具、技术、表述"和非认知要素"灵动能力、生命修为、情志追求、合作要件、意志品性、批判思维"工具，确定不同形状、形态线条的不同表现力和情感表达——线条的粗、细、曲、直等形态的改变具有多样性，且线条形态和形状的差异，会为观赏者带来不同的情感体验。次主题：(1)教师应用曲线与直线创作一幅画作，"扰启"学生的心理感受。(2)学生运用曲线与直线进行实践创作；让学生感受"曲线与直线"的个性特征及形态——学生与作品对话；在此基础上，让学生对作品进行想象与联想。(3)分享交流。①学生间对话交流作品；②学生与对方作品对话交流。

第四，筹备《手绘线条图像表达——会说话的线条》"合作对话"式教学，形成教学方案。(1)选择"合作对话"时空——画室。(2)准备八开画纸、笔和墨作为创作材料。(3)学生对话小组划分。(4)对话活动流程：①教师与全体学生对话；②学生实践对话；③学生间及其与对方作品对话。

第五，教学组织实施。按照《手绘线条图像表达——会说话的线条》教学方案，(1)教师在"最佳公民"素养的基础上，运用教学方法论"扰启、内省、质疑、实践"和学生生长方法论"独立、追求、养控、审美"策略确定对话主题。(2)教师运用直线、曲线创作绘画作品，进而运用认知要素"实践、问题、方法、工具、技术、表述"和非认知要素"灵动能力、生命修为、情志追求、合作要件、意志品性、批判思维"工具，唤醒学生与线条对话意愿；在此基础上，体验线条的表现能力和感情表达。(3)教师运用教学方法论和学生生长方法论，让学生进行实践创作。(4)分享交流。

第六，知识与技术建构：(1)直线、曲线的不同运用，有不同的表现力和不同的感情表达。直线包括放射线、横线、折线、竖线以及斜线等；曲线包括螺旋线、波浪线、涡线以及弧线等。(2)伴随笔触的快、慢、轻、重，呈现作者不同的情感表达。(3)绘画是一首诗；绘画是一篇散文；绘画是作者的精神散步；绘画更是一种诉说与表达。

第七，对《手绘线条图像表达——会说话的线条》课堂教学评估、评价。运用"一看、二听、三思考"进行评价。一看"师生＋时空"的构建；二听：一听主题和次主题的设定，二听"两个方法论"及"认知要素"与"非认知要素"的运用；三思考：一思考教师合作的真诚度，即满足"四个原则"，二思考知识与能力的建构体系及育人效果，三思考课堂教学目标的达成度。

4. 研究性学习型

研究性学习型"合作对话"教学方式：第一，教师从思想或意识上与学生建构"合作成长共同体"。运用最佳公民要素集合{尊重 民主 责任 科学}工具，着眼于认知要素"实践、问题、方法、工具、技术、表述"和非认知要素"灵动能力、生命修为、情志追求、合作要件、意志品性、批判思维"工具的使用，组织开展研究性学习课程。

第二，制定研究性学习目标。研究性学习课程总目标：使学生初步了解科学家研究方法和研究过程，培养学生研究与创新能力，增强学生对原有知识理解、运用能力以及获取新知识能力。在此基础上，确定具体的研究目标。

第三，确定研究主题。依据认知要素"实践、问题、方法、工具、技术、表述"和非政治要素"灵动能力、生命修为、情志追求、合作要件、意志品性、批判思维"工具，结合学生生长方法论"独立、追求、养控、审美"，制定具体的研究主题和次主题。运用教师教学方法论"扰启、内省、质疑、实践"，确定支撑研究主题和次主题的内容与活动；包括时间预设、资源预设、人力资源等；与此同时，明确重点和难点工作。做好研究主题的论证。

第四，筹备研究工作，完成研究工作方案。(1)组建研究小组；(2)明确研究方法；(3)做好研究分工；(4)制定研究流程和时间预设；(5)课题中期研讨，拟邀请专家指导，如指导教师等；(6)预期研究成果。

第五，依据研究方案开展研究工作。研究成员要充分运用认知要素"实践、问题、方法、工具、技术、表述"和非认知要素"灵动能力、生命修为、情志追求、合作要件、意志品性、批判思维"工具及学生生长方法论"独立、追求、养控、审美"指导具体研究过程。特别是课题中期研讨，指导教师要充分运用教学方法论"扰启、内省、质疑、实践"给予"民主"方式指导。

第六，知识与能力建构。研究成员围绕最佳公民素养"尊重、民主、责任、科学"和"认知要素"和"非认知要素"以及"学生生长方法论"，进行集体和个人知识与能力建构。

第七，评估与评价。(1)成果展示与推介；(2)公开成果评估与评价；(3)依据理想教育文化的育人工具——"一个价值观，两个方法论，十二种教学策略，实现三个真正落地"对研究过程进行评估评价。

5. 技术实践教育型

技术实践教育型的"合作对话"教学范式：第一，教师要从思想上和意识上与学生建构"合作成长共同体"。在最佳公民要素"尊重、民主、责任、科学"基础上，着眼于认知要素"实践、问题、方法、工具、技术、表述"和非认知要素"灵动能力、生命修为、情志追求、合作要件、意志品性、批判思维"工具，组织开展技术实践"合作对话"教学活动。

第二，确定技术实践具体教育目标。技术实践教育总目标：深化知识理解、培养学生运用知识进行创作的思想与意识；通过技术实践，丰富人格培养途径；在技术实践中，增强劳动观念、提高社会能力。在此基础上，结合技术实践活动项目，确定具体技术实践教育目标。

第三，确定技术实践教育主题和次主题。依据认知要素"实践、问题、方法、工具、技术、表述"和非认知要素"灵动能力、生命修为、合作要件、意志品性、批判思维"工具，结合学生生长方法论"独立、追求、养控、审美"和综合实践活动课程标准，在学生相对熟悉的生活领域、生活经验基础上，确定开展主题和次主题的内容与活动，如具体的"设计制作"项目等。

第四，筹备技术实践教育，完成教学方案。(1)筹备"设计制作"实践的时空——课时安排和综合实践活动教室的选用；(2)筹备"设计制作"所需要的材料、设施与设备；(3)拟定"设计制作"活动及其流程；(4)预计"设计制作"的成果。

第五，按教学方案组织实施。(1)就是在最佳公民要素"尊重、民主、责任、科学"工具的基础上，应用教学方法论"扰启、内省、质疑、实践"唤醒学生"设计制作"技术实践的意愿。(2)组织开展"设计制作"活动主题和次主题活动对话，如学生与"设计制作"项目的对话，学生与设施设备的对话，学生之间的对话等。(3)教师充分利用教学方法论和学生生长方法论指导开展"设计制作"活动。(4)完成预期作品。

第六，知识与能力建构。围绕最佳公民素养"尊重、民主、责任、科学"和认知要素"实践、问题、方法、工具、技术、表述"和非认知要素"灵动能力、生命修为、情志追求、合作要件、意志品性、批判思维"以及学生生长方法论"独立、追求、养控、审美"进行集体或个人知识与能力建构。

第七，评估、评价。(1)作品展示交流，小组间互评；(2)小组或个人谈"设计制作"收获、体会。

事实上，"合作对话"教学范式也适用于家庭教育和社会教育培训机构。只不过家庭教育相比学校教育，特别是学龄前的教育，从时间上、形式上、内容选择上相对宽松；或者说，更加生活化。当然，学龄期在家自行学习或完成学校布置的家庭作业，即使家长协助孩子完成作业也不属于家庭教育。由此，家庭教育中的学科知识教育、知识与技术教育、研究性学习和技术实践教育等，是专指由家长有目的、有主题、有安排的学习过程。比如，即使是学龄前家长教孩子"记数"，俗称"数数"的活动，其目的、主题、活动安排也是清晰的。再如，家长教孩子认识颜色，其目的、主题、活动等也是明确的。因此，家长根据孩子学龄特点、知识与能力等储备情况，完全可以应用"合作对话"教学范式，与孩子组成"合作成长共同体"，在最佳公民{尊重 民主 责任 科学}素养集合的基础上，依据认知要素"实践、问题、方法、工具、技术、表述"和非认知要素"灵动能力、生命修为、情志追求、合作要件、意志品性、批判思维"以及教学方法论"扰启、内省、质疑、实践"和生长方法论"独立、追求、养控、审美"，确定学习目标、明确学习主题、落实活动内容，实施相对应的教育活动。

但是，值得强调，家庭教育场中的"合作对话"教学范式不同于学校教育场，学龄前儿童和低学龄儿童更要体现生活化、游戏化，要寓学科知识教育、学科知识与技术教育、研究性学习、技术实践教育于实践之中。总之，家庭教育场中的"合作对话"教学范式，呈现家庭教育场中的基本教育思想，而不是让家长承担专职教育的义务与责任。因为，学校教育是承担人类教育的主体责任，而家庭教育是学校教育的有益补充。但是，家庭教育不可替代学校教育；或者说，不要将家庭场所办成第二所学校。

社会教育培训机构完全适用"合作对话"教学方式，具体操作参考学校教育。

/ 第九章 "合作对话"教育教学案例 /

为更好地理解与应用"合作对话"教育教学范式，本章一是辑录了理想教育文化课堂实践研究部分案例，二是辅以"合作对话"式教学样态描摹对比。案例分四个部分：(1)单元"合作对话"教学范式设计；(2)课堂"合作对话"教学范式设计；(3)综合实践"合作对话"教学范式设计；(4)社区教育"合作对话"教学范式设计。教师在教学实践中的实际案例都将以表格形式呈现。

单元"合作对话"教学范式设计主要由八个部分组成：单元教学课题、指导思想、目标、主题和次主题(包括单元课时安排)、教学准备、教学实施、知识建构①、教学评估(单元教学评估贯穿在整个单元教学过程中，即实施动态的过程评估和终结性评估)。

课堂"合作对话"教学范式设计主要由九个部分组成：课题、指导思想、教学内容分析、学情分析、教学方式、教学目标、教学重点、教学难点、教学过程。其中，教学过程包括：教学时间预分配、环节与主题(对话唤醒、次主题预设、知识建构、拓展实践、作业布置)、对话活动(一般分为2～3次对话活动)、内省与生成、设计意图等。

综合实践"合作对话"教学范式设计，既不同于单元教学设计，也不同于课堂教学设计。在某种程度上它结合了以上两种设计思路，主要由十一个部分组成：课题、指导思想、教学模块内容分析、学情分析、教学目标、重点和难点、设计思路、教学过程(可由多层次主题、多课时、多场景、跨时空构成，要有具体的学生活动预设、教师活动预设、设计意图、时间安排)、作业布置、教学效果评价(贯穿在综合实践活动全过程，既有动态实时评价，以此调控综合实践活动过程，也有终结性评价)、教学设计反思(主要为以后开展综合实践课提供经验)。

社区教育"合作对话"教学范式设计不同于学校教育教学活动设计，从时间跨度

---

① 注：指在课堂教学过程中，学生的能力、情感、态度与价值观的建构。

上，比学校单元教学设计更长；从空间跨度上看，比学校单元教学设计更广；从教育对象上看，比学校年龄、基本素养跨度更大；从教育目标上看，比学校教育更宏观。它主要由八个部分组成：课题、指导思想、培养目标、主题和次主题、活动准备、组织实施、素养建构("最佳公民"素养建构)、评估(贯穿在整个活动过程中，以此进行调控活动，也有总结性评估)。

以下是上述教学范式设计的具体案例及"合作对话"式教学样态描摹。

一、单元"合作对话"教学范式设计案例

(一)小学数学"分数的初步认识"单元教学

北京市星河实验学校国美分校　常芳

课题	分数的初步认识
指导思想	从理想教育文化追求育人价值的角度，结合课程标准和学情，把实践、问题、方法、工具、技术、表述等认知策略与灵动能力、生命修为、意志品性、合作要件、情志追求、批判思维等非认知策略联系起来，通过"合作对话"方式，运用"教学方法论"和学生"生长方法论"传授知识，培养"最佳公民"。
目标	1. 初步认识几分之一和几分之几； 2. 会读、写简单的分数；能比较简单分数的大小； 3. 会计算简单的同分母分数的加、减法； 4. 进一步认识分数，知道把一些物体看作一个整体平均分成若干份，其中的一份或几份也可以用分数表示，能解决有关分数的简单实际问题； 5. 感悟数形结合的思想和方法，发展数感，实现数概念的拓展；体会分数在实际生活中的应用和价值。
主题和次主题	本单元安排 8 课时(包括综合运用 1 课时)。 主题 1：分数的初步认识 分数属于数与代数领域中数的认识内容，是在学生已掌握一些整数知识基础上的教学。从整数到分数是数的概念的一次扩展，也是学生认识数的概念的一次质的飞跃。 次主题 1：认识几分之一和几分之几(3 课时) 　　　　(1)认识几分之一 　　　　(2)认识几分之几 次主题 2：分数的简单计算(2 课时) 　　　　(1)同分母分数的简单加减法 　　　　(2)1 减去几分之几 次主题 3：分数的简单应用(2 课时) 　　　　(1)体会"1"是群体时分数的含义 　　　　(2)已知"1"求"1"的几分之几简单实际问题

课题	分数的初步认识
教学准备	**1. 学情** 心理特点：三年级学生，正处在从具体形象思维向抽象逻辑思维过渡的阶段。通过实际操作或教具演示，学生更易于理解和掌握，学生的形象思维也会持续得到发展。 学习基础：低年级学生对数学概念的认识具有较强的具体性，概念形成主要依赖对感性材料的概括。学生已经学习过平均分概念，掌握一定的整数知识，在生活中也遇到一些不能用整数来表示的量，如一半、一多半的概念等，但只能模糊地来表示，没有更深入地想过怎么用数字表示。 **2. 结构** 分数的初步认识 —— 认识几分之一 —— 认识几分之一 例1、例2 　　　　　　　　　　　　　　　 比较几分之一的大小 例3 　　　　　　　　 认识几分之几 —— 认识几分之几 例4、例5 　　　　　　　　　　　　　　　 比较同分母分数的大小 例6 分数的简单计算 —— 同分母分数的简单加、减法 例1、例2 　　　　　　　　 1减去几分之几 例3 分数的简单应用 —— 体会"1"是群体时分数的含义 例1 　　　　　　　　 已知"1"求"1"的几分之几简单实际问题 例2 **3. 单元分析** (1)纵向分析 三年级上册主要是借助操作、直观，从"部分—整体"的角度初步认识分数。安排简单的分数大小比较和计算的目的也是帮助学生理解分数的含义。五年级下册则在此基础上使学生从感性认识上升到理性认识，概括出分数的意义，并在表达"部分—整体"的意义的基础上，进一步从测量、比和商等角度认识分数的含义；探索分数的性质及四则运算的方法。 (2)横向分析 对比人教版、苏教版、北师大版本的教材有如下体会。 相同之处： A. 三个版本的教材对于分数概念的起始课都是从学生熟悉的生活情境中引入。 B. 合理确定认识分数的起点，逐步加深对分数的认识。 C. 加强用分数解决问题的教学。 不同之处： A. 对于分数的概念，人教版和苏教版描述得更为清楚。 B. 北师大版教材更突出学生的动手操作环节。 综上所述，在教学设计上要注意： (1)结合生活经验，借助几何直观和操作认识分数。 (2)通过多元表征，逐步加深对分数的认识。

课题	分数的初步认识
准备教学	4. 教学重、难点 重点： (1)理解分数的意义，会解决简单的实际问题。 (2)会进行简单的分数计算。 难点： 深入理解分数意义，能结合具体情境解决简单的实际问题。 5. 设备设施 教学课件 PPT、各种不同形状的几何图形若干 6. 组织形式 秧苗式、马蹄式、圆桌会议式、小组合作式等
教学实施	(一)结合生活经验，借助几何直观和操作认识分数 1. 借助学生的生活经验，紧密结合具体情境认识分数。在组织同学们去古诗小镇实践活动中，重点让孩子们说一说中午用餐时，与小伙伴分享物品的经验，如分糖果、矿泉水、蛋糕等。结合当时的情境，引导学生用语言描述，体会分享物品时，一般采取"平均分"的方式。总之，创设生活情境，引导学生关注生活中可以用分数表示的情况，体会分数在生活中的应用。 2. 注意借助几何直观，提供充分的操作活动认识分数。分数概念具有双重性，既有"数的特征"，也有"形的特征"。充分利用教材借助不同的实物模型(如月饼、苹果)、面积模型(如长方形、正方形、圆)等，运用数形结合思想，帮助学生认识分数形的特征。进而，运用教材分一分、折一折、涂一涂等动手实践活动，让学生在动手、动口、动脑等多种表征的联动中体会分数的含义。 (二)通过多元表征，逐步加深对分数的认识 1. 变换表征形式，加深对分数的理解。通过多种外在的表征方式，如分割操作、画图、数学符号等之间的转化活动，加深学生对分数的认识。 2. 交流解决的方法，加深分数的应用。在解决求一个数的几分之几的实际问题时，要重视操作后的交流。例如：在"分析解答"时，提出"怎样求女(男)生人数？结合图把你的想法说一说""你能用算式表示出你的方法吗？"。 (三)建构"师生＋时空"成长共同体 通过师生合作，生生互动，让学生经历知识产生的过程。
知识建构	初步认识分数，知道把一个物体或图形平均分成若干份，其中的一份可以用分数来表示。 充分体会部分与整体的关系，渗透比和数形结合的思想。 借助实物图形直观认识几分之一、几分之几；知道分数各部分名称，初步认识分数单位，经历从实物过渡到图形，再到抽象的数的过程，体会分数的不同表现形式。
教学评估	在单元授课后，教师做好本单元的教学设计反思。

(二)初中数学"平行四边形"单元教学

中国教育科学研究院朝阳实验学校　石亚晶

课题	平行四边形
指导思想	理想教育教学方法论指出，教师要通过"扰启、内省、质疑、实践"，借助十二种教学策略(六种认知策略：实践、问题、方法、工具、技术、表述；六种非认知策略：灵动能力、生命修为、情志追求、意志品性、合作要件、批判思维)，开展合作对话式教学，培养具有尊重、民主、责任、科学素养的"最佳公民"。单元教学就是一项强有力的工具，它不是传统意义上的从教材内容出发，设计教学活动，安排学习时间，而是基于一定的目标与主题所构成的教材与学习经验的模块单位。
目标	1. 理解平行四边形、矩形、菱形、正方形的概念，了解它们之间的关系； 2. 探索并证明平行四边形、矩形、菱形、正方形的性质定理和判定定理，并能运用它们进行证明和计算； 3. 了解两条平行线之间距离的意义，能度量两条平行线之间的距离； 4. 探索并证明三角形中位线定理； 5. 通过经历平行四边形以及特殊平行四边形性质定理和判定定理的探索过程，丰富学生的数学活动经验和体验，进一步培养学生的合情推理能力； 6. 通过平行四边形以及特殊平行四边形的性质定理、判定定理以及相关问题的证明和计算，进一步培养和发展学生的演绎推理能力； 7. 通过分析平行四边形与各种特殊平行四边形概念之间的联系与区别，使学生进一步认识特殊与一般的关系。
主题和次主题	本单元安排 13 课时。 主题 1：理解平行四边形、矩形、菱形的概念 次主题 1：明晰它们的共性、特性及其从属关系(1 课时) 次主题 2：画出图示表示它们的从属关系(1 课时) 主题 2：探索并证明平行四边形、矩形、菱形的性质定理 次主题 1：探索平行四边形的性质定理(1 课时) 次主题 2：类比平行四边形的性质定理，探索并证明矩形、菱形的性质定理(2 课时) 主题 3：探索并证明平行四边形、矩形、菱形判定定理 次主题 1：探索平行四边形的判定定理(1 课时) 次主题 2：探索矩形、菱形性质和判定定理(6 课时) 主题 4：探索正方形的性质和判定(1 课时) 次主题 1：理解正方形的概念，探索正方形的性质定理 次主题 2：探索正方形的判定定理

课题	平行四边形
教学准备	**1. 学情** 通过问卷调查、访谈、课堂前测形式，从年龄特点、认知结构、知识与技能、过程与方法、情感态度、价值观方面对学生情况进行分析，总结如下： **心理特点：** 八年级学生较成熟，渴望独立的学习空间。 **知识基础：** 在小学已经学习过平行四边形，本学段八年级上册"三角形"一章研究了多边形及其内角和内容，"全等三角形"一章又研究了三角形全等的判定及全等三角形的性质，这些内容是学习本章的重要基础。 **学习方法：** 在学习三角形内容时已经初步接触了研究几何图形的基本方法。 **2. 结构** **3. 单元分析** 第十八章是我们在平行线、三角形和四边形的基础上进一步研究平行四边形；并通过平行四边形角、边的特殊化，研究矩形、菱形和正方形等特殊的平行四边形，认识这些概念之间的联系与区别，明确它们的内涵与外延；探索并证明平行四边形、矩形、菱形、正方形的性质定理和判定定理，进一步明确命题及其逆命题的关系，不断发展学生的合情推理和演绎推理能力。 在分析教材时，教师应践行理想教育文化提出的"工具、技术"教学策略。本单元中，在探究性质与判定定理时，学生可以借助教师提供的平行四边形、矩形、菱形实物模型，猜想获得判定正方形的条件。另外，基于之前学习经验，几何图形性质探究的一般思路——观察→猜想→验证→证明→应用，以及几何图形判定探究的一般思路——由性质定理的逆命题出发获得猜想→验证→证明→应用，都可以作为技术库的工具，当学生再学习图形性质与

课题	平行四边形
教学准备	判定时就可以利用此工具进行研究。 4. 教学重、难点 重点： 平行四边形的概念、性质定理和判定定理。 难点： 平行四边形与矩形、菱形、正方形等特殊平行四边形之间的联系与区别。 5. 设备设施 教学课件 PPT、平行四边形、矩形、菱形、正方形纸片模型及实物模型 6. 组织形式 马蹄式、圆桌会议式、小组合作式等
教学实施	(一)关注平行四边形与特殊平行四边形概念之间属加种差、内涵与外延之间的关系 本章概念较多，概念之间联系非常密切，关系复杂，弄清它们的共性、特征及其从属关系非常重要。也就是说，在讲清每个概念特征的同时，强调它们的属概念，弄清这些概念之间的关系。在原有属概念基础上附加一些条件(种差)，通过扩大概念内涵、减少概念外延的方式引出新的种概念；同时在原有属概念的性质定理和判定定理的基础上，研究种概念的性质定理和判定定理。弄清这些关系，最好用图示的方法。 (二)进一步培养学生的合情推理能力和演绎推理能力 1. 从培养学生推理论证的角度来说，"平行四边形"这一章教学处于学生初步掌握了推理论证方法的基础上，进一步巩固和提高的阶段。本章内容比较简单，证明方法相对比较单一，学生前面已经进行了一些推理证明的训练。但这种训练只是初步的，需要进一步巩固和提高。教学中同样要重视推理论证的教学，进一步提高学生的合情推理能力和演绎推理能力。在推理与证明的要求方面，除了要求学生对经过观察、实验、探究得出的结论进行证明以外，还要求学生直接由已有的结论通过推理论证得出一些图形的性质。 2. 本章定理证明中，除了采用严格规范的证明方法外，还有一些采用了探索式的证明方法。这种方法不是先有了定理再去证明它，而是根据题设和已有知识，经过推理，得出结论。另外也有一些文字叙述的证明题，要求学生自己写出已知、求证，再进行证明。这些对学生的推理能力要求较高，难度也有增加，但能激发学生的学习兴趣，活跃学生的思维，对发展学生的思维能力有好处，教学中要注意启发和引导，使学生在熟悉"规范证明"的基础上，推理论证能力有所提高。 (三)注意帮助学生梳理知识内容，完成知识建构 本章概念比较多，图形的性质定理和判定定理也比较多，虽然难度都不大，但要全部记住这些定理，需要花费许多时间和精力。同概念教学一样，解决这个问题也可以采用图示的方法。学完了一个知识点后，适时引导学生对所学内容进行梳理，画出主要内容的图表，有利于学生掌握图形的概念和性质。 (四)建构"师生＋时空"成长共同体 通过师生合作，生生互动，让学生经历知识产生的过程。

课题	平行四边形
知识建构	在平行线、三角形和四边形的基础上进一步研究平行四边形；并通过平行四边形角、边的特殊化，研究矩形、菱形和正方形等特殊的平行四边形，认识这些概念之间的联系与区别，明确它们的内涵与外延；探索并证明平行四边形、矩形、菱形、正方形的性质定理和判定定理，进一步明确命题及其逆命题的关系，不断发展学生的合情推理和演绎推理能力。 本章先研究平行四边形，在平行四边形的基础上，学习矩形、菱形、正方形这些特殊平行四边形，明确几何图形学习的一般思路。
教学评估	在单元授课后，教师做好本单元的教学反思。

（三）初中英语 Journey to space 单元教学

北京化工大学附属中学　张涛

课题	Journey to space
指导思想	2017 年高中课标强调英语课程要培养学生语言能力、思维品质、文化意识和学习能力等学科核心素养。理想教育文化倡导课堂情境更多呈现启发教学、小组合作、科学探索、学生交流等。教师教学方法多采取扰启、内省、质疑、实践等。学生生长方法论强调独立、追求、养控、审美。
目标	通过第三模块的学习，学生能够： 1. 听懂有关太空旅行的文段，提取信息，进行简要复述和展示。 2. 获取太空的基本知识、梳理人类探索太空所付出的努力和取得的成就。 3. 运用听力文本和阅读文本学习中所学的现在完成时句子进行表述、提问及回答。 4. 感知情感态度价值观，获得对天文知识的兴趣和对未知事物的探索精神。
主题和次主题	本单元安排 3 课时。 主题：Journey to space 本模块以宇宙探索为主题，通过描述人类探索太空的历程，强化学生认知规律培养探索精神。 次主题1：关注航天时事（1 课时） 　　A. Tony 完成学校飞机模型制作 　　B. Tony 和 Daming 围绕最新的太空新闻展开讨论 　　C. Daming 想进一步了解航天 次主题2：解密航天知识（1 课时） 　　探讨"是否存在外星生命" 次主题3：学习航天精神（1 课时） 　　学习航天人的航天精神

课题	Journey to space
教学准备	1. 学情 心理特点：八年级的学生对主题意义的理解从广度和深度上缺乏拓展，对文章深层理解的能力不强。准确灵活地在实际情境中运用现在完成时态的能力尚有欠缺。 学习基础：大部分学生对"宇宙探索"有一定的印象，平时也关注航天新闻，喜欢看航天科幻的书籍和电影；在语言学习方面，已经初步学习了现在完成时态的构成，为本模块的继续学习奠定了基础。 2. 结构 Unit1：$\begin{cases}\text{Pre-listening(听前，情境导入)} \\ \text{While-listening(听中，语言输入和聚焦)} \\ \text{Post-listening(听后，语言运用)}\end{cases}$ Unit2：$\begin{cases}\text{Pre-reading(读前，情境导入)} \\ \text{While-reading(读中，语言输入和聚焦)} \\ \text{Post-reading(读后，语言运用)}\end{cases}$ Unit3：$\begin{cases}\text{Pre-reading(读前，情境导入)} \\ \text{While-reading(读中，语言输入和聚焦)} \\ \text{Post-reading(读后，语言运用)}\end{cases}$ 3. 模块分析 (1) 纵向分析 八年级下册三个模块学习现在完成时，到目前为止，学生已经学习了5种时态，并且学过用多种时态来表达行为和状态。学生在八下M2初步学习了现在完成时的构成及其动词的过去分词和变化规则，为本模块学习现在时中 already，just，yet 等用法奠定了知识基础。 (2) 横向分析 对比人教版、苏教版、北师大版本的教材有如下体会。 相同之处： A. 人教版、苏教版与北师大版的教材对于现在完成时的学习都是在八年级下册。 B. 现在完成时的定义相同。 C. 现在完成时的构成及句型结构讲解相同。 不同之处： A. 选用文本不同，主题不同。 B. 北师大版教材在第十四册的12单元进一步对现在完成进行时进行复习。 综上所述，在教学设计上要注意： A. 结合模块主题，获取、梳理航天新闻、航天知识及宇航员太空旅行经历的事实信息。 B. 合理运用现在完成时交流航天新闻，普及航天知识和叙述太空旅行经历。 4. 教学重、难点 重点 (1)获取、梳理有关航天新闻、航天知识及宇航员太空旅行经历的事实信息。 (2)合理运用现在完成时交流航天新闻，普及航天知识和叙述太空旅行经历。

课题	Journey to space
教学准备	难点： 将学到的航天精神融入日常学习生活中，完成"航天精神在我心"的写作任务。 5. 设备设施 教学课件 PPT、航天视频 6. 组织形式 秧苗式、小组合作式等
教学实施	(一)听对话，通过对新闻"火星探索"的讨论，初步感知航天 1. 听 Daming 和 Tony 关于制作飞机模型的对话。 2. 谈论新闻里关于宇宙飞船登上火星的报道。 3. 两人交换关于火星上是否有生命存在、人类登上火星等问题的看法。 4. 提升学生动手、动脑的能力，丰富学生的兴趣爱好，扩充学生的知识面。 (二)阅读，探讨话题"地球之外还有生命吗?" 1. 描述太阳系和其他星系。 2. 陈述人类探索太空取得的成就。 3. 提出困惑："地球之外是否存在其他生命呢?" 4. 引导学生形成对课文中现在完成时语句的深刻印象。 (三)建构"师生＋时空"成长共同体 通过师生合作，生生互动，让学生经历知识产生的过程。
知识建构	人类对于太空的探索是一个自古至今持续不断的行为。本模块的学习能够帮助学生充分理解现在完成时的语境。要用多种方式呈现从过去到现在的太空探索的时间线，让学生观察、说明、复述，形成对现在完成时从过去到现在的时间线的深刻印象。
评估	在模块授课后，教师做好本模块的教学设计反思。

(四)高中"化学与自然资源的开发利用"单元教学

北京化工大学附属中学　李莉

课题	化学与自然资源的开发利用
指导思想	单元教学是打通知识到能力、素养的通道，重视实际问题、科学探究与化学知识间的联系。单元主题设计应与两个方法论、十二种教学策略有机结合，创设情境、提出合适的问题来唤醒学生强烈的对话意愿，对问题深度内省。通过让学生完成具有挑战性的任务，落实知识的同时从理性认识、实践认识、精神价值三个层面提升学科核心素养。将学科知识、方法迁移应用，更能体现知识的应用价值及育人价值，同时培养学生的四大基本能力、"最佳公民"必备品格和正确价值观。

课题	化学与自然资源的开发利用
目标	1. 以金属矿物的开发和利用为例，认识化学方法在实现物质转化间的作用，体会保护金属资源的重要性。 2. 了解海水资源开发和利用的前景及化学在其中发挥的作用。 3. 认识煤、石油和天然气等化石燃料综合利用的意义。 4. 以乙烯为例，认识聚合反应、高分子化合物并了解高分子材料在生活中应用及可能带来的环境问题。 5. 认识化学在环境保护、资源开发利用中的作用，树立绿色化学观。

主题和次主题	本单元课时安排 5 课时。
	主题：化学与自然资源的开发利用
	该部分属于新课标主题 5"化学与社会发展"的子主题。高一学完离子反应、氧化还原反应、元素及其化合物的性质、元素周期律等原理知识后，将理论工具用于从自然资源到化学产品问题的解决，体现化学学科实际应用价值。
	次主题 1：开发利用金属矿物和海水资源(3 课时)
	  (1)金属矿物的开发利用
	  (2)海水资源的开发利用
	次主题 2：资源综合利用及环境保护(2 课时)
	  (1)化石燃料的综合利用
	  (2)环境保护与绿色化学

教学准备	1. 学情 (1)在本单元之前，学生学习重点为化学理论知识。本单元将所学理论知识整合、拓展应用，提升学生运用学科观念和思维方法解决实际问题的能力，能根据需求选择所学的知识来解释应用。 (2)学生对元素化合物的认识需进一步提升，比如：元素多样性、同种元素的不同微粒间的转化、物质转化条件的选择与调控等。 (3)学生面对复杂化学生产问题思维混乱，要逐步学会依据物质及其变化信息分析化工生产流程，建立复杂化学问题的思维框架。 (4)另外，本单元还涉及物质富集、循环利用、节约成本、安全高效、绿色环保等技术思想，但学生这种技术思想不够强烈，需要在不同的真实情境中，体会及强化以上化学技术思想。 2. 内容结构

课题	化学与自然资源的开发利用
教学准备	3. 单元分析 **本章教材在高中化学中的地位** **已有知识** **本单元** 化学可持续发展 化学科学在材料科学人类健康等方面的重要作用 元素化合物及性质 元素周期律 从自然资源获 化学在自然资源和能源综合利用方面的重要价值 有机化合物 取化学产品 氧化还原理论 离子反应 化学在环境保护中的作用 工具 ——→ 解决实际问题 ——→ 体现学科价值 育人文化 4. 教学重、难点 重点: (1)通过多种金属矿物及对当代矿物开发水平的分析,了解化学方法在金属矿物开发及海水资源开发中的作用。 (2)化石燃料的综合利用;有机高分子化合物的合成;加强学生环保意识并培养绿色化学的理念。 难点: (1)掌握金属冶炼的一般原理基础,了解适用于不同金属的冶炼方法。 (2)形成从自然资源获取化学产品的思维模型。 5. 设备设施 教学课件 PPT、海洋资源等录像资料 6. 组织形式 实验探究式、小组合作式、交流辩论式等
教学实施	1. 本单元采用问题引导、合作交流、实验探究、调查讨论等教学方式。为让学生感知工业流程,将采用实验探究活动——模拟海水中获取淡水、海带提碘过程,学生在实践中认知,培养基础实验操作、现象观察、分析讨论能力。为深化学生绿色化学、可持续发展意识,让学生查阅符合绿色化学理念的化工生产案例并制作展板,提升调查、交流与多样表述能力,提高学习效果。 2. 除借助教材上的素材,还需挖掘铜矿中炼铜、铝土中炼铝等课后练习,既能更好地渗透本单元的育人文化,又为后期复习教学提供必要的素材支持。此外,还可补充前沿的科研成果作为教学素材和应用案例,促进学生体会化学科学对人类文明和社会发展的促进作用,激发化学学习兴趣,提高学生信息接收、转化、加工能力。举例:乙烯极大满足人类对物质生活的高要求;聚乳酸手术缝合线,避免术后拆线的痛苦;以 CO_2 为原料生产可降解高分子材料,减少对环境的污染等。 3. 精选素材加强从物质组成、结构、性质等化学视角与真实情境素材之间的联系,培养学生的微粒观、元素观和变化观,引导学生从化学的视角看待和解决问题。举例:尿不湿的高吸水性与材料中含有亲水基团有关;塑料袋不耐高温、炊具手柄可耐高温与材料的结构有关。

课题	化学与自然资源的开发利用
知识建构	掌握金属冶炼的原理，了解不同金属的冶炼方法。感知体会海水中获取淡水、提取溴、海带中提取碘的工艺流程。化石燃料中获取无机物和有机物的方法，形成从自然资源获取化学产品的思维模型，知识层面建立元素观、物质观、转化观，精神价值层面建立环保观、经济观、社会需求观。
教学评估	在单元授课后，教师做好本单元的教学设计反思。

二、课堂"合作对话"教学范式设计案例

(一)小学数学"长方体的表面积"教学设计

北京市星河实验学校国美分校　缪王颖

课题	长方体的表面积
指导思想	从理想教育文化追求育人价值的角度，结合核心素养、课程标准和学情，把实践、问题、方法、工具、技术、表述等认知策略与灵动能力、生命修为、意志品性、合作要件、情志追求、批判思维等非认知策略联系起来，通过"合作对话"的教学方式，运用"教学方法论"和学生"生长方法论"传授知识，培养"最佳公民"。
教学内容分析	本节课的教学是解决长方体表面积的实际问题，通过贴一贴的活动，实现了对"表面积"这个概念的内省。借助多种方法解决问题，强化空间想象力，达到学生的深度内省。
学情分析	学生已经掌握长方体面的数量及大小的特征，具备了一定的空间观念，能够完成连续、多个面图形变化的空间想象。学生对长方体的空间想象、解决长方体的实际问题等存在认知困难。
教学方式	合作对话式
教学目标	1. 借助给长方体贴彩纸的实际问题，选择合适的彩纸进行实践活动，建立表面积的概念，建立长方形与长方体的对应关系。 2. 通过观察、想象、操作，经历二维的"面"贴成三维长方体的建构过程，发展空间观念。 3. 通过把长方体包裹的彩纸拿下来找到平面图形与立体图形的对应关系，经历从三维长方体再回到二维的"面"的解构过程。
教学重点	探究长方体表面积的计算方法。

课题	长方体的表面积

教学难点	建立平面图形与立体图形的对应关系，经历由"面"到长方体，再由长方体到"面"的过程，发展空间观念。

<table>
<tr><td colspan="5" align="center">教学过程</td></tr>
<tr><td>时间</td><td>环节与主题</td><td>对话活动</td><td>内省与生成</td><td>设计意图</td></tr>
<tr>
<td>3分钟</td>
<td>对话唤醒：贴彩纸，装饰长方体</td>
<td>每个学生对长方体6个面进行贴彩纸装饰。</td>
<td>学生意识到彩纸大小与长方体的对应关系。</td>
<td>尊重学生的个体差异，唤醒学生的对话意愿。</td>
</tr>
<tr>
<td>12分钟</td>
<td>次主题一：初步理解表面积的概念</td>
<td>探究其他装饰长方体的方法，找到每个长方形与长方体的对应关系。</td>
<td>学生认识到长方体二维与三维的关系。</td>
<td>探究运用不同的工具和方法。</td>
</tr>
<tr>
<td>8分钟</td>
<td>次主题二：探究长方体表面积的计算方法</td>
<td>学生独立计算使用了多少平方厘米的彩纸。
方法1：上＋前＋左＋下＋后＋右
方法2：上×2＋前×2＋左×2
方法3：（上＋前＋左）×2</td>
<td>内省，用自己的方法计算长方体的表面积。</td>
<td>深化对方法、工具、技术重要性的认识。</td>
</tr>
<tr>
<td>2分钟</td>
<td>知识建构</td>
<td>学生总结并分享。1. 表面积的概念。2. 长方体表面积的含义。</td>
<td>理解表面积的概念，掌握长方体表面积的含义。</td>
<td>建构学生的知识结构。</td>
</tr>
<tr>
<td>13分钟</td>
<td>拓展实践</td>
<td>学生分享不同的方法。
方法4：右面周长×长＋左×2

| 前 | 上 | 后 | 下 | | 左 | 右 |

方法5：上面周长×高＋上×2

| 前 | 右 | 后 | 左 | | 上 | 下 |

方法6：前面周长×高＋前×2

| 上 | 左 | 下 | 右 | | 前 | 后 |</td>
<td>理解不同的方法并进行表述，实现从三维到二维的解构。</td>
<td>通过不同的对话，学生经历同伴之间、师生之间的扰启、质疑、实践、表述的全过程，升华了空间观念，强化了空间想象力。</td>
</tr>
<tr>
<td>2分钟</td>
<td>作业布置</td>
<td>学生独立制作一个长方体的包装盒。</td>
<td>动手实践，深化对表面积概念的理解。</td>
<td>引导学生将数学应用于生活。</td>
</tr>
</table>

（二）小学数学"数学广角——集合"教学设计

北京市樱花园实验学校　徐梦迪

课题	数学广角——集合			
指导思想	理想教育文化课题通过一个价值观、两个方法论、十二个教学策略、四大能力的培养、三个真正落地，实现"最佳公民"的教育。本节课采取了合作对话式教学，清晰地展现了师与生、生与生、师生与时空之间中的合作关系，实现时空再造，通过"扰启、实践、质疑、内省"达成共同目标——学生成长。			
教学内容分析	通过次集合主题的逐层开展，学生通过观察、操作、猜测、推理与交流等活动，初步感受集合思想方法的奇妙与作用，受到数学思维的训练，逐步形成有序地、严密地思考问题的意识，同时使他们逐步形成探索数学问题的兴趣与欲望，发现、欣赏数学美的意识。			
学情分析	虽然三年级的学生在计数和计算的学习中，已经接触过集合概念，但在低年级接触的集合概念更多是一一对应的概念，学生对于两个集合间的运算，尤其是交集的体会并不多。			
教学方式	合作对话式			
教学目标	1. 通过圈一圈，画一画，摆一摆，经历韦恩图的产生过程，了解简单的集合知识，初步感受集合的意义。 2. 能借助直观图，利用集合的方法解决简单的实际问题。养成善于观察、善于思考的学习习惯。 3. 尝试用数学的方法(集合方法)来解决实际生活中的问题，体验解决问题策略多样性。感受到数学在现实生活中的广泛应用。			
教学重点	使学生初步认识集合，会用集合解决一些简单的实际问题。			
教学难点	在具体问题中对集合准确辨析，并把集合思想适当用于问题的解决。			
教学过程				
教学时间	环节与主题	对话活动	内省与生成	设计意图
2分钟	对话唤醒	脑筋急转弯：对面走来两个妈妈，两个女儿，共多少人？	学生对话：3人还是4人？	此题既是生活中的问题，更是数学中的重复问题。
7分钟	次主题一：圈一圈，初识集合概念	出示情境：育才小学下周举办体育节。三年级每个班，选6人参加跳绳比赛，选5人参加踢毽子比赛。三年级每个班共有多少人参加踢毽子、跳绳比赛？ 1. 提出"这两项比赛共有多少人参加"的问题。 	1. 学生对话：用加法直接计算，6＋5＝11(人)。 2. 完成任务：在学习单上圈出跳绳的学生和踢毽的学生。 3. 学生交流展示。 4. 初步归纳集合概念。 	创设情境，提出问题，生成学生的对话需求，发展学生探究的欲望。预设集合的思想。

课题		数学广角——集合		
教学过程				
教学时间	环节与主题	对话活动	内省与生成	设计意图
		2.结合三(1)班情况,利用圈一圈的方法,初步感知集合。 3.教师巡视,收集资源。 4.展示资源,开展学生对话,建构灵动的时空空间。 5.介绍集合圈概念,初步渗透集合思想。		
20分钟	次主题二:画一画,体会集合思想	1.提出问题:三(2)班,有多少人重复参加了两项比赛呢? 2.结合三(2)班情景,对交集进行探究。 三(2)班参赛的学生名单 跳绳 杨明 陈东 刘红 李芳 王爱华 马超 踢毽 刘红 于丽 李芳 杨明 朱小东 3.教师巡视对话,建构灵动的时空空间。 4.教师收集学生资源展开对话,讨论集合的概念,引导学生深度学习。 5.教师多媒体展示集合图,归纳总结。	1.学生对话:利用计算解出三(2)班有8人参加比赛。 陈东 王爱华 马超 杨明 李芳 刘红 朱小东 于丽 2.完成任务:要让别人清楚看出,跳绳的、踢毽子的、既跳绳又踢毽子的各有哪些人,你可以怎样表示? 3.学生独立创作集合。 4.学生交流反馈,开展合作对话。 5.内省实践:书上第105页做一做①,应用集合。	1.激发学生学习的动力,唤起学生对于"重复的人数要减去"的知识经验,充分尊重学生的基础。 2.放手让学生自主探索解决问题的方法,并充分展示学生的方法。 3.通过生生间的质疑与反思,借助直观,深入开展对韦恩图中每一部分的含义的讨论,加深对集合知识的理解。
5分钟	次主题三:摆一摆,拓展集合关系	三(3)班参赛的学生名单 跳绳 刘畅 方云 丁一 李红 吴易云 陈律 踢毽 刘畅 方云 丁一 李红 吴仙云 1.提出问题:三(3)班会是什么情况?有多少人参加了两项比赛?	1.利用工具,小组合作:用手中的集合圈,将三(3)的情况表示出来。 2.小组集体交流展示,学生开展合作对话。 跳绳的学生 踢毽的学生 陈律 刘畅 方云 丁一 李红 吴仙云	1.扰启学生思维,拓展集合关系,激发学生继续探究的欲望。 2.利用手中工具(集合圈)发展学生的工具意识。给予学生完整的集合思想。

课题	数学广角——集合			
教学过程				
教学时间	环节与主题	对话活动	内省与生成	设计意图
		2. 结合三(3)班的情况,探究交集。 3. 教师巡视小组的合作。 4. 教师多媒体展示集合图,归纳总结。		
5分钟	知识建构	1. 对比分析,深入理解集合思想。 2. 结合利用韦恩图,用集合方法解决问题。	1. 内省:观察本课出现的三种韦恩图,整体建构集合知识体系,对集合知识深度内省。 2. 尝试用集合方法解决问题,并交流多种算法。	突出学生知识体系的整体建构,形成系统化的知识。了解、体会集合的概念以及运算的道理。重视多元表征,进一步感悟集合思想。
2分钟	实践拓展	完成数学书第105页第一题。	尝试用集合方法、韦恩图解决问题。	应用集合思想解决实际问题。
1分钟	作业布置	在上个月咱们班的学科之星的评比结果中,既获得"语文之星",又获得"数学之星"的学生有多少人?获得"语文之星"或"数学之星"的学生一共有多少人?		

(三)小学数学"轴对称图形"教学设计

北京工业大学附属中学十八里店分校　丰雪

课题	轴对称图形
指导思想	从理想教育文化追求育人价值的角度,结合课程标准和学情,采取了合作对话式教学。明晰了师与生、生与生、师生与时空之间的合作关系,实现时空再造,通过"扰启、实践、质疑、内省"达成共同目标——学生成长。
教学内容分析	本节课主题是轴对称图形,"轴对称图形"主要围绕"运动"展开,这是第一次学习图形的运动,主要通过观察、操作,认识轴对称图形。因此,本课时的教学内容都基于在直观认识上进行教学,为以后学习抽象图形的运动积累经验,从而逐步培养学生的空间想象能力。

课题	轴对称图形			
学情分析	学生已经具备了一些生活经验，认识了一些基本图形的特征。大多数学生对对称图形有感性认识，但是对轴对称图形没有形成清晰的认识。因此，授课内容应是进一步认识对称轴和轴对称图形，最后根据特征判断一个图形是否是轴对称图形。			
教学方式	合作对话式			
教学目标	1. 结合生活情境和操作活动，初步认识轴对称现象，知道对称轴，能判断一个图形是否是轴对称图形。 2. 经历操作、观察、想象、交流等活动，增强学生观察能力、想象能力、表达能力和动手操作能力，同时发展学生的空间观念。 3. 学生通过亲身体验，感知对称图形现象普遍存在，体验到生活中处处有数学，感受到对称的美。			
教学重点	认识对称现象、对称轴和轴对称图形。			
教学难点	识别轴对称图形，结合数学知识，渗透审美教育，感受数学视角下的"对称美"。			
教学过程				
教学时间	环节与主题	对话活动	内省与生成	设计意图
2分钟	对话唤醒	猜一猜活动——老师通过动手操作撕纸，激发学生的好奇心和动手操作的热情。	学生对话：猜一猜。	设置游戏活动，既能与学生沟通，又能激发学生学习兴趣。
10分钟	次主题一：创作轴对称图形	1. 学生动手创作轴对称图形。 2. 观察这些作品，发现作品的异同之处。	1. 学生们动手操作，创作出各种各样的、有对称特点的丰富的作品。 2. 学生通过独立思考或小组交流，补充。找到它们的不同之处和相同之处。 3. 明确工具：对学生作品的对折与展开。 4. 技术应用：学生灵性的体现。	1. 创设情境，激发学生好奇的天性，初步感知对称图形的特点。 2. 通过折一折、撕一撕的操作强化认识。
15分钟	次主题二：认识轴对称图形	1. 师生交流对话中，逐层揭示轴对称图形的特征。 2. 通过追问学生：对折后两边什么一样？进而明确大小、形状完全一样在数学上就叫做完全重合。这个折痕就是对称轴。 3. 明确轴对称图形的概念。	1. 学生操作作品，对折、撕掉一部分后，再打开，两边就是完全一样的。 2. 学生在与作品交流，从中发现了都有一条折痕。而且沿着折痕对折，两边就能完全重合。	1. 操作与观察相结合，强调从运动的角度看问题，有利于空间观念的形成。 2. 学生不仅在体验中获得了成功，而且感受到了数学视角下的"对称美"。

课题		轴对称图形		
教学过程				
教学时间	环节与主题	对话活动	内省与生成	设计意图
10分钟	次主题三：判断轴对称图形	1. 判断图形，寻找对称轴。 2. 下面的图形分别是从哪张对折后的纸上剪下来的？连一连。 	1. 学生判断具体图形是否是轴对称图形，巩固对轴对称图形的认识。 2. 对其中的轴对称图形进行对称轴的标注，从不同角度、不同方向认识轴对称图形。 3. 逆向想象，给出一些图形，根据轴对称图形特征判断；它们是从哪张纸上剪下来的？	学生在逐层深入的练习中，想象轴对称图形的特点，加深对轴对称图形的理解，学会全面地看问题。
2分钟	知识建构	回顾轴对称图形的特点：沿着对称轴对折后两边能完全重合。	学生阐述轴对称图形的特点。	明确主题：轴对称图形的特点。
2分钟	拓展实践	1. 联系实际生活，寻找对称之美。 2. 教师巡视对话，建构灵动的时空关系。 3. 教师收集小组想法。	1. 想象一下生活中见到的轴对称图形。给予孩子们充足的想象时间和空间。 2. 学生探索生活中哪里用到了对称，对称美在哪里，有什么作用。	1. 学生通过小组讨论和对话，体会生活中轴对称图形的作用，对知识在现实中的"美感"有所体验。 2. 深度内省——感受数学最终要回归生活，生活中的对称更是处处皆美。
2分钟	作业布置	延展几何图形的对称性： 我们学过的平面图形哪些是轴对称图形？每一种对称图形有几条对称轴呢？请你课下想一想，并用你手中的学具折一折、画一画，找到答案。		

（四）小学科学"制作水位报警器"教学设计

北京工业大学附属中学十八里店分校　吴驰

课题	制作水位报警器			
指导思想	王世元在《教育文化构建的人性基础》一书中指出："理想的教育应该体现尊重、民主、责任、科学的精神，并以此为核心素养培养'最佳公民'。"要通过"扰启、内省、质疑、实践"的教学方法论，建立师与生、生与生、师生与时空之间的合作关系，实现时空再造，构建"师生＋时空"的新型育人共同体，培养学生的思维能力、想象能力、操作能力及表达能力，使社会主义核心价值观、发展学生核心素养、减负真正落地。			
教学内容分析	本主题活动是在"电与生活""磁与生活"单元学习完毕后进行的拓展活动。由于雨季低洼地区容易有积水，汽车易熄火，学生通过确定需求，搜集资料，利用已有知识设计并制作水位报警器，反思评价，最终解决问题。			
学情分析	本教学设计施教的对象是小学四年级学生，学生已经具备基本的科学实验能力，能够做到认真观察、如实记录、小组分工合作等，能看懂电路图中的符号，能够按照电路图正确连接好一个简单的闭合回路。学生乐于参与调查研究与设计制作的活动，对事物有好奇心，对要研究的问题能够较完整地制订计划与方案。			
教学方式	合作对话式			
教学目标	1. 通过水位报警器的设计与制作，知道设计与制作一项产品的基本步骤。 2. 在教师引导下，对自己的研究过程、方法、结果进行反思，做出自我评价与调整。 3. 学生面对失败时，有不怕困难、勇于探索的科学精神，能接纳他人的观点。			
教学重点	通过水位报警器的制作，知道发明一项技术的基本过程。			
教学难点	水位报警器的设计、制作测试。			
教学过程				
教学时间	环节与主题	对话活动	内省与生成	设计意图
3分钟	对话唤醒： 展示活动 展示1：调研照片 展示2：设计方案	用多媒体展示照片： 扰启：前期进行了哪些活动？在这一过程中大家运用到了哪些知识呢？	1. 采集学生对话活动照片。 2. 进一步内省——运用已学知识可以解决实际问题；明确设计与制作的过程。	展示前期活动及小组设计，明确设计与制作一项产品的基本步骤，渗透实践创新的过程。

课题	制作水位报警器			
教学过程				
教学时间	环节与主题	对话活动	内省与生成	设计意图
10分钟	次主题一： 小组展示自制开关	1. 学生汇报展示本组自制开关的设计图及实物。 2. 开展组间互评。	1. 学生与文本（设计图纸）、实物对话。 2. 组间交流对话：找出小组的优点与不足之处并提出可行的建议。	1. 通过汇报展示，培养学生运用口头、形体等多种语言方式表达自己观点的意识和能力。 2. 通过小组间的交流，学生能够接触尽可能多的不同观点，扩大知识面，拓展创新思维。 3. 通过相互评价，学生学会与别人积极交流、友好相处、处理问题、接受建设性批评意见。
12分钟	次主题二： 在模拟场景中制作水位报警器	1. 各小组按照施工图将所有元件安装到模拟箱中，进行测试。 2. 教师巡视对话——建构灵动的时空关系。	1. 学生与图纸、工具、材料对话：小组根据图纸进行电路的铺设。 2. 小组内生生对话：小组同学合作解决问题，完成任务。 3. 师生对话：学生遇到不能解决的困难时可与教师进行对话，寻求帮助。	1. 通过师生之间、生生之间，生与图纸、工具、材料之间产生的不同对话，达到同伴之间、师生之间的扰启、质疑，以至于实现学生的深度内省。 2. 制作和安装水位报警器及自动开关，从而进行解决实际问题的试验活动，在活动过程中培养学生创新精神。
12分钟	次主题三： 测试产品效果、评估交流	1. 构建灵动的时空关系：建立展示区域，小组进行成品展示介绍。 2. 小组间互相评价。	1. 学生与自制水位报警器的对话：各组到展示区域进行演示和介绍。 2. 师生、生生、小组间对话：学生互相倾听，找出优点，提出合理化建议。	1. 引导学生经历技术发明试验评价环节，把水位报警器安装到模拟道路箱中，进行有针对性的测试和评估。 2. 师生之间扰启、质疑，通过试验评价内省任务达成度，实现学生的深度内省，明确下一步应如何改进。 3. 小组间互评对话过程中，学生学会与别人积极交流、友好相处、处

课题	制作水位报警器			
教学过程				
教学时间	环节与主题	对话活动	内省与生成	设计意图
				理问题、接受建设性批评意见，从而达到对批判思维以及养控、审美的培养。 4. 本组与他组的比较与建议，观察别人制作方法的优点与不足，有助于激发学生再创新。
2分钟	知识建构	1. 设计制作一个产品的基本步骤。 2. 水位报警器设计制作的原理。	学生建构知识体系，对设计制作的基本步骤及原理深度内省。	突出学生知识体系建构，形成系统化知识。
2分钟	拓展实践	如果让你进一步完善水位报警器，你想怎么做？		提出进一步完善方案的过程中，再次认识工程思维。
1分钟	作业布置	把本次主题活动的收获写出来。		

（五）初中数学"多边形的内角和"教学设计

中国教育科学研究院朝阳实验学校　曹雅新

课题	多边形的内角和
指导思想	理想教育文化通过一个价值观、两个方法论、十二个教学策略、四大能力的培养、三个真正落地等，实现对"最佳公民"的教育。本课采取合作对话式教学，清晰地展现师生、生生、师生与时空之间的合作关系，实现时空再造，通过"扰启、实践、质疑、内省"达成共同目标——学生成长。
教学内容分析	本节课主题是多边形内角和公式，体现了多边形内角之间的数量关系，是多边形的基本性质。次主题是三角形内角和定理的应用和深化，为多边形外角和公式及后续学习提供知识基础，起到承上启下的作用。
学情分析	学生已学完次主题三角形内角和定理、外角和定理、多边形基本概念，具备学习本主题的知识基础。学生存在的认知困难是转化的思想和归纳证明多边形内角和公式。

课题	多边形的内角和			
教学方式	合作对话式			
教学目标	1. 能说出多边形内角和公式，会归纳和证明多边形内角和公式，会运用多边形内角和公式进行计算； 2. 经历多边形内角和公式的探索过程，进一步体会特殊到一般和化归思想、发展发现和提出问题的能力、多角度推理论证的能力； 3. 积极参与多边形内角和探索活动，体验提出数学猜想并证明的成就感。			
教学重点	归纳和证明多边形内角和公式。			
教学难点	多种不同的方法将多边形问题转化成三角形问题，证明多边形内角和公式。			
教学过程				
教学时间	环节与主题	对话活动	内省与生成	设计意图
3分钟	对话唤醒：发现多边形内角和的变化	1. 展示动态三角形。 2. 思考三角形三个角如何变化，其内角和有无变化。 3. 提出多边形的内角和的问题。	1. 学生对话：无论三角形三个角如何变化，其内角和不变。 2. 内省：三角形内角和定理。 3. 提出多边形要研究的问题。	1. 创设情境，提出问题，生成学生强烈的对话需求或意愿。 2. 预设三角形内角和定理。
13分钟	次主题一：四边形内角和的度数及证明	1. 多媒体演示正方形和矩形的内角和。 2. 思考并证明一般四边形内角和也是360°。 3. 教师巡视对话，建构灵魂的时空关系。	1. 特殊四边形——正方形或矩形的内角和是360°，一般四边形的内角和也是360°吗？ 2. 学生通过独立思考、小组讨论来确定解决问题的方法——转化法，即转化为三角形。 3. 明确工具：三角形内角和定理。	1. 对共性问题或某类问题的研究，可遵循从特殊到一般的方法，以此猜想，发现规律。 2. 对于复杂问题的研究，一般是从简单到复杂。 3. 同种方法不同技术对解决问题有直接或决定性影响。深化对方法、工具、技术重要性的认识。
7分钟	次主题二：探索五边形、六边形的内角和，猜想多边形内角和公式并证明	学生通过学案对特殊的五边形、六边形进行探索。	根据特殊的五、六边形，学生能迅速地给出内角和的大小并能猜想一般五、六边形内角和的大小。	1. 深度内省：从简单到复杂的研究方法及其转化思想。 2. 预设逻辑归纳的重要研究方法。

课题	多边形的内角和			
教学过程				
教学时间	环节与主题	对话活动	内省与生成	设计意图
13分钟	次主题三：多边形内角和的证明	利用多媒体演示，展示多种证明过程。	推理论证多边形内角和公式，对不同方法的结果进行内省。	1. 让学生感受有限到无限、从具体到抽象的研究方法。 2. 培养学生推理与演绎的能力。
2分钟	知识建构	多边形内角和公式及其字母含义。	整理研究多边形内角和的探索过程。	加强对公式的理解，建构解决问题的方法。
6分钟	拓展实践	1.12边形的内角和是多少？ 2. 如图，求∠A＋∠B＋∠C＋∠D的值。 	不同的转化方法体现转化思想的应用。	通过实践内化主题内容，评价反馈学生对知识及能力的建构。
1分钟	作业布置	仿照此类方法研究多边形的外角和。		

（六）初中数学"函数图象中的行程问题——读图识函数"教学设计

陈经纶中学分校望京实验学校　段钰

课题	函数图象中的行程问题 ——读图识函数
指导思想	在理想教育文化育人价值观的引领下，结合课标和学情，运用教师教学方法论和学生生长方法论及"6个认知策略"和"6个非认知策略"并采取合作对话式教学方式，培养"最佳公民"，实现学生的幸福成长。
教学内容分析	读图识函数是函数应用方面的一个重要分支，它能揭示函数图象的特征，有时也能获得函数解析式。函数和行程问题都比较复杂，因此，探索过程从简单追及问题出发，归纳"读"函数图象的一般方法，并用之解决复杂相遇的行程问题，体现从特殊到一般和由繁到简的转化思想，为后续解决类似问题提供了有意义的参考。
学情分析	初二学生已完成次主题函数的概念、解析式和图像等相关知识的学习，已具备探究本主题的知识基础。他们对知识有强烈的追求欲，具备良好的合作学习的习惯，但是，其学习也存在两极分化的客观现象。因此，学生存在的认知困难是用数形结合的方法解决综合的实际问题。

课题	函数图象中的行程问题 ——读图识函数			
教学方式	合作对话式			
教学目标	1. 能分析分段函数图象，关注分段点处函数的变化情况，感悟数形结合的方法； 2. 用函数或方程模型解决问题，感悟模型思想和解法的多样性，提升发现问题和提出问题的能力； 3. 会反思学习过程，构建完善的知识体系。			
教学重点	分析分段函数图象，关注分段点处函数的变化情况；确定方程模型或函数模型求解问题。			
教学难点	用线段图分析运动过程，确定方程模型或函数模型求解实际问题。			
教学过程				
教学时间	环节与主题	对话活动	内省与生成	设计意图
2分钟	对话唤醒	请结合某函数图象，说一说如何判断一个变化过程中谁是自变量？	1. 内省：函数的概念及表示方法。 2. 生成：举实例说明。	以图象问题引入，唤醒学生对函数概念及表示方法的回忆。
12分钟	次主题一： "读"追及问题的函数图象	1. 某日，甲、乙相约去公园健步走。甲、乙的初始位置分别是学校和超市，它们与公园都在同一笔直马路的同侧。甲从学校出发匀速跑步前往公园，同时乙从超市出发匀速步行前往公园，如图所示，他们分别与学校的距离 y （米）和行进时间 x （分钟）之间的函数图象，根据分段函数图象回答：甲经过多长时间追上乙？ 甲 乙 学校 超市 公园 y/m 3600 1200 A C P 乙 B 甲 O 15 20 x/min	1. 交流线段图和函数图象所包含的信息：如坐标轴的意义，交点 P 和函数解析式的求解等。 2. 合作探究用线段图表示并分析追及过程，并关注两图之间的对应关系。 3. 发现并提出问题：甲追上乙的时间就是交点 P 的横坐标。 4. 内省和实践求交点 P 的坐标方法——方程模型： $240t = 1200 + 120t$ 函数模型： $\begin{cases} y = 240x \\ y = 120x + 1200 \end{cases}$	1. 创设问题情境，引发学生思考和对话需求，并用问题"为什么关注交点 P 等"对学生进行扰启和质疑。 2. 预设：线段图分析——工具性。 3. 拓宽解题实践的路径，提升思维力，促使学生实现深度内省，完善原有认知体系，组建"方法库"。

课题	函数图象中的行程问题 ——读图识函数			
教学过程				
教学时间	环节与主题	对话活动	内省与生成	设计意图
3分钟	次主题二：提炼"读"函数图象的一般方法	组织学生总结："读"函数图象的一般方法和蕴含的数学思想。	对话交流"读"图的方法：(1)坐标轴的意义。(2)分段点或交点的意义。(3)每一部分图象所对应的运动过程。(4)线段图辅助分析。(5)学生感悟数形结合方法、方程或函数模型思想。	1. 总结一般方法，促使学生深度内省，感悟从具体到抽象的数学思想。2. 梳理知识框架，初步建构知识体系，完善认知过程。
15分钟	次主题三："读"相遇问题的函数图象	某日，甲匀速步行从学校前往公园，同时，乙同学从公园匀速步行返回学校。已知 $v_甲 < v_乙$，点 C、B 的坐标，甲、乙之间的距离 y（米）与时间 x（分钟）之间的函数关系如下图。根据分段函数图象信息求解：(1)求点 A 坐标。(2)两人何时相距1200米？巡视指导小组交流，构建灵动的教与学的时空关系，重点关注学生的讨论过程，及时捕捉生成问题，促成课堂新的生长。	1. 独立思考后，学生小组或学生个体间交流，用线段图分析相遇问题，关注分段点 A 的意义和求 A(36，2880)的方法（共3种）。2. 学生交流第(2)问题，得到方程模型：$180t = 3600 - 1200$；$180t = 3600 + 1200$。函数模型：由待定系数法确定解析式：$y_{DC} = -180x + 3600$ ($0 \leqslant x \leqslant 20$) $y_{CA} = 180x - 3600$ ($20 \leqslant x \leqslant 36$) 并与 $y = 1200$ 联立方程求解。学生拓展：函数解析式还可以由物理意义得到。3. 学生代表展示分析和求解问题的方法，学生间互相点评、补充或质疑。	1. 相遇情境下甲乙之间的距离函数图象问题相对复杂，它将促成不同层级的"对话"需求，同时增强了扰启效果，促进质疑和内省的深刻发生。2. 不同解题路径的对比，渗透方法和工具的针对性和重要性，也让学生体会简洁性和灵活性的数学之美。3. 深度内省：化繁为简的转化思想，以数释形，以形助数的数形结合方法。4. 分享展示，互评互问机制，体现课堂的尊重、民主、责任与科学。

课题	函数图象中的行程问题 ——读图识函数			
教学过程				
教学时间	环节与主题	对话活动	内省与生成	设计意图
4分钟	知识建构	1. 读图识函数的一般方法：读坐标轴的意义；读端点或交点的意义；明晰分段函数图象对应的变化过程等。 2. 求函数图象的交点坐标方法：方程或函数模型。 3. 数学思想方法：特殊到一般、数形结合、转化思想。	1. 内省：归纳总结读图方法与具体操作流程，明晰解决问题的范式。 2. 生成：可以局部到整体读图，也可以左到右描述变化趋势。	反思学习过程和归纳总结核心知识，并提炼蕴含的思想方法，促进学生深刻内省，完善认知体系。
8分钟	拓展实践	如图，请以此为背景设计一道行程问题。 y/m C ···· B 3600 A O 10 20 x/min	先自主编制恰当的实际问题，后对话交流问题。	实践内化主题内容，落实课堂学习，及时评价反馈学习效果。
1分钟	作业布置	组间交换完成自编的行程问题。		

（七）初中英语 We haven't found life on any other planets yet 教学设计

北京化工大学附属中学　张涛

课题	We haven't found life on any other planets yet
指导思想	理想教育文化倡导课堂情境更多呈现启发教学、小组合作、科学探索、学生交流等。教师教学多采取扰启、内省、质疑、实践等方式。学生生长方法论强调独立、追求、养控、审美。
教学内容分析	[What]本节课是一篇科普文阅读课，主要探讨的是除地球之外是否存在生命的问题。语篇先提出尚未在其他星球发现生命的结论，接着介绍宇宙概貌，其他星球没有生命的原因，谈及科学家已做和未做的太空探险，最后探讨是否存在外星生命。 [How]文章结构清晰，共分为五段。第一段聚焦在科学家尚未在除地球以外的星球上找到生命的迹象；第二、三段介绍科学家已经探索到的宇宙现象；第四段介绍了为了探索宇宙，科学家已经向外太空发射了飞船；最后一段提出了科学家的困惑：宇宙间到底有没有其他生命迹象的存在？ [Why]通过阅读文章学生可以收获一定的宇宙航空知识；同时，文章也展示了人类对于神秘宇宙的不懈探索。

课题	We haven't found life on any other planets yet			
学情分析	学生对本课话题较感兴趣，但所了解的知识并不多，所以本课采用补充的阅读材料和电影的视频片段，引导他们在了解更多知识的基础上，认真关注语篇层面信息。此外，学生有一定获取信息的能力，但对文本逻辑及结构分析能力不足，因此在阅读中设计相应活动引导学生分析。			
教学方式	合作对话式			
教学目标	1. 能够获取太空的基本知识，梳理人类探索太空所付出的努力和取得的成就。 2. 通过对文本进行语篇层面的剖析，关注并分析课文的逻辑叙述。 3. 联系实际，展开针对探索太空的讨论。			
教学重点	1. 能够获取太空的基本知识、梳理人类探索太空所付出的努力和取得的成就。 2. 通过对文本进行语篇层面的剖析，关注并分析课文的逻辑叙述。			
教学难点	联系实际，展开针对探索太空的讨论。			
教学过程				
教学时间	环节与主题	对话活动	内省与生成	设计意图
5分钟	对话唤醒	Show a video and tell the students to think about the questions. 1. How large is the universe? Can you say the name of the planets? 2. What else do you know? Ask the students to answer the questions. 1. Have people found any life on other planets? 2. Why?	1. 内省：宇宙知识有多少？人类如何探索太空？ 2. 生成：对宇宙知识的兴趣。	1. 视频导入，扰启学生思考问题，激发学生阅读有关宇宙知识的篇章的兴趣，形成阅读期待。扫除生词障碍。引入主题。 2. 进行读前预测，就问题进行回答，并给出可能的原因。培养学生思维能力和想象能力。最大化扰启学生。
5分钟	次主题一：太空基本知识	Fast reading Ask the students to read the passage and match the titles with the paragraphs. Then ask them to choose the best title for the text.	1. 内省：标题信息与文字信息匹配。 2. 生成：阅读关注标题的学习能力。	采取静默方式阅读文本信息，利用任务扰启学生，让学生独立操作，培养学生操作能力。

课题	We haven't found life on any other planets yet			
教学过程				
教学时间	环节与主题	对话活动	内省与生成	设计意图
15分钟	次主题二：人类探索宇宙的努力和成就	Ask the students to read paragraph 2-3, then draw a picture of the universe to show their relationship in their group.	1. 内省：人类探索太空所取得的成就。 2. 生成：对中国航天事业与航天人的敬畏之情。	通过根据2~3段文本信息进行绘画。小组合作，深度内省，对文章信息识别与梳理。培养学生操作能力和表达能力。
		Ask the students to read paragraph 4 and think about "What have scientists done? Why haven't the scientists sent the spaceship to other stars?"		针对问题获取细节信息回答，并就问题的原因进行探讨。培养学生操作能力和思维能力。
		Ask the students to read the text again and find out "What does the writer think of the universe?"		深入分析语篇，挖掘主题意义。宇宙有多大？宇宙之外还存在另一个宇宙吗？强化学生对中国航天事业与航天人的敬畏之情。培养学生思维能力及科学精神。
5分钟	知识建构	Read the text and review "What have the scientists explored about space?" Tell the students to find out the structure of the sentences.		梳理文本信息，强化学生对现在完成时在句中表意功能的理解。教师扰启，学生实践完成认知。培养学生思维能力和操作能力。
15分钟	拓展实践	Tell the students to talk about "What have scientists already explored?" "What else do you want to explore? Why?"		叙述太空领域的成就。教师扰启，让学生实践。激发学生兴趣，展开讨论，培养学生的想象能力、思维能力和表达能力。

课题	We haven't found life on any other planets yet

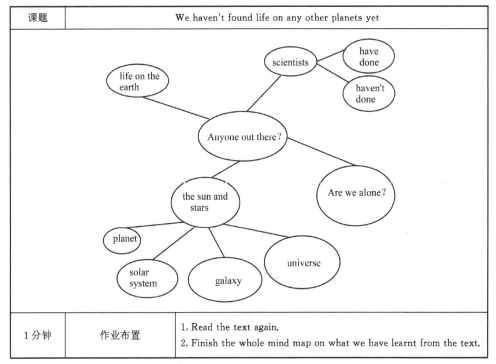

1分钟	作业布置	1. Read the text again. 2. Finish the whole mind map on what we have learnt from the text.

（八）高中物理"光的全反射"教学设计

北京市第十七中学　徐先红

课题	光的全反射
指导 思想	从理想教育文化追求育人价值的角度，结合课程标准和学情，把实践、问题、方法、工具、技术、表述等认知策略与灵动能力、生命修为、意志品性、合作要件、情志追求、批判思维等非认知策略联系起来，通过"合作对话"方式，建构科学时空，运用理想教育教学方法论和理想生命个体生长方法论传授知识，通过"扰启、实践、质疑、内省"培养"最佳公民"，助力学生成长。
教学内容 分析	本节课主题是全反射的概念和条件、临界角概念，为学生了解大自然中的光学现象提供知识基础，达到学以致用。次主题是深入理解光的反射、折射定律。
学情 分析	学生已学习光的反射定律、折射定律，会画光路图，会使用激光笔和实验器材，学生间差异不大，具备学习本主题的知识基础。学生对理解临界相关的概念存在的认知困难。
教学方式	合作对话式

课题	光的全反射			
教学目标	1. 能通过对比光路图，知道光密介质和光疏介质。 2. 能通过实验归纳全反射定义、条件和临界角，能正确计算临界角。 3. 在"三看"光路图和"三做"实验的过程中体会研究物理问题的思路和方法。 4. 经历全反射现象应用的分析和理解过程，如光导纤维、霓虹现象、海市蜃楼等，体会知识的科技价值和大自然的神奇魅力。			
教学重点	全反射条件，临界角概念及应用			
教学难点	临界角概念、临界条件、画光路图			
教学过程				
教学时间	环节与主题	对话活动	内省与生成	设计意图
2分钟	对话唤醒	用激光笔演示水流中的光路，扰启光的直线传播理论。	内省：光路为什么会发生弯曲？	1. 创设情境，提出问题，生成学生强烈的对话需求或意愿。 2. 利用工具激发学生的学习热情。 3. 提出本节课要研究的问题。
5分钟	次主题一：光密介质和光疏介质	1. 画出两幅完整光路图(光从空气斜射进水、从水斜射进空气)，入射角均为50°。 2. 教师巡视对话，建构灵动的时空关系。	1. 讨论、评判黑板上两名同学画的光路图，回忆两大定律。 2. 学生思考确定解决问题的前提是要对介质分类。 3. 明确工具：光密介质和光疏介质。 4. 内省实践：介质的相对性。	"一看"黑板光路图：暴露学生的典型错误，让学生在实践过程中对其他学生扰启和质疑，体现尊重意识，培养学生的批判思维意识。
21分钟	次主题二：全反射定义、条件和临界角	实验一：光在界面处一定折射吗？ 实验二：光从玻璃(水)射向空气时，入射角从0°开始增大，观察反射角和折射角大小、各光线强度的变化。	1. 分别观察光从空气射向玻璃(水)、从玻璃(水)射向空气，入射角从0°开始增大，是否都存在反射光线和折射光线；以及各光线亮度的变化、折射光线刚好消失时对应的入射角，完成学案。	"二看"黑板光路图：在实验、实践中解决质疑、发现规律，体现课堂的民主、科学、团结合作意识。 通过师生之间、生生之间、生与实验器材等之间产生的不同对话，达到同伴之间、师生之间

课题		光的全反射		
		教学过程		
教学时间	环节与主题	对话活动	内省与生成	设计意图
		实验三：测玻璃或水的临界角。 1. 通过学案给出有关折射率数据，分析钻石发亮的光学原因。 2. 教师巡视对话建构灵动的时空关系，并收集学生小组或个人信息。 3. 如果不正确，如何修改？ 4. 教师追问：若入射角等于35°，光线画得对吗？再追问：折射光线不一定都存在，但是否都存在反射光线？	2. 通过小组合作归纳全反射的定义和条件。 3. 从理论角度推导临界角公式，比较各介质的临界角，临界意识的理解。 4. 内省实践；人们青睐于买钻石的光学原因是什么？	的扰启、质疑和深度内省。 通过"三看"黑板光路图是否都正确并修改，让学生体会在实践中发现新规律的快乐，享受着灵动的课堂气氛。
10分钟	次主题三：全反射的应用	 1. 解释：现象神奇的光导水流。 　迁移：演示神奇的光导纤维。 2. 光纤通信与5G生活。 3. 全反射棱镜的光学原理。 4. 大自然中的全反射现象：霓虹现象、海市蜃楼。	1. 对话光导水流、光导纤维，分析其神奇原理、设计条件，达到深度内省。 2. 学生讲解光纤通信，深入体现生生间的合作对话交流。 3. 观察全反射棱镜。 4. 学生探索并分析大自然中全反射现象。 5. 小组间或同学个间对话交流。	1. 用学完的理论知识解释光导水流，前后呼应，水到渠成，体现了自然之美、哲学之美，提高学生的追求审美意识。 2. 工具、情境的呈现激发学生课下迫切深入研究问题的热情。

课题	光的全反射			
教学过程				
教学时间	环节与主题	对话活动	内省与生成	设计意图
4分钟	知识建构	1. 介质的分类。 2. 全反射的定义和条件。 3. 临界角的定义和公式。 4. 全反射应用：光导纤维、棱镜、霓虹、海市蜃楼。		1. 总结主题，建构学生知识结构。 2. 在总结过程中再次突出育人价值，在教育过程中反射出更耀眼的物理思想。
1分钟	作业布置	学案中练习与思考：再次巩固提升。		

(九)高中化学"从氮气到硝酸"教学设计

北京市三里屯一中　李小梅

课题	从氮气到硝酸
指导思想	本课采取合作对话式教学，明晰了师生、生生、师生与时空之间中的合作关系，实现时空再造，通过"扰启、实践、质疑、内省"达成共同目标——学生成长。 以发展化学学科核心素养为主旨，结合人类探索物质及其变化的历史与化学科学发展的趋势，引导学生学习化学的基本原理和方法，形成化学学科的核心观念，引导学生关注人类面临的与化学有关的社会问题，培养学生的社会责任感、参与意识和决策能力。
教学内容分析	本节课的主题是从氮气到硝酸，包含三个次主题。 次主题一：建构价类二维图。依据所学知识，构建价类二维图，建构知识系统。 次主题二：运用二维图分析工业生产硝酸的原理。应用构建的二维图，设计工业制硝酸的路线，并根据反应条件，选择最优方案。 次主题三：尾气中氮氧化物的处理。讨论尾气中含氮氧化物的处理方法，充分利用价类二维图，进一步体会学习元素化合物知识的方法。 本节课内容的学习对学生构建含氮元素物质的知识体系、学习元素化合物知识的方法有重要的价值。
学情分析	氮元素及其化合物是高中阶段学习的重点知识，在之前的学习中，学生已经学习了含氮元素物质之间的转化，但是知识还不够系统。而且学生对物质性质的角度仍需要进一步完善，应用物质性质解决实际问题的能力也有待提升。
教学目标	1. 构建含氮物质的知识体系，使知识更加结构化、系统化； 2. 深化对知识点及知识体系的理解，强化"变化观念"的素养； 3. 通过工业制硝酸的原理、条件优化、尾气处理等对话活动，体会化学对社会的价值。
教学重点	构建含氮物质的知识体系，深刻理解含氮元素物质之间的转化。

课题	从氮气到硝酸		
教学难点	应用工具——价类二维图，解决硝酸尾气处理的实际问题。		
教学方式	合作对话式		
教学过程			

时间	环节与主题	对话活动	内省与生成	设计意图
1分钟	对话唤醒	结合前几节课的学习，你能自己构建含氮元素物质的价类二维图吗？	进一步内省本单元的知识及价类二维图。	唤醒学生对价类二维图的思考。
6分钟	次主题一：建构价类二维图		内省元素化合价、物质类别以及物质之间的反应规律。	知识系统建构，方法和工具建构。
10分钟	次主题二：运用二维图分析工业生产硝酸的原理	在二维图中寻找，适合工业中以氮气为原料制硝酸的路线。选择适用于工业生产的方案（结合氮气与氧气、氮气与氢气、氨气与氧气的反应条件）。选择工业生产的最优方案。工业生产硝酸的过程中，用了两步反应连续氧化（结合氨氧化炉内温度860℃，NO_2 高于 150℃ 开始分解），讨论不能合并成一步的理由。	正确书写化学方程式，生成方案一：$N_2-NO-NO_2-HNO_3$ 生成方案二：$N_2-NH_3-NO-NO_2-HNO_3$ 在工业生产硝酸的过程中，除要关注反应步骤多少，还要关注反应条件、能源消耗等方面因素。反应在 860℃ 下才能进行，NO_2 已经分解。	运用知识工具、方法，解决实际问题加深对化学反应条件的理解，发展"证据推理"的学科核心素养。

课题		从氮气到硝酸		
教学过程				
时间	环节与主题	对话活动	内省与生成	设计意图
8分钟	次主题三：尾气中氮氧化物的处理	硝酸工业生产中，会产生氮氧化物尾气，运用价类二维图，讨论处理尾气的方法。	处理氮氧化物废气的方法。	应用价类价类二维图，分析氮氧化物的性质，解决处理氮氧化物废气的方法。
5分钟	知识建构	价类二维图一： 价类二维图二：	构建含氮物质的知识体系。	工具架、方法库建构。
14分钟	拓展实践	【资料】工业制硝酸时尾气中含有 NO、NO_2，可以用 NaOH 溶液吸收，将氮元素转化成 $NaNO_3$ 和 $NaNO_2$。 (1)写出反应的化学方程式。 (2)用不同浓度的 NaOH 溶液吸收 NO_2 含量不同的尾气，关系如下图：（a 表示尾气中 NO、NO_2 中 NO_2 的含量）	认识物质性质的方法——化合价和类别的角度；读图方法；陌生方程式的书写方法。	运用知识系统、方法、工具解决问题，并进行立德树人的教育。

课题	从氮气到硝酸			
	教学过程			
时间	环节与主题	对话活动	内省与生成	设计意图
		根据上图,你能给硝酸的尾气处理提出哪些建议? (3)当 α 小于 50% 时,加入 H_2O_2 能提升氮氧化物的吸收率的原因。		
1分钟	作业布置	构建含硫元素物质的价类二维图,设计处理含 SO_2 尾气的方法。	含硫元素物质的转化,利用 SO_2 性质设计尾气处理的方法。	运用学习的方法、工具,解决问题。

(十)小班数学"星星找朋友"教学设计

北京市朝阳区劲松第一幼儿园　李真

活动名称	星星找朋友
指导思想	理想教育文化课题通过一个价值观、两个方法论、十二个教学策略、四大能力的培养、三个真正落地,实现"最佳公民"的教育。本节课采取合作对话式教学达成师幼、幼幼、师幼与时空之间的合作关系,实现时空再造,通过"扰启、实践、质疑、内省"达成共同目标——幼儿成长。
教学内容分析	《3—6岁儿童学习与发展指南》中提出:"能从生活和游戏中体验到数学的重要和有趣。"本次活动建立在幼儿对集合概念具有初步认知,能根据物体形状属性进行分类的基础上,通过提供支撑让幼儿在操作中了解到同一物体可以按照不同的属性进行分类这一核心经验。
学情分析	3岁幼儿处于直观行动思维阶段,因此借助真实情境和材料为幼儿提供亲身体验、实际操作的机会;此阶段幼儿的注意力仍以无意识注意为主,专注时间短且易受外界环境干扰,因此单个环节设置在5分钟内;材料颜色、形状及大小变化会对幼儿的思维过程产生影响,且存在性别差异,女孩优于男孩。

活动名称	星星找朋友			
教学方式	合作对话式			
教学目标	1. 初步感知事物共同的属性,用"××和××是好朋友"理解集合和分类。 2. 能根据颜色、形状、大小等特征找到具有相同属性的图形。 3. 能够在数学活动中体验交朋友的快乐,愿意交朋友。			
教学重点	根据某一物体的不同属性找到与之相同分类的另一物体。			
教学难点	能够排除干扰,从不同角度找具有相同属性(如:颜色、形状、大小、材质)的形状。			
教学过程				
教学时间	环节与主题	对话活动	内省与生成	设计意图
2分钟	对话唤醒: 情景导入	1. 共唱《小星星》入场。 2. 屏幕出现星空情景,教室墙面呈现星空环境。	1. 幼儿进入与星星做游戏的情境氛围中。 2. 识别教师手中的图形形状及颜色。	1. 创设星空情境,引发幼儿兴趣及参与积极性。 2. 明确本节活动的主要操作材料。
1分钟	次主题一: 观察图形外部特征	1. 出示并询问黄色三角形的特征。 2. 抛出寻找好朋友的标准,即必须有一个地方是一样的,引发幼儿思考。 3. 依次出示红色三角形、黄色圆形、蓝色小三角并询问外形特征,追问其是否能够成为黄色三角形的朋友。 	1. 幼儿识别图形的形状及颜色。 2. 通过教师扰启思考与黄色三角形有相同属性的图形应该具备哪种特点。 3. 观察其他三个图形的外部特征,与黄色三角形进行对比,排除颜色、形状和大小的干扰,寻找两者的相同属性,确定两者为朋友。	1. 教师通过语言和材料进行扰启。 2. 幼儿自由回应形成同伴间的扰启。 3. 教师依次两两呈现材料,幼儿借助三次观察、猜测和回应最终确定答案,实现初步内省。

活动名称		星星找朋友		
		教学过程		
教学时间	环节与主题	对话活动	内省与生成	设计意图
5分钟	次主题二：实际操作	1. 教师巡视对话——建构灵动的时空关系。 2. 幼儿与墙面互动，形成幼儿与材料环境的时空对话关系。 3. 教师收集幼儿个人信息，掌握幼儿间的互动状态。	1. 观察幼儿寻找"朋友"的过程。 2. 进行幼儿之间或师幼间的对话交流。 3. 幼儿与墙面互动，形成幼儿与材料环境对话关系。	1. 培养幼儿观察、比较、分类、沟通、交流的能力。 2. 感受技术的重要性，不同属性难度不同，需要幼儿排除干扰进行分类。 3. 墙面包含多种属性的材料对幼儿进行扰启。
3分钟	次主题三：幼儿分享	1. 教师与分享者建立一对一对话关系。 2. 分享者与倾听者建立对话关系。 3. 教师与倾听者建立对话关系。	1. 幼儿间小组分享，教师关注幼儿的语言表述。 2. 个别幼儿分享，阐述自己的想法，对相同属性进行描述和论证。 3. 倾听幼儿获得同伴间的扰启并对他人的答案进行质疑。 4. 分享者针对与他人意见不同的答案进行解释践行质疑。	1. 培养幼儿认真倾听的习惯、尊重他人的品质。 2. 培养幼儿敢于表达、大胆质疑的品质。 3. 通过实践操作与沟通分享实现实践层面的内省。
1分钟	知识建构	1. 同一物体具有多种属性。 2. 同一物体可以根据其不同属性找到与之匹配的另一物体。	1. 幼儿回顾并加深对于相同属性的认知，表现出对集合概念的初步认知。 2. 内化：根据不同属性进行分类从而确定"好朋友"的经验。	1. 建立寻找相同属性的经验，并能够排除干扰。 2. 小班幼儿为直觉行动思维。因此应通过实际的图形展示总结，帮助幼儿理解核心经验。

活动名称		星星找朋友		
教学过程				
教学时间	环节与主题	对话活动	内省与生成	设计意图
1分钟	拓展实践	寻找与自己具有相同属性的好朋友。	1. 只要有一个地方是一样的就可以成为好朋友，我们所有人都是好朋友，因为我们都是小二班的一员。 2. 我们每个人都需要好朋友，好朋友会和我们有相同的兴趣爱好，陪伴我们一起度过幼儿园生活。	1. 总结此次活动的主题并提升到幼儿交往层面，不局限于知识经验的获得。 2. 让幼儿寻找解决问题的方法，从观察到比较最后进行分类，敢于质疑，愿意分享。
1分钟	作业布置	按照此种找朋友的标准寻找教室中其他的"好朋友"。		

三、综合实践"合作对话"教学范式设计案例

初中综合实践活动课程《世界文化遗产——宏村探秘》教学设计

北京中学 余国志

课题	世界文化遗产——宏村探秘
指导思想	

1. 遵循《中小学综合实践活动课程指导纲要》，从学生的真实生活和发展需要出发，从生活情境中发现问题，转化为活动主题，通过探究、服务、制作、体验等方式，培养学生综合素质。
2. 根据理想教育文化"一个价值观、两个方法论、十二种教学策略"组织安排综合实践活动。
3. 立足于北京中学九年级学生的认知基础和综合实践能力，根据"最近发展区"理论，结合现有和可挖掘或可重组的资源开展综合实践课程。

教学模块内容分析

本教学模块的主题是"宏村探秘"。安徽宏村是世界文化遗产，也是徽州文化和中华优秀传统文化的重要代表。"宏村探秘"综合实践活动课程，帮助学生认识宏村的历史发展和重要文化价值，激发学生对中华优秀传统文化的热爱，引导学生树立文化自豪感和自信心，使学生厚植人文底蕴，承担社会责任，创新传统文化的保护和传承活动。

课题	世界文化遗产——宏村探秘

教学模块内容分析

本教学模块按照四个环节进行。

第一个环节是观宏村。带领学生体验宏村的整体构造和规划，了解宏村建设和设计中所蕴含的中华优秀传统文化的价值和精髓。

第二个环节是画宏村。通过"画宏村"微项目式学习，扰启学生通过绘画、绘制地图和建模等方式，自主内在建构并表达和呈现对"宏村"这一建筑文化的独特价值，引导学生认识宏村民居占建是中华优秀传统文化的重要组成部分。

第三个环节是访宏村。在了解宏村的整体建设和规划基础上，引导学生走进宏村居民，通过口述史的方式，与宏村居民对话，了解宏村居民的构成、历史和生活方式。

第四个环节是忆宏村。在体验宏村整体环境、绘制宏村美卷和走访宏村居民的基础上，采取小组分享的方式，帮助学生反刍和整理学习经验，建构起输入——输出的学习闭环。

学情分析

本主题的授课对象为九年级学生。通过问卷调查和个别访谈等方式得知：学生对徽州文化研学实践活动有强烈需求，大部分学生对徽州文化的兴趣较浓，部分学生和父母有去过徽州的旅游经历，对徽州文化有笼统的了解，但不深入，特别是对于宏村的了解，还停留在粗颗粒度的了解上，尚未认识到宏村古建民居文化的独特价值。

教学目标

通过本单元的学习，学生能够：

1. 获取关于宏村的基本历史知识，画出宏村古建民居建筑的模型，说出宏村古建民居背后的故事，列举宏村民居古建的独特价值。

2. 能用3~5个关键词概括世界文化遗产和徽州文化代表——宏村的特点。

3. 举办关于宏村地图、宏村地理、宏村建筑的作品联展。

4. 通过宏村研学活动课程，建立起对中华优秀传统文化的自豪感，进一步树立民族自信心。

重点和难点

重点：

1. 获取宏村的基本知识，建构宏村古建民居的模型。

2. 列举和理解宏村古建民居的独特价值。

难点：

探究分析并说出宏村古建民居设计背后的故事。

课题	世界文化遗产——宏村探秘

设计思路

本课为生成性和综合性的开放活动课程。通过"三阶段、四环节"的课程整体建构，开启本课程教学。

三阶段：行前阶段、行中阶段和行后阶段。

行前阶段：在研学旅行开始之前，在校内开展的关于宏村的讲座、学习行程安排、课题发布、小组分工等活动过程。

行中阶段：在研学开始后，学生根据行前确立的研究性课题，开展研学性学习和生活教育等活动。

行后阶段：研学结束返校后，根据行前确立的学习目标，进行课程评价的过程。

四环节：观宏村，画宏村，访宏村，忆宏村。

对宏村的实地探究和具身体验的学习活动，从具身体验宏村(观宏村)，帮助学生建构起对宏村的整体感知开始，引导学生对宏村有一个建构性的联系性的认知地图，激发学生的学习情绪和热情，以便进入实践制作(绘制宏村地图、建构宏村建筑模型、绘制宏村画卷)的学习方式(画宏村)，通过制作和实践活动，学生在了解宏村的概况后，继续通过口述史的对话方式，深入村民居民的生活方式、历史溯源等，进一步深入了解宏村的历史文化，最后，对上述学习经验进行整理和反刍，建构起输入—输出的学习闭环。

教学资源和教学辅助手段

马克笔、画板、纸、水彩、录音笔、摄影机

教学过程

教学环节	学生活动	教师活动	设计意图	时间安排
活动一：观宏村，建构对宏村的整体感知	具身体验 行走宏村 对照课题 开展研究	指导学生分组 发放学习材料 个别讲解答疑	新鲜而真实的体验式学习场景，有助于建构学生对宏村的整体认知，激发学生学习热情。	40分钟
活动二：画宏村，绘制和建构宏村的地图和模型以及绘画作品	绘制地图 建构模型 绘画写生	布置学习活动 个性答疑指导 示范讲解	通过微项目式学习方式，利用任务扰启学生，让学生独立制作完成，培养学生实践动手和可视化能力。	40分钟
活动三：访宏村，了解宏村居民历史文化和生活方式	采访居民 记录文字 拍摄反馈	带领学生入民居 指导学生记录	通过口述史的对话方式，了解宏村居民的历史文化和生活方式。	40分钟
活动四：忆宏村，整理和反刍关于宏村的学习经验	分享 自评 他评	指导分享 记录表现 给予评价	通过分享活动，整理和反刍学生的学习经验。	40分钟

课题	世界文化遗产——宏村探秘

作业布置

继续完善优化课题，提交今天的学习成果。

教学效果评价

随着国家对中华优秀传统文化的高度重视，在中小学开展中华优秀传统文化主题研学实践活动具有十分重要的意义。通过本次宏村的研学实践活动，学生对于中华优秀传统文化——宏村的历史和价值有了更深的认识，对于发扬光大中华优秀传统文化，有了更加具体的行动和实践，从而为在今后的学习生活中内化于心，外化于行奠定了基础。从学生的课后反馈来看，学生普遍认为课程效果好，取得了理想的教学效果。这是一次有文化、有合作、有对话、有价值的教学活动，达到了预期目的。

教学设计反思

1. 学习方式新。通过体验式学习、项目式学习等活动的开展，变教为学，学生能够针对性地运用新的学习方式，来和自身的学习策略对接，达成学习的目的，提升了学习的效果。

2. 学习场景新。通过对世界文化遗产——宏村这一学习场景的体验，学生对学习表现出了极大的兴趣和热情，产生了强烈的学习内在动机。

3. 课程评价新。通过POL等学习评价方式，帮助学生整理和建构学习经验，将上述经验内化，达成自我学习、自我教育、自我成长的目的。

4. 待提高之处：综合实践活动课程作为一种校外教育活动，应持续在组织教学活动方面上积极探索新的组织形式，做到面向每一个学生。

四、社区教育"合作对话"教学范式设计案例

"幸福左家庄"家庭教育文化品牌创建项目

朝阳区左家庄街道工作委员会　孙曙光

课题	如何在社区教育中践行合作对话式教育
指导思想	本项目以习近平总书记关于"注重家庭、注重家教、注重家风"的重要指示精神为主体思想，围绕朝阳区建设全国公共文化服务体系示范区的要求和落实"立德树人"的根本任务，协同社会各界力量，完善学校、家庭、社会"三位一体"的育人格局，在社区践行社会主义核心价值观，以理想教育文化推动社区教育，在社区培育具有华人文化内涵的家庭教育文化，促进家庭和睦，亲人相亲相爱，下一代健康成长，老年人老有所养，最终的愿景是实现国家发展、民族进步、社会和谐。
培养目标	本项目以推广理想教育文化为目标，通过合作对话式教育在社区中培养"最佳公民"，在家庭教育中注入"健康、尊重、责任、同理心、服务"等公民核心素养，为培养"最佳公民"和构建持续幸福的社区奠定人文基础，为家庭教育寻回华人文化和华人教育的基因，重塑新时代下的家教与家风，提倡三代人共生、共学、共享、共时、共境的家庭教育文化，在社区探索与践行家庭教育的新模式，建设和谐、文明、幸福的都市社区。

课题	如何在社区教育中践行合作对话式教育
主题和次主题	本项目在社区实施一年，为满足家庭教育的个性化需求和生命个体对最佳公民素养的追求，围绕"家庭、家教、家风"三个范畴设定教育框架。 　　以"家庭、家教、家风"为三个大的课程主题，结合社区教育的特殊性，分别设定若干主题如下： 　　主题一：家庭课程 　　旨在向家庭学员传递三代共生、共学、共享、共时、共境的家庭文化，在本体系的所有课程中倡导理想的家庭教育文化观，统整"唤醒、追求、实践"的教育全过程。 　　主题二：家教课程 　　重在"教"与"养"，通过现代科学的教育理论和案例研究为家庭教育导入"健康、责任、尊重、同理心"等现代教养理念，给予家长最直接、最具实操性的指导，从而促进家庭成长，培养健康幸福的下一代。
主题与次主题	次主题1：童蒙之声 　　依中国传统的二十四节气为时间轴设计了24期在线语音课程，由家庭教育的专业导师分享不同的家庭教育主题，为家庭的幸福与孩子成长答疑解惑，缓解育儿焦虑。 　　次主题2：家庭文化工坊 　　以中华优秀的传统文化为内核，以家庭教养和家风传承为目标，通过一系列家庭文化体验活动，促进家庭三代共生、共学、共享、共时、共境，以文化滋养家庭教育，以家长的言传身教影响孩子的成长轨迹，从而形成家庭教育的典范。 　　次主题3：家庭成长工坊 　　以促进家庭成长为目的，围绕家庭关系、父母成长、孩子教育等诸多家庭现实问题设计一系列课程，分类、分层解决家庭教育过程中的诸多现实痛点问题，解家庭教育之所需所急，构建和谐的家庭关系，为孩子成长营造健康正向的家庭环境。 　　主题三：家风课程 　　侧重家庭文化传习和社会服务，以中华优秀的传统文化为内核，在"唤醒"与"实践"的融合过程中，增强"家庭"与"社会"的联结，为家庭教育寻回华人文化和华人教育的基因，重塑新时代下的家风。 　　次主题1：惟和讲堂 　　通过一系列大型普及性的家庭教育讲座，传播先进的家庭教育理念与案例，惠及更多更广的家庭，是触动家长内心和拓展视野的生命互动。 　　次主题2：社区公益服务 　　以推动家校共育和增强家庭、学校、社区的联结为目标，以体验式学习为理论基础，组织家庭走进社区，以真实的视角关注社区现状和存在的问题，并提出解决方案，从而通过社会创新推动家庭参与社区改善，促进家庭成员共同行动，在社会实践中构建新时代的家风。
活动准备	一、社情掌握 　　社区教育有其特殊情，不同社区的差异、家庭的差异、居民年龄层的差异、居民作息时间的差异等，会导致不同的社区需求差异很大。为了更真实地掌握社区教育的需求，使课程设置更具针对性，本项目采取多种方式进行调研。 　　1.集中会议调研：由街道办事处主管部门召集相关单位多次召开会议，收集不同单位对于家庭教育的需求；

课题	如何在社区教育中践行合作对话式教育
活动准备	2. 项目组走进每个社区，与社区干部深入交谈，了解每个社区的状况与需求，从而制订个性化的解决方案； 3. 在项目实施过程中，通过活动现场反馈意见与微信群学员交流，收集实时信息，及时调整课程内容与形式。 二、教育体系与课程体系设计 围绕"最佳公民"的培养与幸福社区的塑造，项目设计了以下教育体系，并研发了以下课程系统。

课题	如何在社区教育中践行合作对话式教育
活动准备	**三、制订解决方案** 　　本项目的特色在于所有课程和活动内容全部根据每个社区、学校、家庭学员群体的专属需求订制，分类、分层教学，围绕"家庭、家教、家风"的主体思想，在调研后根据具体某类服务对象的需求，确定课程解决方案的方向与侧重点，从而确定具体的目标、主题或次主题，策划有针对性的课程内容、教学任务或活动形式。 　　案例1：静安里社区提出实施家庭教育应结合老百姓的现实需求，希望以家庭为单位提供传统文化教育活动，重拾传统的家风和家训。因此，确定本社区以家庭文化工坊为主题，通过两次传统文化工坊体验活动来帮助社区居民重温中国传统的居民生活，寻回传统家庭关系的美好，在现代社区中营造幸福、文明的家庭氛围。 　　案例2：左北里社区一直面临如何引导文明养犬的问题，希望通过倡导社区公益引起家庭重视，把学校对孩子的社会责任教育与社区的家庭教育相结合，促进社区行动，从而推动家校共建，使社区实践活动成为联结学校教育与家庭教育的纽带，一起创设文明、卫生、和谐的社区生活环境。 　　因此，项目设计了"文明养犬创意PK——快乐暑假公益行"活动，以社会实践活动的形式，采用项目制学习的模式，针对社区中出现的个别不文明养犬现象，由项目导师引导学生深入社区实地调研，了解社区的家庭养犬现状，经过讨论后由项目小组提出解决方案。 **四、前期筹备** **1. 教育空间准备** 　　本项目非常重视教育环境的规划与空间美学设计，然而社区的活动空间条件参差不齐，时间安排也比较多变，因此需要提前与各社区进行充分的沟通，比如：提前考察场地，核算空间的承载人数，根据空间状况调整课堂环节的原设计，考虑课程资源的匹配程度(比如有些课程需要有便利的水源等)，提前预订活动场地，等等。这些安排，都需要取得社区的理解与支持，尤其是不能随意干扰社区的正常工作。这都体现了合作中的尊重与责任，是倡导最佳公民素养的示范。 **2. 课程准备** 　　社区教育需求的多样性，以及活动现场的不可控性较大，对教育体系的丰富性、课程形式的多样性以及导师的现场应变能力等提出更高的要求，因此需要在活动前做好充足的准备，包括教育现场的模拟与推演、审核课程PPT、课程材料的准备等。 **3. 项目信息发布** 　　合作对话式教育在社区实施存在一个难点，那就是社区的受众与项目之间存在着较严重的信息不对称现象。这就需要考量如何在项目与受众之间建立一种通畅的信息沟通渠道和便捷的信息发布渠道。在这个过程中，项目组与街道办事处、各社区之间建立一种有效的沟通协商机制是必要的，这个机制就建立在有效的合作对话基础之上。 **4. 品牌标识准备** 　　鉴于本项目的目标之一是培育一个家庭教育文化品牌，使理想教育文化在社区中形成更大的影响，每次教育活动均要提前进行充分的品牌宣传，包括项目易拉宝、海报展板、图文并茂的微信推文等。

课题	如何在社区教育中践行合作对话式教育
组织实施	合作对话式教育具有内在的思想逻辑，在方法论上有普适性，但在不同的教育场景里需要导师(教师)有很强的灵活性与专业性相结合的能力，其中包括导师的学科素养、教育素养、教育现场生成课程的建构能力等；在教育现场，在与被教育者(受众)的互动过程中，导师同时也是学习者，可在教学中获得专业成长。 遵循理想教育文化提出的路径：唤醒、追求、实践，本项目在教育现场开展教育活动。 以某次课程的教案为例，展示课堂实施的过程：

"幸福左家庄"家庭教育文化品牌创建项目

家庭文化工坊——家风有道，器物传家课程教案

授课老师	主教老师、 助教老师各1名	类别 | 课程 主题	家教 | 家风有道， 器物传家
上课日期		上课时长	90分钟
上课人数	30人(15组家庭)	上课群体	亲子家庭
课程材料	1. 物料：白纸、铅笔、方木块、砂纸、中国风挂绳、丙烯颜料、画笔、口罩、围裙。 2.《课程启发与省思》表单。		
课前准备	课堂环境创设；电子课件调试；物料分类备用。		

	教学内容	教学目标
教案	1. 观看"家"的公益视频广告片(5分钟)。 2. 老师回顾视频的内容，引导家庭学员思考这几个问题：家里最幸福的事是什么？家里留给自己最棒的礼物是什么？希望家庭学员在本次学习过程中思考上述问题，并记录下自己的家风故事；助教发放《课程启发与省思》表单(10分钟)。 3. 老师讲解家风与家徽的历史、内涵，如何制作家徽图腾器物(10分钟)。 4. 助教发放课程材料，老师带领家庭学员制作属于自己的家徽吊坠(60分钟)。 5. 老师引导学员做课程总结与省思(5分钟)。	★了解家风传承的意义与社会价值，理解家教中关于"上一代的榜样，下一步的模范"的教育哲理。 ★观照自己家庭的家风与家教现状，思考如何传承传统的家风，或构建新的家风。 ★学习制作自家的家风吊坠，将思考与学习结果物化成家风的意涵。
课后回顾	整理、分析学员的《课程启发与省思》，归纳家庭教育的现状，提炼优秀的家教与家风案例进行总结。	

课题	如何在社区教育中践行合作对话式教育
组织实施	本项目以理想教育文化体系为指导，不断创新家庭教育的模式，给合作对话式教育范式增添了新的内容与应用场景。 创新点一："双导师制"课堂模式 项目的教研团队一直思考一个问题：如何融合中华优秀传统文化与现代家庭教育理论，透过社区教育来培育良好的家庭文化？为此，教研团队尝试了"双导师制"教学模式，即：(1)师资配备标准：1名家庭教育专家＋1名传统工坊老师；(2)教学流程：按"教育理论先导(唤醒)—课堂实作感悟(追求)—课堂反思总结(实践)"的流程进行，两名导师互相配合授课，事实上，这个过程在教研阶段就开始了。 创新点二：教育环境美学设计 为了提高教育效果，本项目对于教育环境的重视是一个特色，这就是理想教育文化中强调的"养控"和"审美"。因为我们相信，环境的教育对于提高生命个体(学习者)的文化素养和审美能力是不可见而又影响深远的。除了提前在课堂场地选择等方面做好工作，课程团队在教育现场的美学设计和细节把控上以一种精益求精的态度，营造一个充满家庭氛围和美学熏陶的课堂环境，包括课堂签到的环节，让家庭学员学会处处看到美，品味知识、工作与生活，传播一种正向的家庭教育生活态度。
素养建构	本项目在社区教育中实施的主要目标是推动"最佳公民"核心素养的建构，这个过程既是核心素养理论的学习与掌握，也是核心素养实践能力的养成与提升。 因此，教育过程的关键就是要考虑如何在课程中帮助社区学员建构这种知识与能力。实践证明，社会实践是建构公民素养的有效途径，即通过社会实践来促使社区成为联结家庭教育与学校教育的重要桥梁，帮助学员更深刻地理解与习得"最佳公民"所需的知识与能力，如社会责任感、社区公益与服务精神、社区环保意识、互相尊重、科学精神等。 合作对话式教育范式对于在社区教育中建构"最佳公民"核心素养知识具有重要的应用价值与示范意义。
评估	要对社区践行合作对话式教育的效果进行科学评估，需要按理想教育文化的标准，采用定量与定性相结合的方式进行。 以本项目的评估为例。一方面，项目的实施需要按指导单位朝阳区教委的督导验收标准和左家庄街道的绩效标准完成一系列量化指标，包括：社区覆盖率、传播率、项目数量、品牌传播率、先进评选率等；另一方面，还要按左家庄街道的主观评价要求，收集社会反馈意见作为项目的满意度标准。为此，项目组按目标绩效制定了活动反馈意见表，每次课程或活动结束均现场收录学员的反馈意见，并不断根据反馈意见持续优化课程，同时修正反馈意见表的部分内容，以收集到准确、科学的评价意见。项目结束后，项目组借评选先进典型人物、家庭、学校及社区干部的机会，继续深入获取、收集各参与方对项目效果的评价，并剪辑成视频合集交付街道办事处做综合的评估。 从实际结果看，上述评估是有效的，能从上到下全面、科学、准确地反映合作对话式教育范式推动理想教育文化在社区实践的真实效果。

五、"合作对话式"教学与传统课堂教学样态描摹对比

维度	"合作对话"式教学样态描摹	传统课堂教学样态描摹
综合描述	"合作对话"式教学与传统教学,除对教育的认识论、方法论不同外,其教学组织形式、教学结构、教师角色、教师语言风格以及学生的精神状态等方面,也有显著的不同。	传统课堂教学是指以班级授课形式为主,以教师、学生等为主客观认识论或"双主体"认识论为基础的课堂教学。主要教学形式:讲授式、探究式、小组讨论式等,特别强调启发式教学方法的应用。
教学组织形式	"合作对话"式教学空间的选择,主要有:教室、实验室、专用教室、运动场、自然界以及社会等空间。"合作对话"式教学空间设计的形式主要有:"马蹄式""梯式""小组合作式""实践体验式""实验探究式""两人辩论式""与资料对话式""小组间式"等。考察空间选择和空间设计的标准:是否有利于"师、生+时空"的"对话",包括师生与学习资料等建立动态时空关系的对话。	主要以课堂空间为主,其他空间为辅,如综合实践活动课,一般拓展到自然界、社会等空间场所;体育、艺术类课程(有条件的学校),在运动场、专用教室等。在课堂空间,其形式以"秧苗式"为主,小组讨论式、小组探究式一般呈现在公开课中,以表示具有现代课堂理念。课堂空间的设计,主要以是否有利于知识传授和技能练习,如"小组合作式""梯式""马蹄式"等,更多出现在专用教室、运动场以及自然界、社会等空间中。
教学结构	围绕教学主题和目标,一般有五个环节:(1)对话唤醒;(2)活动对话;(3)知识建构;(4)实践拓展;(5)布置作业。五个环节的设计,主要体现在教师对教学主题的分解、活动设计与对话的唤醒上,是教师按照课堂教学设计,呈现出相对主题清晰的活动对话或者对话活动;主要运用"两个方法论",即教师教学方法论"扰启、内省、质疑、实践"和学生个体生长方法论"独立、追求、养控、审美",以及理想教育文化中"六个认知要素"和"六个非认知要素",即"实践、问题、方法、工具、技术、表述"和"灵动能力、生命修为、意志品性、情志追求、合作要件、批判思维"实现上述"五环节"内在与外在的衔接。	一般有六个教学环节。(1)上课仪式:通过"起立"仪式宣布上课,建设"课堂时空";通过学生与教师相互问候,明确师、生身份,确立各自位置。(2)复习旧知识。(3)引入新知识(多采用情境引入)。(4)知识理解与建构:教师多采用讲解的方式,突出启发、引导、解释、分析与归纳,即使是合作探究或小组讨论,教师也是更多地把自己的观点、主张以事实或逻辑的方式传递给学生,希望得到学生的认同。其中,优秀教师的重要标志,更多体现在教师对知识难点的拆解、分析与释义,即是否能够让学生接受、理解知识内容。(5)课堂练习。一般分为两部分:一是深化新知识的理解与运用,即通过练习要么实现进一步理解新知识,要么实现完善、丰富新知识的内涵;二是巩固新知识"考点"的理解运用。(6)作业布置。主要突出"考点"知识的理解训练,强化学生的解题能力。上述六个环节的设计,主要体现教师围绕重点知识理解与掌握、难点知识突破的设计上,偶有生硬地兼顾"情感、态度、价值观"的教育。

维度	"合作对话"式教学样态描摹	传统课堂教学样态描摹
教师角色	如果把学生视为"合作对话"式教学中的"原子核",教师就是"核外电子",由此,"原子核＋核外电子"就构成了"合作成长共同体"。显然,教师角色的"空穴"就像电子云一样随机出现在"原子核"——学生的周围。"合作成长共同体"的活跃性,在某种程度上取决于"核外电子"——教师,即教师的综合素养。 具体说,教师:一是通过"扰启"的"撩拨"之意,实现唤醒学生对话意愿,如情境唤醒、问题唤醒、事实(实验)唤醒等,进而通过"扰启"的"干扰"之意,或"干扰",或"扰乱",使对话者——学生"为难",限制学生对话的肤浅,诱导其对话深刻,并期望对话持续进行,透过现象,直达事实本质。二是运用"质疑"对话的策略,使其生之间、生生之间、学生与实验现象之间、学生与文本资料之间、学生与实践获得成果之间的"内省"更加深刻,让事实、证据确凿,逻辑合理;"质疑"的对话策略,贯穿在上述对话主体——教师、学生的全过程,贯穿在教师、学生每个主体中,即不只是发生在教师对学生单向度的"质疑"中。三是运用"实践"的方法,增强学生认知体验,揭示人类知识的客观性、规律性及知识给人类带来的效率与效益;实践,包括自然科学实验、思维科学实验、社会实验和人文科学实验等。上述"扰启""质疑"与"实践"的"活动对话",或"对话活动",其本质是让对话者的思维发生"内省";"内省"的程度不同,"对话"的深度与持续过程也不同。由此,"内省"即是"合作对话"式教学追求的方向、目标,也是方法。因此,"内省"程度取决于"对话者"的构成。 显然,教师不是演讲家,而是似编导、导游、记者。教师没有固定空间位置,即没有"讲台",只有"工作台"——用于教学文本、资料、教具等摆放;教师根据"对话形式单元"——"对话活动"单元,或者"活动对话"单元,呈现出学生与教师的"对话"需求,或者教师需要获取其"对话"信息时,教师依据其"需要"的价值判断,出现相应的教师行为——"教师运动"。由此,教师在教学空间形成的"云"的概率及其停留的时间,取决于教师对"需求"的价值判断。"对话形式单元"内的对话者是平等的、自由的,包括教师。所以,教师的"外在形象"要"弱"下来,使其真正融入学生中去,切实保证师生自由、平等对话的实现。	教师是课堂教学的控制者;通过占据讲台的核心位置,依据课前的教学设计(教案)控制每一个学生。一是通过引导、启发学生,要么全体学生同时回答问题,要么学生"一对一"回答问题,教师对回答正确者给予肯定,错误或不准确者再由学生"一对一"补充回答、或由全体同学同时回答;二是通过教师"演讲家"的角色,滔滔不绝、绘声绘色、旁征博引解释、归纳与论证传授知识。学生的思维就像一张网上节点之间的网眼,教师的"引导""启发""解释""归纳与论证"就像网上的"纲",教师期望"纲举目张"。偶尔,教师走下讲台,也是以"法官"的角色审查、指导小组讨论、合作探究,以确保学生对知识理解的正确、探究结果的合理。在此,教师是知识的权威,是对学生知识理解、掌握正确与否的裁判者,即"法官"的角色。

维度	"合作对话"式教学样态描摹	传统课堂教学样态描摹
教师语言	可分为体态语和口头语。体态语，不仅表现在教师上课前稍早进入学生群体，而且从思想深处视学生为充满灵性的对话对象，进而呈现在面部表情、平和的语言以及真诚的倾听体态中；教师似妈妈、朋友、学者、思想者的体态，分别对应于幼儿园、小学、中学、大学、研究生等群体。上述教师的体态语，其目的是营造宽松、和谐的师生群体氛围。 教师的口头语，从语调、语速、语音上，让学生感到平和、真诚而不紧张，似妈妈、朋友、学者、思想者与他们对话；教师口头语，多用陈述句、平和真诚的疑问句、表示喜悦兴奋的感叹句；对此，在一定意义上，"聊"字传统世俗的含义更浓，但其本质更具有"聊虑"之意。至此，要尽量准确地表达师生、生生外显的对话语境，教师平和陈述的口头语，则是"合作对话"教学样态的一大特点。	教师的体态语，从上课铃声响起之时开始，"教师"形象在心中肃然升起，伴随"起立"行为中的"问候"仪式，教师权威、尊严、自信充盈全身。教师外显的不可"挑衅"的"傲视"体态，在课堂中基本固化。教师的知识权威，从"旧知识"复习时彰显出的自信的"考官"，到讲授新知识时需要情境、问题引入的绘声绘色描述，从面部表情到行为动作都表现得淋漓尽致。一旦教师知识权威受到"挑战"，精神状态、面部表情，哪怕是心率都在发生变化，特别是在上"公开课"时。 教师口头语。其句式，除疑问句、祈使句、感叹句、反问句等，较少听到平和、平等的协商、讨论性质的陈述句。优秀教师将上面几种句式巧妙地应用到充满激情的解释、分析、归纳、推理与论证的课堂中；一般教师只是将上面几种句式以自问自答、单调枯燥的方式解释、分析、归纳、推理与论证应用在课堂中。由此，传统教学中，课堂教学除教师专业知识(学科类知识和心理学知识)和演讲技巧外，其本质都是"讲授"，即教师始终主宰课堂话语权。
学生体态语和精神状态	学生体态语，表现为学生的思想是放松的、情感是真挚的、交流发表的观点是经过自己思考的、是自信的；对发表不成熟或有矛盾观点、错误观点的同学，能够包容、理解；即使发表不同观点，甚至是错误观点或意见的同学也并不觉得难堪，反而有澄清迷惑，产生顿悟的愉悦。 学生的精神状态。注意力专注，或专注于倾听、或专注于思考；真诚地与他人合作，认真操作、观察、记录、分析；能够"管控"成功与失败的情绪，表现出成功的谨慎和不怕失败的执着意志；有意识运用审美观点，建构知识的推理判断；面对教师、同学能够主动陈述观点，或质疑，或辩论……	学生体态语的外显，从上课铃声响起，伴随着仪式中的"起立"与师生的"问候"，"学生"身份的内涵从精神到行为上，至少在"课堂时空"中得到了固化。其思想、行为始终得到教师指令的规训。低年龄段学生，通常变为聚精会神、认真思考，积极主动回答教师提问，迅速落实教师要求的小组交流讨论、阅读及课堂练习——"形式化"；高年龄段学生，虽然尽力倾听教师不厌其烦的讲解，但思维经常中断(听不懂)或"开小差"，直至"昏昏欲睡""不知所云"，要么只好依靠课外补习或反复刷题弥补；要么得过且过，成为学习困难生。 学生的精神状态。低年龄段学生，若自信地、以洪亮的声音陈述观点时，一旦不符合老师答案，或与多数同学意见不一致，多数同学则以异样的声音或表情表达观点，使得该学生

维度	"合作对话"式教学样态描摹	传统课堂教学样态描摹
学生体态语和精神状态		"不好意思""脸红""难堪",精神受到压抑;高年龄段学生,在课堂学习不自信,要么不回应教师的提问,要么尽量寻求在教师语境下,以陈述句或疑问句,音量低得不能再低地试探性地、怯怯地表达观点。总之,视教师为知识权威,自己是向教师来学习知识的,教师讲的就是真理,要按照教师要求,在教师设置的语境中做事、思考,不要怀疑、质疑或批判教师传授的知识与技能。
知识建构	"合作对话"活动一经完成,教师要系统建构学生的知识生产,即建构知识结构。对知识结构的生成,一般留给学生少许时间(2~3分钟)内省,其目的是让学生深化统合在原有知识结构中。	课堂练习: 传统课堂,教师对学生一旦完成新知识的解释与论证,就进入对新知识理解与运用阶段,教师围绕知识点或考点进行解题训练。
实践拓展	俗称练习,或解决问题。设置情境,提出问题,学生运用获得的新知识工具解决问题。在此过程中,强化学生与"文本"对话,在"独立"思考的基础上,可以有组织地或自发地进行"生生对话"或"小组间"对话。	布置课后作业: 围绕知识点或考点布置作业。
布置课后作业	有三种基本类型:一是理解、深化新知识工具应用的作业;二是解释、体验新知识在生产、生活中应用的作业;三是预习下一节课的相关内容,其目的是易于教师唤醒学生下一节课的主题对话。	"课堂时空"结束: 教师与学生依然要通过"起立"仪式中的相互问候,结束课堂。

理想教育文化实践研究不仅揭示了理想教育文化样态——"合作对话"教育教学范式，而且从教育的文化视角优化了传统学校的管理，由此，实现了学校由单一的重"知识教育"向综合的"育人教育"的理念转变，从而使学校师生面貌焕然一新。

下面分享五所实验学校的教学收获案例。

一、理想教育文化激活内生发展的力量

(一)学校基本情况

北京市星河实验学校国美分校(原国美家园小学)建校于 2007 年 9 月，是一所年轻的普通小区的配套小学，位于城乡接合部地区。出于区域内教育资源调整的需要，建校初近两年的时间，育人南校师生与本校实行一体化管理。2009 年 11 月外校师生撤出，学校正式独立办学。在周边名校、老校众多的情况下，学校的生存与发展一开始举步维艰。家长认可度不高，服务范围内学生大量流失，教师队伍不稳定，一度出现聘任教师占教师总数 30％的情况。2013 年学校基于发展基础、地域特点、生源构成等分析，确定了办学理念为"适合的才是最好的"，并开始构建教育文化体系。2017 年 11 月，理想教育文化课题组带着理想教育文化课题理念，走进了本校。近三年的时间里，课题组专家深入学校与课堂一线，通过近 80 学时的实践，基于理想教育文化模型及对未来教育文化建设方向的宏阔追求，以课堂教学、单元备课为载体展开行动研究，引发了学校教育样态的深度变革，促进了学校办学文化体系的完善。教师积极参与课题研究，以数学学科为代表的课堂教学方式发生了质的变化，以合作对话式为基本样态的教学模型逐步形成。学校办学影响力不断提升，学校成为朝

阳区素质教育示范校、北京市奥林匹克教育示范校、北京市冰雪运动特色校、朝阳区学年度综合考核优秀校，连续三年被评为朝阳区教育教学质量优秀校。

(二)参与课题的收获及成效

1. 从研究方式看，形成了教师发展指导型教研

管理者都知道对于普通教师而言，学习什么、研究什么，取决于他自我成长的需求。对于任何学术研究而言，自愿参与远比强制参与有效果。学校在参与课题研究的方式上紧紧围绕"尊重教师意愿，提供发展指导，回归教育本质"的基本思路，展开课题研究。

(1)回归教师需求的课题参与方式

理想教育文化课题组的建立，不像传统的组织建立，而是从松散的自愿参加开始。课题组邀请老师们参与课题活动，不固定活动参与人数。课题的校专家团队是由数学、科学学科专家组成。然而随着课题活动的深入，教师从 4 人、8 人、20 人发展至更多，学科从数学、科学扩展至语文、英语、美术……两个月后课题组正式组建，每次活动也都有非课题组成员参与，课题组老师的日常课堂是开放式的。因此，课题组是出于被教师的指导需求而非完成任务而存在，这大大提高了研究的实效及指导的被接纳性。

(2)回归学生原点的教研方式

课题紧紧围绕改变学习方式展开，教师如何为学生提供学习经历与体验？这正是不同教师都面临的困惑。学校课题组在专家的指导下，通过"抛出问题—集体实践—归纳梳理"的方式开展研究。例如，抛出问题：(1)如何给学生提供教师"退场"的课堂？退下来的教师做什么？(2)学科教学指向如何更有深度？(3)如何让学法更具开放性与探索性？(4)转变传统的一课一备构建大学科观后如何备课？归纳梳理：(1)四式学法：自主式学习、合作式学习、探究式学习、对话式学习；(2)三步备课法：梳理单元大目标——搭建学习支架——设计有深度的对话。

(3)回归教育本质的样态呈现

任何课题研究的指向都是提高教育的质量。通过近三年的深入研究，学校从学生到教师，从育人方式到学科成绩都有了显著的变化。我们的课堂呈现出多维对话的灵动性，课堂上的学生自信勇敢，大胆质疑，敢于表达自己独到的见解；课堂上的教师尊重学生人格，尊重学生思维，关注对话(生与文本、师与生、生与生)，因此学生学科成绩处于高位且稳定。课题最显著的成果莫过于促进了学校内生的育人方式的呈现，即通过仪式教育激活学生内生动力，通过学程建设激发学生正向的内生行为。学校还通过构建可视大数据落实科学育人，构建目标管理体系落实全面育人，构建自助管理模型落实自我管理。方式上的积极变革，推动了学校办学品质的提升。

2. 从研究的内容看，促进了学校教育教学理念的转变

理想教育文化带动了学校立德树人、办学治校的全面进步，带动了育人质量提升，学校由单纯地追求知识教学向育人价值追求转变，由培养学生解题能力向培养学生问题解决能力转变，由统一的标准教育向尊重人性教育转变，以实现社会主义核心价值观、学生成长核心素养培育和减负真正落地。

(1)以追求"育人教育文化"为核心取代以"知识教育文化"为核心

理想教育文化的"一个价值观、两个方法论、十二个教学策略、三个真正落地、四大能力培养"的体系，给学校带来发展的助力和动力。研究实践始终围绕教学方法论：扰启、内省、质疑、实践，学生生长方法论：独立、追求、养控、审美，夯实学生的思维能力、空间想象力、操作能力、表达能力。课堂中把复杂的内容直观化，把深奥的道理简单化，把抽象的原理概念形象化，充分利用自主合作探究的教学方法，让学生切实掌握并灵活运用知识，不断提高解释和解决生活实际问题的能力。课堂教学通过张弛有度的节奏、聚焦投入的思维情感，以及师生、生生的倾听思考、互动交流、思维碰撞、成果共享，实现学生个体发展和核心素养的提升。

(2)创设对话时空情境，实现师生共同成长

①创设问题情境，拟定对话主题，引导学生深度对话

教师通过具有科学性、趣味性的图片，依据实际生活问题设置问题情境，找到数学问题在生活中的背景，扰启思维，引发对话。

②设计问题链条，创设多元对话时空，实现师生共同成长

通过创设不同的时空，让学生与文本对话、与实践对话、与他人对话、与自身对话等方式，教学由单纯学的过程变成引导学生分析和解决问题的深度思维和实践过程。

③课堂留白，引申对话思考，促进深度学习

教学以时间换取学生思考、交流、表达的空间，以及学生体验、感受、提升的空间，通过师生、生生与时空的对话逐步完善知识建构。

师生在真诚、平等的合作对话中碰撞智慧，在质疑实践中深度内省，真正实现师生共同成长，呈现了良好的合作对话式样态。

3. 从研究的结果看，完善并优化了学校教育文化

理想教育文化理念对国美干部教师的影响是深远的，它带来的不仅仅是对学科理念的思考，更重要的是促进了学校文化建设的优化。一所学校的真正发展体现在学校文化，尤其是管理文化的进步和发展。几年的课题研究带来的隐性的变革推动一所年轻学校的管理逐步呈现出基于尊重、指向生命、走向人本、内生发展的积极变化。

(1)管理理念：认知、变革

①管理观的转变

管理观取决于一个组织的人性观。受法家思想的影响，管理制度和管理行为更多地指向防范，然而，指向防范的管理存在片面性。而理想教育文化提出的成长共同体概念，让我们的管理制度、管理行为从制约与防范走向共生与引领。

②价值观的完善

塔尔科特·帕森斯认为，价值观是认识事物的标准，是选择行为的标准，是欣赏鉴别的标准，是道德良心的标准。可见，组织的价值观决定着管理者的认知，制约着管理行为。

国美分校于2013年提出办学理念：适合的才是最好的；2017年参与课题后，深入学习最佳公民培养目标的要义，最终完善了教育价值追求：成为自己，成就自己。

(2)管理行为：变化、成效

①以"尊重引领"为核心的师生管理

学校完善了目标管理体系：《国美分校干部队伍管理目标体系》《国美分校教师队伍建设目标体系》；形成了管理行为导引体系：对于干部，提出无边界管理，意在清晰管理职责，模糊管理边界，避免推诿；对于骨干管理，提出领跑30米，这源于年轻教师团队需要经验的引领；对于教师群体，通过"尚书养德""工合润心"两个导引

体系实现教师能与德的培养；对于学生管理，提出了唤醒内生力，优化外驱力的导引系统的研究，即国美学程建设——学分银行项目。

②以"价值导向"为核心的课程管理

理想课题赋予国美课程管理的重要意义在于，促进我们系统梳理了课程观脉络体系。

价值观：成为自己，成就自己

办学理念：适合的才是最好的

儿童观：爱你的不同，爱不同的你

课程理念：只为你的春暖花开

唤醒课程体系：基础课程＋唤醒课程

其中，基础课程(国家课程)实施高质量的课堂管理，逐步明确了基于理想教育的课堂行为方式。我们提出理想课堂中教师行为：模糊身份(学习共同体)、清晰方式(导学促研)、追求高效(减负提质)，以及与其相应的学法(自主探索，合作对话)和教法(尊重个体发现，引导群体研究)。理想教育的课堂教学流程中，教师：扰启—发现—梳理—点拨—迁移；学生：质疑—实践—内省(质疑)—思辨—提升。

唤醒课程则回应生命个体差异性的需求。孩子眼中的世界决定孩子未来的世界。因此学校设计了国美唤醒课程体系：唤醒生命觉知的行走课程体系，唤醒性别差异的男女生课程体系，唤醒运动潜能的八大球类课程体系，唤醒成长感悟的年级必修课程体系。

③以"时空育人"为核心的空间管理

随着课题深入，尤其是合作对话式育人理念的提出，我们提升了对育人环境的认知，走向育人时空的探索，不再单一地把育人环境定位在物理空间上，而是同时关注了物理空间的人文性设计。延续校园内已有的私语空间、共享空间、澄园空间等关注使用空间个体心理需求的差异，实现人与空间、人与人、人与资源的对话，实现空间育人的最优化。

课题实践让我们相信，在理想教育文化的引领下，本校的小学教育定能唤醒每个生命，使其"成为自己，成就自己"，发现最初的美好模样。

(北京市星河实验学校国美分校　李玮)

二、理想教育助力学校"美好教育"文化建设

北京市陈经纶中学分校望京实验学校是一所公立"九年一贯制"学校,坐落在朝阳区望京西园三区社区。在教育"深综改"及优质资源均衡发展政策背景下,受区域名校办分校、引进资源校和大学办附属学校等资源整合策略影响,区域优质教育资源日益增加,据统计,与2003年学校转址望京社区办学时期相比,学校几乎被这些新增的名校办分校、引进资源校和大学办附属学校所包围,望京地区也成了朝阳区名副其实的优质教育高地。这些优质教育资源的出现,一方面切实满足了地区百姓对优质教育资源的渴望和需求;另一方面也对我校这类区域内原有学校办学提出了前所未有的挑战,具体表现为:一是生源质量、数量急剧下滑造成学生学习基础参差不齐,学生学业水平差异较大。为缩小差异,教师课堂教学大多追求知识积累,讲得多,而组织学生讨论、质疑、合作、探究少。学生能力与素养长期得不到有效培养。二是传统课堂难于促进教师教学相长,教师教学理念、教学方式相对陈旧,课堂教学效率相对低下。三是社区百姓对优质教育资源的迫切需求心理与学校供给不对称的问题日益突出。以上问题的出现及发展,逐渐成为制约学校办学水平提升的重要瓶颈。对标新时代教育思想,对照我区教育"优质均衡"发展战略要求,面对师情、学情和学校现状,针对区域百姓对优质教育资源迫切需求,学校如何实现教育突围?如何办人民满意的教育?如何落实新时代教育"立德树人"根本任务?成了摆在学校面前不可回避的问题。

2018年9月,在朝阳区教工委、教委的关心支持下,学校参加了朝阳区教育督导室理想教育文化课题实践研究。两年来,在"一个价值观、两个方法论、十二个教学策略、三个真正落地、四大能力培养"课题理念引导下,课题组每周组织开展一次课题理论学习,教师们不断理解和内化课题理论,不断更新教育理念。每月开展一次课题"靶子课"和专家走进校园指导活动,不断丰富教师课题理念的认知和课题价值认同。在两年多的课题研究和实践过程中,借力专家们手把手一节课、一节课跟踪式指导,通过单元整体教学设计研究、"靶子课"教学实践、课题研讨交流、参与

课题校教研等活动，教师们"尊重、民主、责任、科学"的育人意识越来越强，追求知识积累的课堂逐渐转变为追求育人价值的课堂。课堂上教师熟练运用"扰启"激发学生深度质疑，促进学生充分"内省"，培养学生"独立、追求、养控、审美"的价值追求。

在课题引领下，教师、课堂和学生的转变让我们欣喜，也"扰启"了我们对学校文化的思考。站在新时代"立德树人"根本任务和理想教育文化理念的视角去审视学校的文化建设，我们发现学校倡导的办学理念与教育追求和理想教育课题的理念和追求是一致的，都是追求"育人"的教育。学校逐步开启了文化理念优化创新之路，逐步构建了以"立德树人，全面育人"为办学宗旨，以"办美好教育，启幸福人生"为教育理想，以"为学生的一生发展奠基"为育人使命，以唤起教师、学生对"美好"的追求，帮助教师、学生发展实现"美好"能力为教育追求，以满足社区百姓对优质均衡教育资源需求为目标，构建并实施"美好教育"文化理念体系。在"美好教育"文化理念体系下，学校着力开展"美好管理""美好课程""美好课堂""美好教师""美好协同""美好少年"六个方面的研究，逐渐形成了学校文化建设特色和品牌。

（一）理想教育助力"美好课程"体系构建

课程文化是学校文化建设的核心，是学校育人目标达成的基础。学校围绕国家教育方针，围绕办学理想、办学理念、育人目标，充分考虑社会主义核心价值观和学生核心素养培育，在确保国家课程开足开齐高质量实施的前提下，努力开发校本课程，整合开发综合实践课程，构建了"美好课程"体系。"美好课程"体系建设同样也体现了"理想教育"课题的价值追求，"美好课程"纵向的三大领域、六个方面、九大课程群实现了核心素养的真正落地；"美好课程"横向的基础类、拓展类和提升发展类三类课程设置，不仅尊重学生的全面发展，也尊重学生个性需求和个性发展，还尊重了学生未来发展需求；"美好课程"学生自主选择课程或社团，体现了课题倡导的民主精神。

（二）理想教育助力"美好课堂"特色形成

理想教育课题每月一次专家进校"靶子课"的实践和研讨，让教师们逐渐体会到理想教育的魅力。课题专家的躬身引领让教师们逐渐对理想教育课题从质疑、观望走向接纳、认同，再到主动探索和积极实践。这也让我们看到了课堂文化变革的力量，我们结合学校办学理念，带领教师开展"美好课堂"探索与建设。学校的课堂样态逐渐发生改变，逐渐探索形成以理想教育理念为引领，以信息技术与课堂深度融合为特点，以关注学生参与和实际获得为追求的美好课堂文化。美好课堂文化体现了从"教"向"学"的转变；体现了从知识积累向素养发展的转变；体现了从"育分"到"育人"的转变。课堂上学生不再一味听教师讲解被动接受，而是通过自主、合作和对话开展学习。学生课上动口、动手、动脑，实践、表达、展示机会更多了；课下，学生通过做手抄报、自编自导自演话剧或舞台剧、诗歌朗诵、社会调查等方式完成家庭作业，获得了更加宽泛和自由的学习空间。这些学习方式的转变促进了学生自主学习、独立思考和合作探究等学习能力的提升。

(三)理想教育助力"美好教师"专业成长

理想教育倡导教师首先要做最佳公民，最佳公民应具备尊重意识、民主思想、责任担当和科学精神，在打造"美好教育"文化研究和实践过程中，我们始终把教师放在优先的地位，坚持以培养"四有好教师"和"四个引路人"为追求，以理想课题倡导的"最佳公民"为标准，积极鼓励教师走研究成长之路。一是我们始终树立教师问题意识和科研意识，积极鼓励教师把教育教学中遇到的问题转化成课题，通过课题研究去解决问题，进而提升教师科研能力，促进教师专业成长。目前学校有国家级课题3项，市级课题2项，区级课题6项。这些研究促进了教师教育教学研究与思考，也促进了教师撰写教育教学相关研究论文。较前几年相比，无论数量和质量均有显著提升。二是课题研究也推动了研究型、学习型教研组建设，推动了教师专业成长。我校数学教研组通过一次次靶子课教学实践、课题研讨交流、参与课题校教研，特别是在专家们一次又一次手把手指导下，"研究味""学术味""文化味"越来越浓，能够围绕学科教学"真问题"开展"真"交流，教师的教育理念、教育教学行为等方面均有了很大转变和提升。例如，组长干晓芬老师自参与课题以来，逐渐打破原来固有教学模式和思维方式，感受到了教师的成就感和幸福感，带领组内教师一步步向科研型教师发展。组内教师多人次承担区级、校级研究课，荣获市、区级教学设计和论文奖励。

（四）理想教育助力"美好教育"成果形成

在理想教育课题理念和实践的引领和带动下，学校的美好教育实践也逐渐深入，逐渐形成"美好教育"成果。一是学校的教学文化逐渐凸显，并不断彰显其品牌和特色。2019 年，学校被评为朝阳区文化特色品牌建设金牌学校。二是学校的教育教学研究氛围逐渐浓郁，研究型、学习型教研组逐渐涌现，学校教育科研能力逐步提升。在新一轮市区骨干评选活动中，学校共有市级骨干教师 3 人，区级骨干 29 人，骨干班主任 3 人。2019 年学校被评为北京市教育科研先进学校。三是学校的教学方式变革与学生创新能力培养得到进一步发展和深化。2019 年，学校获得北京市百所融合创新示范学校、北京市科技教育示范学校等荣誉称号。四是课题研究最大受益者是学生，课题研究促进了学生学业水平的不断提升。学校参与课题的初二数学年级教学成绩逐步提升，与同年级其他学科相比具有明显的优势，在全区位居前列。2019 年，学校再次荣获朝阳区中考工作优秀校，同年学校中考高分上线率达到全区二组校第四位，为朝阳区拔尖创新人才培养做出较大贡献。2020 年，学校"美好教育"再结硕果，初三毕业班中考再次取得优异成绩，郑知年同学以优异的成绩被北京四中科创班录取，学校市区级示范校上线率达到 78.76％，八十中学及以上北京市一流重点高中录取率达 13.27％，普通高中上线率达 100％，单科满分率达 17.86％，为更多学生提供了更多升入优质高中学习机会，提升了学生、家长教育实际获得感和教育满意度。

通过两年的课题实践研究，我们逐渐认识到：理想教育课题能以习近平新时代教育思想为指导，深刻领会和把握时代教育脉搏，为学校贯彻新时代教育思想，落实立德树人根本任务，提供了详细的实施路径。

北京市陈经纶中学分校望京实验学校　刘美玲

三、探索"合作对话"新范式，创新学校新发展

（一）学校基本情况

北京市第十七中学始创于 1946 年，其前身是人民教育家陶行知先生的学生王润

黎先生创办的高碑店工学团，2005 年被北京市教委认定为市级示范校。学校秉承陶行知教育思想立校和办学，构建"知行合一"的课程体系，以"求真创造，爱满天下"的校训引领师生的全面健康发展，致力于培养拥有"自主精神、独立人格，创新精神、实践能力，公共精神、担当情怀"的现代中国人。学校地处朝阳区高碑店城乡接合部，生源质量一般。学校借助"理想教育文化"，变革学校教育教学，努力建设"教育有质量、有特色、有口碑"的首都名校。

（二）"合作对话"实践与探索

2018 年 9 月，理想教育文化进入了校园，"最佳公民"的理念深入师生脑海之中，"合作对话"贯穿于学校的教育教学、师生的生活之中。

1. 构建合作成长共同体

人们常说理念先于行动，没有理念的认同，就不可能有行动的跟进。理想教育文化提出教育者和受教育者要有意识建构合作成长共同体，为此，教师建立学科组学习共同体，以备课组长为领头雁开展"定主题、定主备人、定地点、定时间"校本教研，在尊重、民主、和谐的氛围中开展备课组内的合作对话，在对话中探究问题的真谛；学生组建学习小组共同体，通过学生培训，明确各小组成员的责任，在独立思考后进行小组成员间的合作对话，在对话中培养学生的表达、质疑、批判精神，在合作中培养学生的情志追求和意志品性。教师依据课程标准、教材和学情，设计出"合作对话"的主题，开展"生生对话"和"师生对话"等，通过"对话"解决问题，实现师生共同成长。

2. 全面实施单元教学，完善学校课程体系

"合作对话"教学范式提倡单元教学，我校以物理学科作为实验学科进行了先试先行，经过课题组专家的精心指导，明确了单元备课的基本样态。学校将物理组教师"合作对话"教学课堂对全校老师开放，物理组单元备课给全校老师进行展示分享，参与教学试验的学科越来越多。

2019 年 8 月，学校组织了主题为核心素养下的单元教学设计校本培训，专家进行了理论讲座，课题组教师进行了"合作对话"下单元教学的实践探索经验分享。至此，学校全面实施基于核心素养的单元教学。学校对单元教学提出了明确要求，依

据理想教育文化认知要素"实践、问题、方法、工具、技术、表述"确定学生学习的知识目标、能力目标；依据非认知要素"灵动能力、生命修为、情志追求、合作要件、意志品性、批判思维"确定人格培养目标；根据学习目标、结合课程标准、教材、学情，确定单元主题，最后形成单元教学方案。这种方案为"合作对话"提供了脚手架，是基于学习的"学"的设计，而不是基于教师"教"的设计，是以培养学生素养为宗旨，而不是知识为导向的。备课组在单元教学实践中总结出单元学习设计六要素：单元名称与课时、单元目标、评价任务、学习过程、作业与检测、学后反思。这种设计是逆向设计，是以结果为导向。在实施过程中，首先让学生感受单元学习目标，做到心中有数；然后引导学生一个主题一个主题进行解决；所有主题都解决完后再回看单元学习目标，进行单元整体架构，这种实施让学生先见森林，后见树木，再见森林。以高二物理《静电场及其应用》单元为例，学生先整体感受学习主题安排、单元学习目标和单元学习策略，然后分五个主题进行探究，每个主题有明确的学习目标和评价任务，根据学习目标设计对话问题，例如，本单元的电荷主题设计了三个问题：摩擦可使物体带电，那么还有其他方法可使物体带电吗？什么是电荷守恒定律？原子核中的每个质子和核外每个电子所带的电荷量有多少？围绕着三个问题开展对话，第五个主题回顾静电场相关知识，来解释静电的利用和保护，用所学知识解释生活现象，让学生感受到知识的用处。

教师适应了单元教学，能够设计出基于单元的课程方案，学校又将单元教学进一步深化，各学科组开始探索核心素养下学期单元教学规划，站在课程的视角规划一个学期的单元教学。通过单元教学设计和学期单元规划，进一步完善了学校的课程体系。

3. 实施"合作对话"，探索对话方式

在实施"合作对话"教学范式前，我校教师主要实施传统的课堂教学，通常是教师一个人唱"独角戏"，教师大多数时候在"一言堂"，学生在课堂上只是被动地接受知识，教师与学生、学生与学生之间很少有交流和对话，教学效率比较低。为此，我校依据理想教育理念，探索合作对话方式。

(1)问题驱动，有效"文本对话"

教师依据学习目标设计基于单元主题的学习设计，学生依据学习设计开展与"文本对话"。学生通过与文本的对话来获得促进自身发展的良好教育，并在对话的过程中享受教育带来的充实和快乐。例如，老师设计的《红楼梦》一课采用问题驱动展开，学生独立、追求、审美开展与文本对话。学生在与文本的对话中融入自己的生活经验和认知好奇心，完成生活经验向知识方面的转化，对话相当于学习与认知的过程，生本对话过程就是学生和文本的相互建构过程。

(2)组建学习小组，实现"生生对话"

学生采用异质分组，明确组员职责。在小组内生生对话过程中，学生彼此之间在倾听、表述、实践中，思维更容易不断发生交集，形成共有认识，再根据分歧点不断质疑和讨论，促使深度对话，完成对课堂知识的意义构建。例如，《抗日战争》一课将"战胜日本贡献最大的是哪个国家？"这个问题抛给全班同学，学习小组抓住关键信息进行立论、辨析，大多数学生都能够参与其中。小组辩论完毕，由教师进行总结。这种针锋相对的辩论，既要求学生简明扼要地表达自己的见解，也要求他们主动倾听他人观点，培养了合作要件、意志品性、批判思维。同时，组与组之间的比拼，极大地激发了学生的竞争意识。

(3)问题驱动，开展"师生对话"

传统的师生对话教学中，教学方式局限于师生之间的简单问答是或者不是，问题驱动的师生对话强调的是师生关系建立在平等的基础上，教师由知识的传授者转变为对话的引导者，采用启发式、探索式、合作式的对话。课堂不再是教师独白的舞台，而是在学生既有知识、经验的基础上，以问题发起对话，在对话中生成出新问题，达到预设目标的动态生成教学效果。师生在对话中进步，在进步中对话。例如，《地形对聚落及交通线路分布的影响》这节课设计的问题是"丽江古城为什么冬无严寒，夏无酷暑？"围绕着这个问题，课堂生成了什么是聚落、地形的分类和地形与聚落的关系三个专题，围绕着这些专题教师对学生不断扰启、质疑，学生不断内省、实践完成知识的建构。

4. 线上线下混合式学习，开启"合作对话"新探索

受新冠肺炎疫情影响，学生只能居家开展在线学习。我校教师第一时间进行了在线教学实践，主要利用 QQ 和腾讯课堂在线平台进行在线教育，刚开始，教师们习惯性地用 PPT 进行在线直播，教师成为主播，一段时间后，教师反馈这种基于教的在线学习方式很辛苦，学生反馈学习很低效。

针对在线教学中存在的问题，依据理想教育的时空再造理念，我校提出了高中学生线上线下混合式学习方式。国内外对混合式学习的理论和实践研究，主要是基于高校的。我校提出的线上线下混合式学习的实质是利用手机、电脑等网络终端，根据教师提供的基于单元的学习设计，学生自由选择学习时间进行线上和线下学习：在线下，学生根据教师的学习设计进行自主探究，与文本对话，教师开辟讨论专区，学生先在网络教学平台自主学习、自主检测，然后与同学围绕自主探究过程的困惑和问题进行小组对话交流，最后再将共性的困惑、问题反馈给教师；在线上，教师围绕学生自主学习过程中的困惑、问题等来主持课堂进行师生对话、生生对话，对学生的发言进行及时评议和总结，通过师生、生生的合作对话，来解决学生的问题，教师通过多种对话方式来调动学生线上参与的积极性，提高课堂参与度。这种线上线下混合式学习的本质是为学生创建一种真正高参与度的个性化的学习体验；学习的本质与内涵已经发生了变化，学生不仅需要共性的标准化的知识习得，更追求个性化知识与创造性知识的自我建构与生成。师生依据学习目标，通过互联网平台形成了"合作成长共同体"，教师提供给学生科学的学习设计，在尊重、民主的氛围中对学生进行在线指导，学生依据学习目标自主进行实践、探索，在线上与教师和同学进行表达、质疑，在合作对话中收获成长。

经过一个学期的学习实践探索，教师和学生都收获了成长。在调研中，教师反馈学生学习的积极性比较高，教师的工作量明显减少；学生则认为这种方式减轻了学习负担，增强了学习动力。学生成绩在朝阳区期末检测中明显提高，真正实现了教师和学生的减负增效。

作为陶行知弟子创办的行知实验学校，我校几十年来一直秉承着陶行知的育人理念，并以"培养长久的现代中国人"为学校育人目标，即培养拥有"自主精神、独立

人格，创新精神、实践能力，公共精神、担当情怀"的长久现代中国人。陶行知先生提出了"生活即教育""教学做合一"以及六大解放思想等理念。如何将"合作对话"的理念融入行知文化中，我们还在不断地探索中。

（北京市第十七中学　李发兆　周文）

四、追逐理想　奠基幸福

（一）学校发展概述

北京工业大学附属中学十八里店分校的前身是北京市朝阳区十八里店小学，地处东南四环城乡接合部，学校因距天安门十八里而得名。2019 年 4 月 18 日，学校正式更名为北京工业大学附属中学十八里店分校。学校现有 69 名教师，29 个教学班，990 名学生，其中在京务工人员子女占 73％，其余是属地百姓的孩子。学校以体育特色而知名，但是如何实现内涵式全面发展一直是学校发展的瓶颈问题。2017 年年末学校参与了朝阳区"理想教育文化"课题组的研究实践，从而推动学校深入研究课堂，不断提升师生的核心素养。在各位专家的一路扶持、引领之下，学校的师生心怀理想，在幸福的课改之路上正一步步笃实前行。

（二）课题研究实践

本课题研究以"关注单元备课"和"践行核心理念"两个重要抓手为载体，引领教师积极投身教学改革，在教学的各个方面努力体现理想教育文化的方向。

1. 抓住单元备课，构建教学体系

尚书云：若网在纲，有条而不紊。有效备课是引领教师构建理想课堂的关键环节，在课题组专家的指导下学校教师在关注课时备课的基础上，更注重单元备课。因为教材的编排是有逻辑顺序的，知识和知识之间有着严密的逻辑关系，原来教师们更多是在一课时一课时地备课，教学内容比较单一，每一课时都是孤立存在的，在学生头脑中形成的是一个个知识的散点，不利于学生思维的发展。而理想教育文化课题倡导的单元备课，统整单元内容，构建单元知识结构，重新整合调整教学内容教学资源设计，形成清晰的脉络，使新课不新，学生能更好地掌握知识，提高课

堂效率。

为此，在课题组专家的引导下教师们在行动研究中逐步做到了"三个必须、四个清晰"：必须整体把握单元内容，改变以往"就一个内容教一个内容"的状况，使每堂课更聚焦核心任务点，教学内容更有深度，这样才能使"扰启""内省""质疑""实践"有更多的空间与时间，教师对课堂的本质把握才能更准确；必须明确单元教学目标及课时目标；必须调研学情分析学生的知识经验、学习能力等。"四个清晰"则是：学情清晰、目标清晰、过程清晰、评价清晰。在调研学情时，我们从单元备课入手，关注学生学习的需求点；目标放在培养学生问题解决能力上；探究过程注重扰启的方式，开课即能使学生兴趣盎然，始终保持学习的热情进行深度学习；教学评价则变单一评价为多元评价。

通过对单元教学内容的整体把握，找到各个章节内在系统的联系，再通过课时备课，达到单元目标，才能促进学生思维得到更好的发展。目前我们已经完成了小学阶段"图形与几何"领域中"图形的测量""图形的认识"两大部分梳理，完成高水准的单元备课近20篇。在不断梳理、步步明晰之中教师们也看到了数学知识系统有条理、最本质的呈现。教师们站在单元备课的角度重新审视教材时，不但收获了更高的视角，同时也给予学生更为"宽""广""活""深"的知识探究，为构建理想课堂奠定了基础。

2. 探究合作对话，践行核心理念

课题研究的另一个抓手是"践行核心理念"。教师们从一开始懵懵懂懂地接触到"一个价值观、两个方法论、十二个教学策略，实现三个落地"，再到一次次的课题活动，不断对"理想教育文化"有了阶梯式的新认识与新理解。

(1)实施"合作对话"

2019年年初课题组又进一步明确把"合作对话"作为工作的思维与操作的"立法"。实践初始，教师们认为合作对话教学就是简单地在课上让学生进行小组讨论学习。

以"靶子课"《倍的认识》为例，课后课题组专家第一时间就"合作对话"对教师们进行细致辅导：在"合作对话"中教育者与受教育者的合作应该是最真诚、最主动、最和谐，也是最深刻的；进行的每一次"合作对话"都需要有明确的目标；确定"合作对话"的主题要关注话题的深度、宽度与广度；而筹备"合作对话"活动时要把对话内容分解成不同的任务，设计层次分明的活动支撑活动主题任务的完成；组织实施"合作对话"要根据年度、学期、月度、周、单元等，同时抓好"基本单元"对话主题的落实；等等。

同时专家组教师结合具体实例"什么是倍？""这里有倍吗？""你能创造倍吗？"这三个次主题，将"倍"这个知识的来龙去脉以"剥洋葱"式、"合作对话"式与教师们现场互动探讨。专家们深入浅出地指导让处在"不识庐山真面目"中的教师们开始对合作对话式教学渐渐有了感觉。

为了进一步厘清概念、抓住本质，课题组专家又为学校教师们继续进行了"合作对话教学"专题培训，从理想教育文化的内涵、何为合作对话式教学、合作对话式教学对教师的要求、合作对话式教学学科课堂样态等方面，由浅到深，层层剖析，呈现给教师们完整的教育理念，让教师们清晰把握何为"合作对话式教学"。

(2)深入"合作对话"

教师逐渐体会到"合作对话"在课堂中实施的魅力，对主题和次主题的设定越来越有了自己的想法，也渐渐理解了为什么要进行合作对话式教学："合作对话"教学范式更加凸显对学生抽象思维等能力的培养。

理想教育文化理念落实在了朱雅迪老师《数字编码》和丰雪老师《集合》这两节数学课中：教师能给学生足够的空间和时间进行思考、交流、质疑，让学生自己去发现问题、解决问题，在层次丰富、逐步深入的互动话题中，学生们学习的主动性、积极性明显提升了。而课后专家组在充分肯定教师快速成长的同时，继续结合实例深入指导：(1)在《数字编码》这节课的核心内容"简洁，规范，唯一"中，如果只允许写一个特点，你要写哪个？(2)《集合》这节课的第二个环节中，集合还有什么样子？第三个环节，你能找到集合吗？如果只要留下一个环节，你要如何取舍？在专家细致地指导下，教师们再次进行了交流与反驳、质疑与纠正，逐步找到了课程的核心内容，更进一步清晰：对于主题与次主题的设定要因课而定，不要盲目地追求模式。

(3)活用"合作对话"

2020年年初的新冠疫情打破了我们原有的正常教学活动,学生回归每个原生家庭,回到了自己人生第一任教师——父母的身边。但是我校对于理想教育文化的研究却一直没有停歇,在专家的指导下,教师们继续探讨"合作对话式教学"在居家线上学习的有效策略。在"师生+时空"的构建方面,没有了师、生面对面地交流,网上的沟通缺少了原来的学习氛围和状态,于是教师们倡导学生将书房变教室、客厅变操场、厨房变实验室,充分营造学习的氛围,而家长则变成了同学。学生们不仅仅只是局限于听网课、被动输入性学习,而是参与合作交流的主动输出性学习。学生更愿意展示自己的学习成果,在与父母游戏、答疑互动中,将自己的想法说清楚、讲明白。虽然是疫情期间,但是课题探讨的脚步没有停歇,学生更收获了别样的人生体验。

(三)研究初步成效

从接触课题到现在,在不断追求卓越的路上,我们耕耘着、收获着:正是这个课题的引领,给我们的学校、教师和学生都搭建了一个更为广阔的平台,学校在变,教师在变,学生也在变。

1. 夯实理念,完善学校文化

课题扰启教师们在充分"尊重"原有文化的基础上逐步完善学校文化理念,逐步形成了"实文化"的学校文化内核,从而践行理想教育。在"实文化"的基础上学校又提炼出"夯实基础,幸福绽放"的课程理念,从品德与社会素养、人文与语言素养、体育与健康素养、艺术与审美素养、科学与实践素养五大领域出发,建构起由润德崇实课程(道德与法治)、启智明实课程(语文、英语)、健体尚实课程(体育、心理)、育美求实课程(音乐、美术)、探索笃实课程(数学、科学、信息技术、综合实践)构成的"五色石(实)"课程体系。

2. 厚植理念,教师快速成长

在理想教育文化的引领下教师的成长可以用"日新月异"来形容。首先,教师教学理念发生了很大的转变。在与学生相处方面,无论是课前还是课中我们的教师都能充分尊重学生,进行有效沟通,构建了师生学习成长共同体;在教学方面,教师们在课堂上更加注重学生学习方法的选择，能创设有效情境，激发学生学习的热情，通过科学的扰启，灵活调控教学要素，经过内省让学生达到适度的理解水平，而学生的质疑、探索、消化、吸收又与实践浑然一体，从而使每次课堂教学变得更有意义和价值。其次，教师科研能力、反思能力迅速提升。2019 年学校课题组教师撰写了校级阶段成果汇编《追逐理想，奠基幸福》；肖晓琳、丰雪、吴珊珊、宋茜、李佳、张文静等几位教师撰写的课题论文以及研究课分别获得市、区级奖项；学校骨干教师数量也迅速增加，逐步形成人才梯队，现拥有高级教师 7 人，学科、班主任等各级各类区级骨干教师 29 人，占一线教师的 50％。

3. 践行理念，学生精彩绽放

理想教育文化课题的逐层深入推进，让学生成为最大的受益者。较之以前，学生的变化愈发明显，学生在课堂上的表现尤其突出。逐步形成了"三大"（大方站、大声说、大胆问）、"三亮"（亮观点、亮理由、亮结论）、"三动"（动脑、动手、动情）的合作对话发言模式。学生敢于质疑，敢于提出自己的见解，独立思考的意识增强，投入状态、思维、表达、合作能力等也都有了明显提升，尤其是课题实施以后的教学成绩更有了大幅增长。近三年来学生参与朝阳区抽测，成绩均高于区平均分，学校更是喜获朝阳区教育教学质量优秀奖。同时，学生每年都有近千人次获得市、区乃至全国的各级各类奖项，达到了借课题实施促进学生向"最佳公民"迈进的预期目标。

理想教育文化课题研究给学校和师生都提供了很好的平台和契机。现在，我们将一个年级的实践拓展为全校所有学科的课题实践。我们坚信：明晰理想教育文化的核心理念，并将其不断应用在教育教学实践中，建设具有理想教育文化的学校指日可待。

追逐理想，奠基幸福，让我们携手前行！

（北京工业大学附属中学十八里店分校　陈春红　蒋学红）

五、探索"理想教育"　文化引领发展

(一)实验基本情况

2018 年 2 月以来，作为"理想教育文化"课题实验校，北京化工大学附属中学高中部化学组参与实验。2018 年 9 月，学校初中部英语组也参与了实验。同时，高中的物理、生物组，初中的数学组也参与其他实验校的相关教研活动。参与实验两年多来，"理想教育文化"逐步与学校文化相融合并扎根于教学实践中，在学校、教师、学生发展方面均初见成效。

(二)学校特色做法

1. 文化融合

一所学校的办学水平、质量、声誉关键取决于学校文化。北京化工大学附属中学在跟随课题组改革试验的过程中，将"理想教育文化"与学校"美的教育"文化体系在多方面相融合，在学习中推进，在融合中变革。

(1)"理想教育文化"与学校办学思想的融合

学校立足于"文化立校、文化育人"的战略思考，构建了"美的教育"助力学生"美好人生"的办学思想，与"理想教育文化"培养最佳公民的育人理念不谋而合。学校将培养具有"尊重、民主、责任、科学"等优秀品质的"最佳公民"的育人目标注入办学思想中，从多方面入手树典型、造氛围、促辐射，引导师生追求高尚的精神世界，促进学生全面发展与个性完善。

(2)"最佳公民"理念与"雅美教师"公约的融合

将"最佳公民"理念与学校的"雅美教师"公约相融合。引导教师以尊敬、平等的心态与言行对待学生；遵从儿童的认知发展规律与生活经验；"爱教、勤教、善教、乐教"；践行"雅美教师"公约，为人师表、身正为范，体现"各美其美，美人之美"的学校精神。

(3)"最佳公民"理念与"尚美学生"标准的融合

将"最佳公民"理念与学校的"尚美学生"标准相融合。引导学生能够利用独立、

追求、养控、审美个体成长方法论；树立"爱学、勤学、善学、乐学"的优良学风；培养学生的爱国、爱学习、爱劳动、爱科学及感恩、负责等优秀品质，促进学生正向价值观及优良习惯的形成，真正实现以文化人、以美育人、立德树人，构建"理想教育"文化。

(4)"理想教育教学"方法论与"靶思维"教学模式的融合

将"理想教育"中"扰启、内省、质疑、实践"教育教学方法论运用到学校"靶思维"教学改革中，"打靶"的出发点是学生原有认知基础与生活经验，瞄准的"靶心"是学生解决问题的能力，"练靶"过程是不断扰启学生，引导学生积极实践，在实践中内省，发现问题，最终学会解决问题。在"理想教育"理念的指引下，"靶思维"教学模式已初见成效。

2.扎根实践

"纸上得来终觉浅，绝知此事要躬行"。"理想教育文化"悄然进入北化附中课堂、深深扎根于每位教师的教学实践中。

(1)合作成长共同体的构建

建立合作成长共同体是进行"合作对话"的前提。为此，教师们在建立师生关系、创设教学情境、选取教学方式等方面不断进行探索并取得了成效。

首先，尊重、平等、和美管理的理念下，北化附中的师生有着亦师亦友的和谐关系。和谐的师生关系为合作成长共同体的构建奠定了良好的基础。学生自觉、自愿、自主地与教师组成"成长共同体"。其次，在尊重学生知识基础、成长需要、生活经验与兴趣点的基础上，教师创设适当的教学情境、激发学生兴趣，并在此基础上，通过"对话"完成"共同体"的任务。例如《原电池》一课中，教师引导学生观察生活中的干电池，激发学生学习的兴趣，启发学生自己寻求原电池的工作原理。《你身边的一种神奇的液体——乙醇》课例中，教师引导学生思考：为什么不同的人酒量不一样？为什么有的人喝酒会脸红？为什么有的人喝酒会发热？创设生活情境，激发了学生与教师"合作对话"的意愿，完成"共同体"的任务，引出乙醇的催化氧化反应，明白喝酒的危害。再次，选取适当的教学方式，通过提供资源、工具、技术支持等，组织学生自主探究、合作与对话、实验与实践。《"锂"跃龙门》课例中，教师从"中美贸易战"引入，激发学生的爱国情怀，通过辩论的形式，让学生认识金属锂的科学价值。在化学反应速率概念的建立及影响速率因素的实验探究过程中，学生自主设计对比实验进行探索。一次次与同学的对话、与实验的对话、与课本的对话，无意识地践行着质疑—内省—实践—提升的过程。化学教研组长王静老师说："亲历知识重演的过程好比是自助游，自己安排旅途中的一切，充满惊奇与艰辛、富有诗意，真正有助于学生提升技能，培养学科核心素养。"

和谐的师生关系、贴近生活的教学情境、贴近学生的教学方式构建了最坚不可摧的"合作成长共同体"，有了内在驱动，"合作共同体"的"合作对话"才真诚、和谐、深刻。

(2)合作对话的实施

①"合作对话"设计有"高度"

首先，"合作对话"的设计指向育人。过去备课时，教师教学设计的着眼点是知识，出发点是考点，落点是考题，教给学生的往往是知识和解题能力，而不是解决问题的能力。如今，教师们对"合作对话"的设计有了更高的主题，着眼点是学生不能解决的问题是什么，出发点是学生会什么，落点是学生解决问题的能力。现在老师们备课、上课能做到"心中有学生"，更尊重学生认知基础与生活经验，教会学生解决问题而不仅仅是解题。换句话说，课堂教学使学生的收获不限于今天的知识、分数，更是明天的可持续发展能力。其次，"合作对话"的主题有系统的安排。在课题组的带领下，教师们尝试进行单元备课。单元教学是打通知识到能力的通道，教师单元备课过程需全面熟悉学年教材及单元划分，深刻解读课程标准，透析模块知识的内在逻辑和学科思维方法特点，清楚相关技能、能力培养及文化内涵。了解学生的知识技能基础，心理特征和思维发展特点。确定单元教学目标，凝练单元核心知识框架、核心问题，整体分析单元内每节之间的逻辑关联及每节应承担的核心知识与素养发展，这让"合作对话"的主题站位更高、落地更实。

②"合作对话"实施有"深度"

教师们一直在思考："合作对话"中如何运用理想教育教学方法论，才能真正地扰启学生的思维？什么样的问题才能唤醒学生强烈的对话意愿，产生深度的内省和质疑？教学实践中，通过不断地尝试和探索，"合作对话"的实施已初见成效。教师们在"对话"主题的规约下，像"剥洋葱"一样层层递进地展开次主题。例如，在《认识葡萄糖》一课中，教师逐层抛出五个问题。问题1：在实际生活中，葡萄糖有哪些应用？问题2：通过葡萄糖在实际生活中的应用，你可以推测出它具有哪些化学性质？问题3：通过推测葡萄糖的性质，你可以预测它有什么样的结构？问题4：通过实验，结合葡萄糖的结构，你能书写出化学反应方程式吗？问题5：回归情境，用葡萄糖的性质来解释葡萄糖在生活中的应用。通过环环相扣的问题，教师引导学生与教师对话、与学生对话、与实验对话、与自己对话，完成学生从有机化学的角度认识葡萄糖的任务。对于提问，教师们有自己的心得，除了以问题串的形式逐层"剥洋葱"之外，他们认为：第一，在学生的兴趣点和存有悬念的地方提问，会大大激发学生的好奇心和求知欲，形成"合作对话"期待。第二，追问应在联系点和关键处。追问在于引导学生抓住知识体系的关键点，并自觉建构知识体系网络。这是学生学习从无序走向有序，知识不断结构化的过程，也是"合作对话"不断深入的过程。第三，点拨应在亮点和精彩处。很多时候，学生缺少发现美的眼睛。对于亮点和精彩处的点拨，引发思考，使学生能够"内省"好在哪里，在今后的学习中取长补短。第四，学生在"对话"的过程中有很多生成性的问题，教师要善于抓住这些有利的机会，在亮点处点拨，形成良性的互动，让"对话"得以持续。第五，留白在重点和难点处。反复实践中，教师们也逐渐意识到重难点知识绝不是靠教师讲懂，而是靠学生内省获得。因此，教师给予一定的等待时间、适度留白尤为重要。

（三）实验的初步成效

北京化工大学附属中学面临人大附中朝阳分校、朝阳外国语学校、和平街一中、陈经纶中学嘉铭分校等诸多名校的竞争，曾在一段时间内出现各学年段生源不足、教师严重超编且士气不足等生存问题。但这两年出现了可喜变化。

一是部分教师教学与科研水平提升快。在"理想教育文化"的引领下，教师们的教育教学思想和行为有了根和魂，课堂教学在变革，反思能力在提升。在总结与反思的基础上，撰写多篇教育教学论文和教学案例，其中，刘伟、王静、李莉、牛月梅、承宝荣、金燕玲、全疆发还分别在《中国教师》《中国教师报》《现代教育报》等国家级、省市级报刊发表了研究实验论文。学生是教师成长与发展的最大受益。近两年，我校学生的高考成绩连创佳绩，特别是高中化学学科的统测成绩区排名比入口前进了三到四位，化学也成了学生最有兴趣、最信任、选课人数最多的高考科目。

二是进入了质量与生源的良性循环。近几年学校的高考、中考、学科竞赛、文体比赛都取得了令人惊喜的成绩。有了成绩与质量，同时也赢得了家长与学生的口碑与信任，学校招来了更多、更好的生源。今年，北化附中各学段招生形式喜人。小学一年级招生 131 人，其中京籍 94 人，小学部招生发生了结构性的变化；初一年级招生 128 人，其中京籍 48 人，与 2016 年的 64 人，京籍 9 人相比，发生了巨大变化；高一年级去年招生 47 人，今年招生 153 人，校排位 14，高中部招生数量以及生源质量变化最为显著。

学校是聚人、育人的殿堂，有了更多的学生，北化附中又重新焕发着生机与活力。而这一切源于学校求变的心态，对于"理想教育文化"从初闻的困惑到逐步的接受、再到认可后的追随，教师们在蜕变，在收获，相信在今后的变革之路上，北化附中人会走得更加坚定与自信！

（北京化工大学附属中学　刘伟　全疆发）

/ 第十一章　理想教育文化评价指南 /

前文初步厘清了人类社会教育本质，揭示了教育存在的潜隐性价值及其作为教育专门机构——学校内涵的实质。我们从教育发生的视角，指明了教育各要素位置关系，以此建构理想教育文化大厦。在批判现实学校文化大厦各要素间关系的基础上，描绘了理想教育文化大厦各要素间的关系，进而构建了呈现理想教育文化样态的教育教学范式。为较快推动理想教育文化的"育人"内涵及方式变革，就要在构成教育社会关键的学校、家庭、社区等教育机构以及关键的课堂教学节点，通过实施理想教育文化评价，持续引领教育社会，推进理想教育文化的实施。

要更好地实现理想教育文化的评价，需要优秀的教育思想者(或称之为教育专家)不断"阅读"和"对话"学校、课堂、家庭。因为，专家的阅读和对话，其实质就是测量与评价；而专家的测量与评价，其实质是引导与改进，而不是区分与筛选。因此，理想教育文化测量与评价，一般发生在内部的自我改进与提升，或寻求外部力量进行专业化的提升，如对学校诊断式督导等，而非内、外部"区分与差异"性的奖惩评价。

一、理想学校教育文化测量与评价

理想学校教育文化的测量要点包含三个方面。

一是确定测量理想学校教育文化指标要素。学校作为教育社会重要教育机构，其核心不是空间大小、建筑物多少以及教职工和学生规模，而是育人理念、价值追求。由于理念、价值追求制约人的行为，学校的机构设置、空间布局、建筑物的使用属性及装饰、教育教学设备设施的购置、学年至每日的时间安排等，都是学校育人理念、价值追求的外显。教职工和学生规模，特别是优秀教职工和优秀生源以及学校在历史上的育人理念、价值追求带给人类社会的贡献，都是对学校无声的回应。对学校的测量，就要选择呈现学校育人理念和价值追求的指标要素。依托《教育文化构建的人性基础》一书可以确定测量学校的指标要素：办学理念、组织制度、人际关系、教育活动、育人空间、人力资源6个一级指标要素，以及其下23个二级指标要素、59个三级指标要素。

二是明确测量理想学校教育文化指标要素的工具。"最佳公民"要素"尊重、民主、责任、科学"是"测量"学校教育的基本工具；认知要素"实践、问题、方法、工具、技术、表述"是"测量"学校教育的认知工具；非认知要素"灵动能力、生命修为、情志追求、合作要件、意志品性、批判思维"是"测量"学校教育的非认知工具；教师教学方法论"扰启、内省、质疑、实践"是测量学校教育的教学方法论工具；学生生长方法论"独立、追求、养控、审美"是测量学校教育的学生生长方法论工具。

三是明确测量理想学校教育文化指标要素的方法与技术。把测量学校三级指标要素细分为观测点，如将59个三级指标要素细分为354个观测点，对每一个观测点，明确测量指标要素的工具。例如，一级指标：人际关系；二级指标：校长；三级指标：最佳功能体现。观测点有6项：(1)无；(2)能够依法办学；(3)校长秉承民主治校，尊重领导班子、教职员工、学生、教师、家长的不同意见，尊重他人人格；(4)包含前几项，且责任感较强，对内统筹能力较好；(5)包含前几项，且威望较高，对外联络协调能力较好；(6)包括前几项，且校长有鲜明的最佳功能特征，有较强的民主意识。对应测量工具：尊重、民主、责任、科学。方法与技术：通过工作汇报、查阅资料、实地考察、随机访谈、收集网络信息等方式进行"测量"，赋予不同的量值，运用网络评价平台进行数据处理。

对学校的评价则分为四个步骤：(1)组建专家评价组；(2)对数据及信息进行分析与诠释；(3)对疑惑或重要差异性数据与学校相关人员沟通协商；(4)依据理想教育文化价值追求及其工具进行评价，形成评价结论，提出改进建议。(详见附件：一、理想学校教育文化建设评价工具①)

----

① 北京教育科学研究院、北京市教育督导与教育质量评价研究中心依据《教育文化构建的人性基础》开发研制。

二、理想教育文化课堂教学测量与评价

理想教育文化课堂教学的"测量"要点同样包含三个方面。

一是确定测量理想教育文化课堂教学指标要素。教师课堂教学是在理想教育文化理念及价值追求指导下，在单元或模块备课的基础上，把课堂教学的文案转化为教师课堂教学的实践过程。由此，课堂教学是教师教育理念、价值追求的外显过程；是教师在理解课程标准基础上，完成单元或模块知识传授与人格培养整体设计后的分解实践过程。如果把单元或模块的"育人"概括为一个主题，那么，教师课堂教学一定是单元或模块中主题的一个次主题；换言之，如果教师能够实现每一个次主题的"育人"价值，那么，单元或模块承载的"育人"价值就实现了。

众所周知，课堂呈现了教师教育教学的全部灵性，任何优秀教师的课堂教育教学都是无法复制的。正因为课堂教学具有复杂性、多变性等难以驾驭的特点，理想教育文化给出了课堂教学设计的"思维立法"和课堂"合作对话"教学范式，并基于此，确定了测量课堂教学的三个环节：教学设计、教学实施、教学效果；九个一级指标要素：学习目标、学习情境、学习活动，学习环境、师生互动、自主活动、总结提升，情感与习惯、方法与能力；二十一个(初中)二级指标：目标内容、目标可实现性，认知功能、非认知功能，活动目的、活动内容、活动安排，课堂氛围、学习资源，机会与时间、反馈与指导、学生表现，机会与时间、活动指导、学生表现，反思与总结、应用与实践，情感体验、行为习惯，学习方法、学习能力。

二是明确测量理想教育文化课堂教学指标要素的工具。"最佳公民"要素"尊重、民主、责任、科学"是测量课堂教学的基本工具；认知要素"实践、问题、方法、工具、技术、表述"是测量课堂教学的认知工具；非认知要素"灵动能力、生命修为、情志追求、合作要件、意志品性、批判思维"是测量课堂教学的非认知工具；教师教学方法论"扰启、内省、质疑、实践"是测量教师课堂教学的方法论工具；学生生长方法论"独立、追求、养控、审美"是测量教师课堂教学的学生生长方法论工具。

三是测量理想教育文化课堂教学指标要素的方法与技术。首先，对测量的二级课堂教学指标要素细分为"观测要点"，如将(初中)二级课堂教学指标要素细分为 40

个观测要点，对每一个观测要点给出"测量"指标要素的工具。例如，一级指标：师生互动；二级指标：机会与时间、指导与反馈、学生表现。学生表现观测点：互动态度积极、互动具有深度、互动具有广度。对应"测量"工具：独立、追求、质疑、内省、民主。其次，参照项目反应理论，在规定的时间周期内，"测量"教师指定的课堂教学。例如，根据教师教学进度，提前两周与教师协商确定课堂教学内容。再次，确定课堂教学类型。不同学科或同一学科教学内容不同、课堂教学类型不同、课堂教学难度不同，教学呈现方式也不同，如新授课、实验课、复习课、练习课等。最后，进行课堂教学"测量"。(1)按照"一看、二听、三思考"，观察教师课堂教学。(2)教师课堂教学结束后，测评人员基于教师课堂教学的整体情况，在理想教育文化理念及价值追求指导下，应用"测量"工具，初步完成课堂教学指标要素的"测量"，并赋予不同的量值。(3)听取学科组教师或者该授课教师介绍单元或模块备课的思考、该"靶子课"的设计思路及其授课后的真实感受。在此基础上，依据"课堂教学等级评价量表"确定等级，完成课堂教学指标要素"测量"分值的修订。

对课堂教学的评价则分为四个步骤：(1)专家针对疑惑或不清晰、不准确的信息与教师沟通协商，明确信息承载的内涵。(2)专家依据课堂观察、授课教师对单元或模块备课及法制课的思考交流，对"三个环节"及各指标要素量值呈现的信息，坚持以"优点说透、缺点不漏、方法给足、不断进步"的原则做诠释。(3)依据理想教育文化工具进行评价，形成书面的评价结论，提出改进意见。(4)做好存档，形成教师成长记录。(详见附件：二、理想教育文化课堂教学理想化程度等级量表；三、理想教育文化课堂教学评价工具(小学版)；四、理想教育文化课堂教学评价工具(初中版)；五、理想教育文化课堂教学评价工具(高中版)[①])

三、理想家庭教育文化测量与评价

对理想家庭教育文化的测量要点包含三个方面。

一是确定测量理想家庭教育文化指标要素。虽然家庭教育不同学校教育，更不同

[①] 北京教育科学研究院、北京市教育督导与教育质量评价研究中心依据《教育文化构建的人性基础》开发研制。

于社会教育,但是,如果把家庭教育放在抽象出来的教育社会中加以考察,即剥离了家庭生活环境审视家庭教育,则能呈现教育本质。对此,就可以发现测量家庭教育的指标要素:家庭教育文化传承与基本认识、理想家庭教育文化理念、理想家庭教育文化实践、理想家庭教育文化成果4个一级指标,以及其下18个二级指标。

二是明确测量理想家庭教育文化指标要素的工具。"最佳公民"要素"尊重、民主、责任、科学"是测量家庭教育的基本工具;认知要素"实践、问题、方法、工具、技术、表述"是测量家庭教育的认知工具;非认知要素"灵动能力、生命修为、情志追求、合作要件、意志品性、批判思维"是测量家庭教育的非认知工具;教师教学方法论"扰启、内省、质疑、实践"是测量家庭教育的方法论工具;学生生长方法论"独立、追求、养控、审美"是测量家庭教育的学生生长方法论工具。

三是测量理想家庭教育文化指标要素的方法与技术。首先,对测量的二级指标要素细分为可具体观测的要素,例如,将家庭教育18个二级指标要素细分为55个可具体观测的要素。如一级指标:理想家庭教育文化理念;二级指标:尊重。把"尊重"指标要素细分为:(1)家庭成员的家庭教育意见能在家庭中都得到了其他成员尊重;(2)重视孩子自尊人格的养成,注重培养其尊重客观世界和他人的意识和能力;(3)积极为孩子创设社会交往机会,培养其积极的社会关系意识;(4)注重教导孩子不践踏别人尊严,不违背世界规律。其次,对每一个观测要素运用测量工具进行定性解读,如对"尊重"细分的指标要素(1)的解读,"本题的选择主要看家庭成员是否相互尊重对方的家庭教育意见,家庭成员的家庭教育意见越和谐越高度符合"。再次,通过自述、访谈、答辩、实地考察、查看资料等方式进行测量,赋予不同的分数量值,运用网络评价平台进行数据处理。

对理想家庭教育文化的评价则分为两个步骤:(1)教育专家依据理想教育文化理念对数据进行分析,对数据呈现出的重大疑惑与家庭成员进行沟通。(2)依据理想教育文化工具进行评价,形成书面评价结论,提出家庭教育建议。(详见附件六、理想家庭教育文化评价量表[①])

---

① 北京师范大学教育基本理论研究院依据《教育文化构建的人性基础》开发研制。该量表也可以用于自评。

附件一　理想学校教育文化建设评价工具

一级	一级	二级	观测点	
A　办学理念	A1 学校愿景	1. 历史传承性及认同度	0	无办学愿景
			1	有办学愿景，形同虚设
			2	有办学愿景，不够清晰，少部分教师认同
			3	有办学目标，部分教职工认同
			4	有清晰的具有历史传承性办学愿景，极个别教职工不认同
			5	有清晰的具有历史传承性且与时俱进的办学愿景，方向明确，全体教职工认同
	A2 办学目标	2. 办学目标的制定依据及认同度	0	无
			1	办学目标符合党和国家的教育方针
			2	办学目标符合党和国家的教育方针，且符合学校实际
			3	包含前几项，且能体现学校特色，符合区域定位
			4	包含前几项，且全体教职工认同学校的办学目标，学生家长了解学校的办学目标
			5	包括前几项，且办学目标制定能与时俱进，方向明确
	A3 办学规划	3. 办学规划的落实方案、自查评估方案及调整机制	0	无
			1	有规划，但不成熟、不全面或未公开
			2	有体现学校愿景的办学规划，并制定发展规划的落实方案
			3	有体现学校愿景的办学规划，并制定发展规划的落实方案，学校主动公开宣传办学规划
			4	包含前几项，且学校教职员工参与制定办学规划
			5	包含前几项，且有有效的自查评估方案及调整机制
	A4 理念识别度	4. 校训的传承性与影响力	0	无
			1	没有传承性
			2	有一定传承性，没影响力

一级	二级	三级	观测点	
A 办学理念	A4 理念识别度	4. 校训的传承性与影响力	3	有一定传承性，教师践行，学生不清晰
			4	有传承性，有一定影响力，教师学生践行
			5	有很好的传承性及影响力，教师学生自觉践行
		5. 校歌的普及度	0	无
			1	有校歌，形同虚设
			2	有校歌，学生不知道
			3	有校歌，只学校播放
			4	有校歌，关键活动播放校歌，部分教师学生会唱
			5	有校歌，关键活动播放校歌，全体教师学生会唱
		6. 特有文化的标识性符号	0	无
			1	有校服
			2	有校服，有校徽
			3	有校服，有校徽，学校固定场所标识体现学校文化特色
			4	包含前几项，且能体现出学校特有文化、反映办学理念、历史传承
			5	包含前几项，且组织开展各项活动有 logo 设计展示，例如，吉祥物
		7. 理念识别的宣传载体	0	无
			1	有团队活动
			2	有团队活动，有校报或校内自办媒体
			3	有团队活动，有校报或校内自办媒体，校长、副校长、书记等宣讲、报告、总结呈现理念识别
			4	包含前几项，且学校文化价值追求一致
			5	包含前几项，且对外宣传能反映出尊重、民主、责任、科学
B 组织制度	B1 机构建制	8. 机构设置及决策分工	0	无
			1	设有办公室、教学处、德育处、总务处
			2	机构设置科学合理，决策分工权责清晰，且有独立的教师发展指导机构
			3	机构设置科学合理，决策分工权责清晰，且有着眼于学校发展的独立机构

一级	二级	三级		观测点
B 组织制度	B1 机构建制	8. 机构设置及决策分工	4	包含前几项,且设有独立的教师、学生发展指导中心,并正常运行,起到促进教师、学生发展的作用
			5	包含前几项,且应对未来发展,学校具有组织变革和制度创新意识
		9. 运行机制	0	无
			1	学校有与机构设置相匹配的运行机制
			2	学校有与机构设置相匹配的运行机制,且有适合教师发展的运行机制
			3	学校有与机构设置相匹配的运行机制,且有着眼于发展的运行机制
			4	学校有与机构设置相匹配的运行机制,且有适合学生生长的校级、年级、班级运行机制
			5	学校运行机制完整,不断创新,具备学生、教师、学校、区域发展和社会进程的联动机制或组织形式
	B2 制度建设	10. 管理格局	0	无
			1	管理格局较乱,欠公正科学
			2	管理格局较乱,欠严谨规范
			3	管理格局较好,较公正科学
			4	管理格局好,较公正科学、较严谨规范
			5	管理格局很好,公正科学、严谨规范
		11. 管理制度体系	0	无
			1	学校有管理制度体系
			2	学校有科学规范的管理制度体系
			3	学校有科学规范的管理制度体系,有教师学生行为规范
			4	学校有科学规范的管理制度体系,有教师学生行为规范,有教职工绩效评价体系
			5	学校管理制度完备,具有教师、学生行为规范,有教职工绩效评价标准和制度,有教职工代表大会制度、学生代表大会制度

一级	二级	三级	观测点	
B 组织制度	B2 制度建设	12. 管理制度运转机制	0	无
			1	学校管理沟通欠缺
			2	学校管理有一定沟通，但仍然各自为政，职权不分明
			3	学校管理沟通较通畅，职权较分明
			4	学校管理沟通通畅，职权分明，能各司其职，协力合作
			5	学校管理沟通机制完善，能有效进行合作对话式协同办公，学校管理民主、开放，校务定期公开，建有学生、家委会、社区参与学校管理的制度
		13. 适用于时代特征的组织制度创新	0	无
			1	学校组织制度匹配适当
			2	学校组织制度匹配适当，兼具灵活性及调整性
			3	学校组织制度匹配适当，兼具灵活性及调整性，并有应对时代变化的运营机制
			4	学校组织制度匹配适当，兼具灵活性及调整性，并有应对时代变化的运营机制及应急预案
			5	学校组织制度匹配适当，学校设有学校(学生、教师)发展研究动态管理(非常设项目组)
	B3 计划与执行	14. 计划制订	0	无
			1	订有具有学年、学期工作及学校活动计划
			2	订制有差异性和自主性的学年、学期工作学习计划
			3	订制有差异性和自主性的学年、学期工作学习计划及活动计划，且有落实计划的责任部门
			4	订制有差异性和自主性的学年、学期工作学习计划及活动计划，且有落实计划的责任部门及相应机制措施
			5	包含前几项，且过程公开、透明，充分尊重学情并能科学规范执行

一级	二级	三级		观测点
B 组织制度	B3 计划与执行	15. 执行过程	0	无
			1	能按时、按计划开展常规教育教学活动
			2	能按时、按计划开展常规教育教学活动，且有保障和推进落实工作计划的具体措施
			3	包含前几项，且执行高效，有支撑性材料，例如，落实过程照片等
			4	包含前几项，且执行过程中不断自查内省
			5	包含前几项，能遵循 PDCA 科学流程，并能根据实际情况适时调整，与时俱进
		16. 执行结果	0	无
			1	结束时有最终总结
			2	及时主动开展总结
			3	及时主动开展总结，且将总结公开公示
			4	包含前几项，且有公开公平的评价过程
			5	包含前几项，能根据实际落实情况调整下一年度计划
C 人际关系	C1 校长	17. 最佳公民体现	0	无
			1	能够依法办学
			2	校长秉承民主治校，尊重领导班子、教职员工、学生、教师、家长的不同意见，尊重他人人格
			3	包含前几项，且责任感较强，对内统筹能力较好
			4	包含前几项，且威望较高，对外联络协调能力较好
			5	包含前几项，且校长有鲜明的最佳公民特征，有较强的民主意识
	C2 中层领导	18. 最佳公民体现	0	无
			1	能够依法治校
			2	具有较强的学校现代治理意识，能够以身示范
			3	包含前几项，且具有较强的民主思想，懂得尊重包容

一级	二级	三级		观测点
C　人际关系	C2 中层领导	18. 最佳公民体现	4	包含前几项，且主动关心青年教师，为其搭建成长平台，力所能及帮助和解决工作、学习、生活上的困难
			5	包含前几项，且领导班子优秀和谐，能充分考虑教师、家长、社会等多方意见，汇成学生、教师、学校发展提案
	C3 教师	19. 职业发展意愿	0	无
			1	学校青年教师具有职业规划意识及发展意愿
			2	学校各年龄段教师都有自己的职业规划意识及发展意愿
			3	学校各年龄段教师分别有自己的职业规划意识及发展意愿，并有相应的工作计划
			4	包含前三项，且教师们都通过听评课、教研课等方式落实自己的成长计划
			5	包含前四项且教师们具备最佳公民四要素：尊重、民主、责任、科学
		20. 分享交流的机制和氛围	0	无
			1	教师之间分工明确，但私下交流不多
			2	教师之间关系和睦，有分享交流的机制和氛围
			3	包含前几项，且师带徒机制运转良好
			4	包含前几项，且教师间主动分担任务，互相支持、主动担当
			5	包含前几项，教师队伍团结友爱，青年教师有团队机制建设
		21. 最佳公民体现	0	无
			1	能做好自己的本职工作
			2	除了做好自己的本职工作，还能主动承担责任，对领导、对同事尊重友善
			3	包含前几项，且能够认真倾听思考学生和家长提出的意见和建议

一级	二级	三级		观测点
C 人际关系	C3 教师	21. 最佳公民体现	4	包含前几项，且能尊重学生不同的认知水平，能建立师生有效的合作对话式关系
			5	包含前几项，且对学生有合理的发展期望，具有尊重、民主、责任、科学的意识和行为
	C4 学生	22. 自我发展意愿	0	无
			1	学生认真学习、能完成学校大部分作业。
			2	学生认真学习、能完成学校全部作业。
			3	学生认真学习、能完成学校全部作业，有1~2项业余爱好
			4	学生认真学习、能完成学校全部作业，有1~2项业余爱好，且能对爱好有深入研究的意愿
			5	学生认真学习、能完成学校全部作业，有1~2项业余爱好，且能对爱好有专业研究的意愿和能力
		23. 准最佳公民体现	0	无
			1	遵纪守法，无欺辱同学的表现，对老师文明礼貌
			2	在校内，同学间交往热情友善、真诚合作、互帮互助，在家庭，能独立完成作业和学习任务，尊重父母，自理能力较强
			3	包含前几项，且具有较高的集体归属感和荣誉感，积极参加学校社团活动，热爱劳动，吃苦耐劳
			4	包含前几项，且在社会上待人友善、文明礼貌，能够与他人进行良好的沟通交流
			5	包含前几项，且热爱祖国，有高远的志向，具有尊重、民主、责任、科学的意识和行为
	C5 家校合作	24. 家长委员会建设及家长人力资源库整合	0	无
			1	学校建有家长人力资源库
			2	学校建有家长人力资源库，且进行维护，整合资源
			3	学校建有家长人力资源库，且进行维护，整合资源，增进合作

一级	二级	三级		观测点
C 人际关系	C5 家校合作	24. 家长委员会建设及家长人力资源库整合	4	包含前几项，且运行情况良好，家长委员会成员能积极参与学校组织的活动
			5	学校建有家长人力资源库，且进行维护，整合资源，能定期收集家长的意见和建议，并参考家长的意见和建议制定学校政策和计划
		25. 家校共育运行机制	0	无
			1	学校有家校活动
			2	学校定期有家校活动，每学期1~2次
			3	学校定期有家校活动，每学期3~4次
			4	学校定期有家校活动，每学期5~6次，且有良好的反馈渠道
			5	学校重视家校合作，每学期6~7次，能保持建立在尊重基础上的良好沟通，积极建设家长学堂(含家长访谈等)
D 教育活动	D1 学校活动	26. 校际交流的目标和计划	0	无
			1	有口头目标和计划
			2	有简单目标和计划
			3	有详细目标计划，有区、市、国内外校际交流活动
			4	包含前几项，且每学年进行友好学校交流(国内外)
			5	包含前几项，且深入可持续发展
		27. 育人功能	0	无
			1	学校几乎不组织活动
			2	学校组织的活动丰富，但欠缺育人功能
			3	学校组织的个别活动较好地体现了育人功能
			4	学校组织的所有活动较好地体现了育人功能和价值
			5	学校组织的所有活动充分体现育人功能和价值
	D2 课程	28. 课程顶层设计	0	无
			1	设计符合学校发展愿景

一级	二级	三级		观测点
D 教育活动	D2 课程	28. 课程顶层设计	2	设计符合学校发展愿景，且校长重视学校的课程建设工作，教师积极参与课程建设与实施
			3	包含前几项，且学校为学生提供可选择、多样化发展的个性化课程，满足学生发展需求
			4	包含前几项，且学校制定了课程实施效果的评价标准和措施，并能依据课程评价结果调整课程设置与实施
			5	包含前几项，且学校对课堂教学有高站位引领，能够实现合作对话式课堂教学新样态
		29. 课程体系建构的原则及方案	0	无
			1	有课程体系，但比较陈旧
			2	课程体系有创新，关注部分学生
			3	课程体系有创新，关注大多学生
			4	课程体系有创新，适合不同类型学生，利于学生发展
			5	根据课改等课程体系有创新，不仅关注所有学生发展，同时落实到位
		30. 课程实施形式	0	无
			1	有，仅限于课后活动
			2	有，仅限于课后活动及极个别学科
			3	有，形式较灵活，但学生没有选择权
			4	有，形式较灵活，学生有选择权
			5	有明确的走班选课等丰富形式开展课程，学生有选择权和话语权，且能不断调整
	D3 教师活动	31. 专业发展计划	0	无
			1	学校教师实现集体备课
			2	学校教师实现集体备课、跨学科听课交流
			3	学校教师实现集体备课、跨学科听课交流且有专家指导教师团队

一级	二级	三级		观测点
D 教育活动	D3 教师活动	31. 专业发展计划	4	学校教师实现集体备课、跨学科听课交流且有专家指导教师团队，并有指导后反思及循环操作过程
			5	包含前几项，且制订有教师参加校外学习、交流、展示计划
		32. 专业发展平台	0	无
			1	学校组织基础的教科研活动
			2	学校积极主动开展交流研讨活动
			3	包含前几项，且学校定期邀请校外专家指导(教师间听评课等形式不限)
			4	包含前几项，且学校根据教师发展需求，为教师参加校外学习、交流、展示提供有力支持
			5	包含前几项，且学校鼓励教师开展课堂教学评价活动，教师有反馈教育活动意见和建议的途径，学校确实在下一学年(学期)调整方案中参考
		33. 教育、教学活动	0	无
			1	教师只专注自己的本职工作
			2	教师有较强的团队合作及团队教研科研意识
			3	包含前几项，且教师有新教育理念，积极开展教学改革和实践创新
			4	包含前几项，应用教育教学方法论，且能构建有效的师生学习空间，呈现合作对话式课堂教学样态
			5	包含前几项，且关注学生、教师共同成长，与学生一起建构师生成长共同体，体现育人价值
	D4 学生活动	34. 活动计划	0	无
			1	有基础的活动指导计划
			2	根据部分学生需求制订活动指导计划
			3	根据大多学生需求制订活动指导计划，且有能满足特殊需求学生发展的个人指导计划

一级	二级	三级		观测点
D 教育活动	**D4 学生活动**	**34. 活动计划**	4	包含前几项，且有专业指导
			5	包含前几项，且有利于学生身心健康发展，并能随着实际情况不断调整
		35. 活动机会与平台	0	无
			1	学校组织基础活动，未考虑学生需求，按计划和实施方案开展活动
			2	学校团队活动比较丰富多彩，且能满足学生发展需求，能够及时发现有心理问题的学生并进行积极干预
			3	包含前几项，且学生活动广泛，涉及面宽，开展了促进学生发展的社会实践、社会大课堂、名人讲座、志愿者服务活动的计划和实施方案
			4	包含前几项，且制定了促进学生成长的激励性评价措施，并建立保证学生学业成就进步的多元化监控评价方式
			5	包含前几项，有应急调整预案，且提供学生对各项活动开展的意见和想法的反馈途径，能看到学校切实在下一年度(学期)调整方案中参考
		36. 学习活动	0	无
			1	学生主要在教师讲授式的过程中学习，无法摆脱老师主讲的地位
			2	学生学习过程以一问一答式居多，按部就班的上课模式
			3	学生有一部分时间可以进行合作对话，但课堂仍然是受教师严格控制
			4	学生在较为充分的师生合作对话式学习过程中学习
			5	学生在充分的师生合作对话式学习过程中学习
		37. 社团活动的设立和实施	0	无
			1	有基础社团活动，没有计划和实施方案，不考虑学生兴趣

一级	二级	三级		观测点
D 教育活动	D4 学生活动	37. 社团活动的设立和实施	2	有基础社团活动，订有实施计划和实施方案
			3	根据学生兴趣组织丰富多彩的社团活动，且订有详尽的计划和实施方案
			4	包含前几项，且关注学生独立解决问题能力的培养，关注学生合作能力的培养
			5	包含前几项，且关注学生生长关键要素(独立追求养控审美)，并行之有效
	D5 家长活动	38. 家校交流的制度、规划及实施方案	0	无
			1	家校交流就是家长会
			2	家校交流就是家委会
			3	家校交流制度较明确，有规划
			4	家校交流制度明确，有规划，按照实施方案进行
			5	家校交流制度非常明确，有规划，按照实施方案进行，并切实关注家长关心的问题
		39. 家校交流的时机与渠道	0	无
			1	学校开展适时适度的家长开放日活动
			2	学校适时适度开展家长开放日活动，并设有交流渠道
			3	学校适时适度开展家长开放日活动，并设有交流渠道及时反馈
			4	学校适时适度开展家长开放日活动，并设有交流渠道及时反馈，充分尊重家长意见
			5	学校适时适度开展家长开放日活动，并设有交流渠道及时反馈，充分尊重家长意见和建议及时调整，追踪调整后家长反馈
		40. 家校合作的频次与质量	0	无
			1	家校充分沟通，有家校合作项目或相关活动
			2	家校充分沟通，定期举办家校合作项目或相关活动，每学年1～2次

一级	二级	三级		观测点
D 教育活动	**D5 家长活动**	**40. 家校合作的频次与质量**	3	家校充分沟通，定期举办家校合作项目或相关活动，每学年 3～4 次
			4	家校充分沟通，定期举办家校合作项目或相关活动，每学年 3～4 次，且能根据差异性和自主性组织多层次家校活动
			5	包含前几项，且能形成家校合作教育共同体
E 育人空间	**E1 设施环境**	**41. 校舍的设计与建构**	0	不合理、不实用、不科学
			1	各年级楼层或区域安排合理，公共区域照明充足，通风状况良好
			2	学校校舍设计充分考虑到学生人身安全，各种隐患得到合理规避，学科专用教室符合学科规范
			3	包含前几项，且学校校舍设计满足学生的学习需要和教师的工作需要，能充分考虑到年龄特点(如窗台、洗手台的高度)，动态活动区与静态学习区保有合理距离或有良好隔离设计，互不干扰
			4	包含前几项，且校舍颜色运用符合学生特点，教室布置符合学校育人理念，具有班级文化个性特点
			5	包含前几项，且教室环境生态发展，发挥学生主动性和创新性，整体风格符合理想学校文化构建
		42. 校园的布置与绿化	0	无
			1	学校尽可能给予学生活动以足够的公共空间
			2	学校有体现文化特色的建筑，创新性利用空置空间，校园内绿化面积达标
			3	学校利用地域、空间或人文资源优势进行校园布置设计，校园内植物种类丰富，适宜本地气候，朴实适用
			4	包含前几项，且绿化设计遵循学生身心发展，具有学生参与功能
			5	包含前几项，且学校用于校园布置的装修建筑材料便于移动，易于换新，符合环保要求，校园绿化作为教育资源，功能得到很好发挥

一级	二级	三级		观测点
E 育人空间	E1 设施环境	43. 校园的设施和设备	0	无
			1	学校教学设施符合办学条件标准
			2	含前项，依据学生需求布置合理，设施设备定期维护，安全使用指南贴在醒目位置
			3	含前几项，设有突发事件应急处置预案
			4	含前几项，学校有无障碍设施，关注特殊需求群体
			5	含前几项，学校使用可持续发展的新能源技术
		44. 智慧校园	0	无
			1	学校有覆盖校园的无线网络设置
			2	学校有校园内、教学楼内和教室内的电子显示屏
			3	包含前几项，且学校有应用于教学实施、管理、研究、综合管理的校园网络平台
			4	包含前几项，且学校有学生学习校园网络平台和安全防控校园网络平台
			5	包含前几项，且学校有或正在落实大数据收集管理方法
		45. 维护与再造	0	无
			1	对学校设施环境进行维护
			2	对学校设施环境进行定期维护
			3	对学校设施环境进行定期维护，充分挖掘育人特色进行重点维护与建设
			4	对学校设施环境进行定期维护，充分挖掘育人特色进行重点维护与建设，并要求学生参观并理解育人设施的意义
			5	对学校设施环境进行定期维护，并根据学校育人需求进行再造，学生能主动参与到维护、再造过程并理解其意义。
	E2 人文环境	46. 设计与建构	0	无
			1	学校每天悬挂国旗，在适当位置设有主席台

一级	二级	三级		观测点
E 育人空间	E2 人文环境	46. 设计与建构	2	学校校园醒目位置可以看到校训、校徽、校歌
			3	校园景观布置体现基于办学理念的特色主题文化要素，体现教育功能
			4	包含前三项，且教室有班级文化主题要素
			5	包含前四项且学生对教室进行体现学校及班级文化特色的设计与布置
		47. 维护	0	无
			1	学校定期对人文景观进行维护
			2	学校定期对人文景观进行维护，并根据需要对人文景观进行调整或改造
			3	学校定期对人文景观进行维护，并根据需要对人文景观进行调整或改造，以适应育人需求
			4	包含前两项，且及时挖掘学校历史积淀及文化传承，使师生深刻体会学校人文景观的含义
			5	包含前三项，引导师生对学校历史积淀及文化传承的情感认同和价值认同
		48. 再造	0	无
			1	适度调整育人空间
			2	适度调整育人空间，有利于学生成长教师专业发展
			3	进行学校空间时间文化再造，空间再造后，符合学生各学段的差异
			4	空间再造高效、美观、环保，符合学生不同学段特征，有一定引导价值
			5	包含前几项，且根据学校现有条件充分挖掘进行空间再造，充分考虑师生发展需求(例如，征集评选出来的人物或制度，将事迹适度体现在学校空间中，引导学习先进人物或事迹)，有教育意义
		49. 可持续发展	0	无
			1	挖掘学校特色

一级	二级	三级		观测点
E 育人空间	E2 人文环境	49. 可持续发展	2	人文景观具有人文精神的诠释
			3	人文景观有明确的育人目标，学校的景观符合以一个主题，辅以不同的次主题构建
			4	学校具有深厚文化积淀的人文景观，且人文景观对学校发展具有重要意义
			5	学校人文景观尊重学校学情，具有人文精神的诠释兼具育人目的，且有深厚的文化积淀，并对学校发展具有重要意义
F 人力资源	F1 管理团队	50. 管理能力及理念	0	无
			1	具备管理岗位所需的学历要求和专业技能
			2	有一定任职经验，可基本完成学校管理工作，组织制订各项工作计划
			3	包含前两项，且有能力带领团队完成学校各种既定目标，组织制订与实施学校发展规划和工作计划
			4	有5年以上任职经验，且有能力组织教研活动，有强烈的责任心和使命感
			5	有10年以上任职经验，热衷教育事业，具有先进的教育教学理念，能推动教学改革，提高教育质量
		51. 执行力	0	无
			1	能完成上级领导下达的指令和目标
			2	能利用自身专业经验和工作能力，管理学校日常工作及有效应对突发状况
			3	包含前几项，且有能力统筹安排学校工作，较好进行学校的组织管理，做出恰当的行政决策
			4	包含前几项，且能保障行政决策落实到位，具有追责机制
			5	包含前几项，且除了能对内处理好各项事务，还能对外处理好各种社会公共关系、家校关系

一级	二级	三级		观测点
F 人力资源	F1 管理团队	52. 创新能力	0	无
			1	热爱本职工作，具有创新意识
			2	重视教研，积极参与各项教研活动
			3	敢于带领团队对学校进行教学改革，带动学校教育发展
			4	有较强的创新意识，主动寻求变革的途径方法，引领教研活动，带动区域教育发展
			5	包含前几项，有先进的教研成果，并能与时俱进更新教育理念及教学策略，为地方乃至国家教育发展贡献力量
	F2 教师团队	53. 专业化能力	0	无
			1	正规师范学校毕业，依法依规持有国家教师资格证上岗，具有教育教学理论基础和专业技能
			2	包含前 1 项，热爱教育行业，踏实肯干，有亲和力，具有良好的身体素质和心理素质
			3	包含前几项，且青年教师团队中，全部为师范专业本科及以上学历
			4	包含前几项，且有部分高等学历(研究生/硕士/博士)的青年教师
			5	包含前几项，且有高比例高等学历(研究生/硕士/博士)的青年教师团队，有专业教研项目
		54. 创新能力	0	无
			1	热爱本职工作，具有创新意识，重视教书育人，参与各项素质教育实践
			2	利用自身丰富经验，参与教材教法改革实践，注重师生关系，注重团队合作
			3	包括前两项，且积极参与各项教研活动
			4	有较强的创新意识，主动寻求变革的途径方法，引领教研活动

一级	二级	三级		观测点
F 人力资源	F2 教师团队	54. 创新能力	5	包含前几项，有成功的教研成果，并能与时俱进更新教育理念及教学策略，引领学校教育教学发展
		55. 梯队建设	0	无
			1	老、中、青年教师比例不合理，有断层现象
			2	老、中、青年教师比例较为合理，较好保护了学校的可持续发展
			3	包含前一项，且中、老年教师能在学校发挥带头表率作用，推动学校教育教学发展
			4	包含前两项，且有部分中、老年教师成为市区级优秀教师，带动区域教育教学发展
			5	包含前三项，且有较高比例的优秀教师团队，为地方甚至国家教育发展贡献力量
	F3 保障支持团队	56. 服务能力	0	无
			1	所有专业人员持证上岗(如保安、餐饮等)，遵守学校的各项规章制度
			2	做好自己的本职工作，听从领导安排，能有力保障学校各项后勤工作顺畅运行
			3	包含前几项，且能各部门之间相互配合，遇到问题积极解决，不相互推诿责任
			4	包含前几项，且具有较强服务意识，能够以学生为先、以教师为先
			5	包含前几项，且具有较强的主人翁意识，有以人为本的服务体系
		57. 创新能力	0	无
			1	能优化并执行学校的基本工作
			2	具有创新意识，在工作过程中坚持业务学习，不断提高工作水平，提高服务意识，简化服务流程
			3	包含前几项，且能利用自身丰富的经验，发现问题、解决问题，提出更为高效、便捷的改进方案

一级	二级	三级		观测点
F 人力资源	F3 保障支持团队	57.创新能力	4	包含前几项，且能根据学校具体情况匹配适宜的服务体系，并随时根据学校发展调整适合的服务
			5	包含前几项，且有较强的创新意识，协助学校理想化发展
	F4 团队建设	58.团队文化	0	无
			1	有团队意识，工作以个人为主
			2	有团队意识、有团队精神，有集体荣誉感，有部分工作以团队进行
			3	有团队文化、明确的团队目标，有常态化的团队备课、团队教研等团队工作
			4	清晰的团队文化、明确的团队目标、系统的团队工作机制
			5	有与学校文化相适应的团队文化，团队间工作配合无缝对接，团队成员间关系融洽，团队成员符合最佳公民要素
		59.可持续发展	0	无
			1	有公开公正且透明的团队晋级制度
			2	包含前1项且有稳定的团队成员且有持续性发展意识
			3	包含前2项且有团队共同的可持续发展目标及计划
			4	包含前3项且团队成员合理匹配，及时调整个人与团队的关系，使保持团队创新能力得以保持
			5	具有公平性、持续性、共同性的发展目标及计划，具有共同的认识及责任感，且具有团队执行力

附件二　理想教育文化课堂教学理想化程度等级量表

等级	描述		
优秀	基于对单元或模块内容的分析、对学情的分析设计学习目标；通过问题产生和问题解决过程，聚焦学生的能力培养、方法选择和工具意识的形成。	学习目标学习活动	教学设计

等级	描述		
优秀	教师具有较强的人格魅力,课前、课中始终融合在学生中,并十分自然地与学生平等、平和有效沟通交流,能够清晰地或潜在地感受到师生之间、学生之间和谐友好,构成形式多样的学习共同体。 教师、教室、学生、教具、课桌等教学要素的时空设计和变换,能充分地体现教学目标的需求。	学习环境	教学实施
	知识是教师设计教学目标和教学过程的明线,是实现能力培养的线索和渠道,能力培养、方法意识形成是教学过程中的暗线。 教师是践行教学设计实施的组织者和引领者,学生思维激发的启发者,并能够灵活调控教学要素,以确保学生始终成为持续学习的主体。 学生的探索、消化吸收、实践浑然一体。	活动内容 师生互动 自主活动	
	学生兴趣得到较好的唤醒和激发,学生的思维方法、能力提升、审美情趣有清晰的发展指向。学生个体理想人格得到较为充分地培养和塑造。知识积累有明显增加,知识体系趋于系统建构。	情感与习惯 方法与能力	教学效果
良好	基于单元或模块内容和学情的分析设计教学目标,通过问题产生和问题解决过程,聚焦学生能力培养、方法选择、工具意识的形成,但适切性略显不足。	学习目标 学习活动	教学设计
	教师是一位和蔼的专业知识扎实的权威者,有扎实的心理学、教育学知识及其经验。课前、课中教师有意识融合在学生中,师生关系和谐友好,教师能够与学生沟通交流,与学生构成可移动的学习共同体。课堂教学要素如教师、教室、学生、教具、课桌等时空设计变换能体现教学目标的追求,偶尔略显形式化。	学习环境 (师生关系+ 学习资源)	教学实施
	知识已成为教师设计教学目标的明线,但教学过程中能力培养和方法意识等暗线相对弱化,知识教学明显,特别是记忆、技巧等方法明显突出。 教师能够按照课堂教学设计组织实施教学活动,并能依照课堂实情作适当调控;能够体现学生是主动学习的主体;教师的扰启、引领、组织等职责体现得较为充分。 学生的探索、消化吸收、实践浑然一体。	活动内容 师生互动 自主活动	
	学生学习兴趣被极大地唤醒、激发;学生的思维方法、能力提升、审美情趣有较清晰的发展指向;学生个体理想人格得到培养和塑造,知识积累明显增加,知识体系趋于系统建构。	情感与习惯 方法与能力	教学效果

等级	描述		
合格	教学目标设计是基于知识教学基础之上的能力培养、方法选择、工具意识，追求通过知识传授、概念理解、技巧选择来培养学生的能力和方法意识。	学习目标 学习活动	教学设计
	教师是一位知识权威者，课中教师能够与学生沟通交流，解决学生知识疑惑。能够清晰感受到师生之间、学生之间是获取知识的共同体。课堂教学要素如教师、教室、学生、教具、课桌等的时空设计较少或没有，一般是传统的"秧田式"，要素变换较少，但能始终围绕教学目标组织开展教学工作。	学习环境	教学实施
	教学过程中，情感体验和价值观教育完全融入知识教学主线中，知识教学突出。能力培养的主要途径是提供大量练习，反复演练，机械性试题、重复性知识作业在课堂中呈现较多。教师按照知识教学主线组织和实施教学过程，教师能够依据学生知识掌握情况调控学生学习方式与进度，教师的扰启、引领、组织和学生的探索、消化吸收、实践操作围绕着知识主线进行。	活动内容 师生互动 自主活动	
	教学能够唤醒激发部分学生学习兴趣，学生的思维方法、能力、审美情趣也得到了相应的提升与发展，学生个体理想人格的培养和塑造体现在获取知识的过程中。知识积累明显增加，知识体系趋于系统建构。	情感与习惯 方法与能力	教学效果

附件三　理想教育文化课堂教学评价工具(小学版)

教学设计	评价指标	评分要点	非常不符合 非常符合				
学习目标	目标内容	体现单元的整体目标	1	2	3	4	5
		体现学生发展核心素养的要求	1	2	3	4	5
	目标可实现性	符合不同学生接受水平	1	2	3	4	5
		提供适切的教与学方式	1	2	3	4	5
学习情境	认知功能	能激发认知冲突	1	2	3	4	5
	非认知功能	能激发学习兴趣	1	2	3	4	5
学习活动	活动目的	有明确的活动目的	1	2	3	4	5
	活动内容	满足学生发展需求	1	2	3	4	5
		满足教学目标的实现	1	2	3	4	5
	活动安排	有清晰的活动流程	1	2	3	4	5

教学设计	评价指标	评分要点	非常不符合 　　　　非常符合				
学习环境	师生关系	学生自由发表观点	1	2	3	4	5
		师生积极进行情感交流	1	2	3	4	5
	学习资源	充分利用空间与设备	1	2	3	4	5
		提供合适的学习材料与工具	1	2	3	4	5
师生互动	机会与时间	提供适切的表达机会	1	2	3	4	5
		提供适宜的表达时间	1	2	3	4	5
	反馈与指导	恰当的引导和评价	1	2	3	4	5
		接纳和利用不同观点	1	2	3	4	5
	学生表现	互动态度积极	1	2	3	4	5
		互动具有深度	1	2	3	4	5
		互动具有广度	1	2	3	4	5
自主活动	机会与时间	提供适切的自主活动机会	1	2	3	4	5
		提供适切的自主活动时间	1	2	3	4	5
	活动指导	提出明确的活动要求	1	2	3	4	5
		依据学生问题适切指导	1	2	3	4	5
	学生表现	学生参与活动态度积极	1	2	3	4	5
		自主活动达到预期效果	1	2	3	4	5
总结应用	反思与总结	引导学生总结知识内容	1	2	3	4	5
		引导学生总结学习过程和方法	1	2	3	4	5
	应用与实践	作业、练习和实践活动体现学习目标	1	2	3	4	5
		练习、作业和实践活动体现学生发展需求	1	2	3	4	5
情感与习惯	情感体验	获得成就感	1	2	3	4	5
		产生后继学习的动机	1	2	3	4	5
		获得愉悦的体验	1	2	3	4	5
	行为习惯	呈现良好的学习行为	1	2	3	4	5
		呈现良好的交往行为	1	2	3	4	5
		呈现良好的思维习惯	1	2	3	4	5

教学设计	评价指标	评分要点	非常不符合 非常符合				
方法与能力	学习方法	掌握相关学习方法	1	2	3	4	5
	学习能力	掌握相关的知识与技能	1	2	3	4	5
		应用于新情境或实际问题中	1	2	3	4	5

附件四 理想教育文化课堂教学评价工具(初中版)

教学设计	评价指标	评分要点	非常不符合 非常符合				
学习目标	目标内容	能承载单元目标	1	2	3	4	5
		能体现学生发展核心素养的要求	1	2	3	4	5
	目标可实现性	符合不同学生接受水平	1	2	3	4	5
		具有适切的教与学方式	1	2	3	4	5
学习情境	认知功能	能激发认知冲突	1	2	3	4	5
	非认知功能	能激发学习兴趣	1	2	3	4	5
学习活动	活动目的	具有明确的活动目的	1	2	3	4	5
	活动内容	能促进教学目标的实现	1	2	3	4	5
	活动安排	有清晰的活动流程	1	2	3	4	5
学习环境	课堂氛围	学生自主、自由发表观点	1	2	3	4	5
		师生能平等、积极进行情感交流	1	2	3	4	5
		学生之间能够积极进行平等交流	1	2	3	4	5
	学习资源	充分利用空间与设备	1	2	3	4	5
		提供合适的学习材料与工具	1	2	3	4	5
师生互动	机会与时间	提供适切的表达机会	1	2	3	4	5
		提供适宜的表达时间	1	2	3	4	5
	反馈与指导	恰当的引导和评价	1	2	3	4	5
		接纳和利用不同观点	1	2	3	4	5
	学生表现	互动态度积极	1	2	3	4	5
		互动具有深度	1	2	3	4	5
		互动具有广度	1	2	3	4	5

教学设计	评价指标	评分要点	非常不符合　　　　　非常符合				
自主活动	机会与时间	提供适宜的活动机会	1	2	3	4	5
		提供适宜的活动时间	1	2	3	4	5
	活动指导	提出明确的活动要求	1	2	3	4	5
		提供适切的活动指导	1	2	3	4	5
	学生表现	活动态度积极	1	2	3	4	5
		活动效果达成	1	2	3	4	5
总结提升	反思与总结	总结了知识内容	1	2	3	4	5
		总结了学习过程和方法	1	2	3	4	5
	应用与实践	练习、作业或实践活动体现学习目标	1	2	3	4	5
		练习、作业或实践活动体现学生发展需求	1	2	3	4	5
情感与习惯	情感体验	获得成就感	1	2	3	4	5
		产生后继学习的动机	1	2	3	4	5
		获得愉悦的体验	1	2	3	4	5
	行为习惯	呈现良好的学习行为	1	2	3	4	5
		呈现良好的交往行为	1	2	3	4	5
		呈现良好的思维习惯	1	2	3	4	5
方法与能力	学习方法	掌握了相关学习方法	1	2	3	4	5
	学习能力	掌握了相关的知识与技能	1	2	3	4	5
		能应用于新情境或实际问题中	1	2	3	4	5

附件五　理想教育文化课堂教学评价工具(高中版)

教学设计	评价指标	评分要点	非常不符合　　　　　非常符合				
学习目标	目标内容	能承载单元目标	1	2	3	4	5
		能体现学生发展核心素养的要求	1	2	3	4	5
	目标可实现性	符合不同学生接受水平	1	2	3	4	5
		具有适切的教与学方式	1	2	3	4	5
		部分目标可观察或可检测	1	2	3	4	5

教学设计	评价指标	评分要点	非常不符合 非常符合				
学习情境	认知功能	能激发认知冲突	1	2	3	4	5
	非认知功能	能激发学习兴趣	1	2	3	4	5
学习活动	活动目的	为学习目标的达成服务	1	2	3	4	5
	活动内容	为活动目的服务	1	2	3	4	5
		具有一定的结构性	1	2	3	4	5
	活动安排	有清晰的活动流程	1	2	3	4	5
学习环境	课堂氛围	学生自主、自由发表观点	1	2	3	4	5
		师生能平等、积极进行情感交流	1	2	3	4	5
		学生之间能够积极进行平等交流	1	2	3	4	5
	学习资源	充分利用空间与设备	1	2	3	4	5
		提供合适的学习材料与工具	1	2	3	4	5
师生互动	讲解与展示	清晰无科学性错误	1	2	3	4	5
		能启发学生深入思考	1	2	3	4	5
	机会与时间	提供适切的表达机会	1	2	3	4	5
		提供适宜的表达时间	1	2	3	4	5
	反馈与指导	恰当的引导和评价	1	2	3	4	5
		接纳和利用不同观点	1	2	3	4	5
		关注学科学习方法	1	2	3	4	5
		关注高级思维能力培养	1	2	3	4	5
	学生表现	互动态度积极	1	2	3	4	5
		互动具有深度	1	2	3	4	5
		互动具有广度	1	2	3	4	5
自主活动	机会与时间	提供适宜的活动机会	1	2	3	4	5
		提供适宜的活动时间	1	2	3	4	5
	活动指导	提出明确的活动要求	1	2	3	4	5
		提供适切的活动指导	1	2	3	4	5
	学生表现	活动态度积极	1	2	3	4	5
		活动效果达成	1	2	3	4	5

教学设计	评价指标	评分要点	非常不符合 非常符合				
总结提升	反思与总结	总结了知识内容结构	1	2	3	4	5
		反思了学习过程和方法	1	2	3	4	5
	实践与应用	练习、作业或实践活动体现学习目标	1	2	3	4	5
		练习、作业或实践活动体现学生发展需求	1	2	3	4	5
情感与习惯	情感体验	获得成就感	1	2	3	4	5
		产生后继学习的动机	1	2	3	4	5
		获得愉悦体验或审美感受	1	2	3	4	5
	行为习惯	呈现良好的学习行为	1	2	3	4	5
		呈现良好的交往行为	1	2	3	4	5
		呈现良好的思维习惯	1	2	3	4	5
方法与能力	学习方法	掌握了本学科相关学习方法	1	2	3	4	5
	学习能力	具备一定的迁移和问题解决能力	1	2	3	4	5

附件六 理想家庭教育文化评价量表

一级指标	二级指标	三级指标	评分标准
家庭教育文化传承与基本认识	传承	1. 拥有表达清晰且体现和谐兴旺精神的家风家训;	5完全符合 4比较符合 3基本符合 2不太符合 1不符合
		2. 具有代际相传的稳定家庭教育好方法、好活动、好途径;	5完全符合 4比较符合 3基本符合 2不太符合 1不符合
	认识	3. 对家庭教育的内涵和意义有全面而深刻的理解;	5完全符合 4比较符合 3基本符合 2不太符合 1不符合
		4. 精准理解家庭教育与学校教育的差别及其相互的协同关系;	5完全符合 4比较符合 3基本符合 2不太符合 1不符合
		5. 家长在家庭生活中开展家庭教育的相关行动设计具有可操作性;	5完全符合 4比较符合 3基本符合 2不太符合 1不符合

一级指标	二级指标	三级指标	评分标准
理想家庭教育文化理念	尊重	6. 家庭成员的家庭教育意见能在家庭中得到其他成员尊重;	5 完全符合 4 比较符合 3 基本符合 2 不太符合 1 不符合
		7. 重视孩子自尊人格的养成,注重培养其尊重客观世界和他人的意识和能力;	5 完全符合 4 比较符合 3 基本符合 2 不太符合 1 不符合
		8. 积极为孩子创设社会交往机会,培养其积极的社会关系意识;	5 完全符合 4 比较符合 3 基本符合 2 不太符合 1 不符合
		9. 注重教导孩子不践踏别人尊严,不违背世界规律;	5 完全符合 4 比较符合 3 基本符合 2 不太符合 1 不符合
	民主	10. 家庭成员间能够相互听取对方合理的家庭教育意见和建议;	5 完全符合 4 比较符合 3 基本符合 2 不太符合 1 不符合
		11. 家长注重培养孩子倾听不同观点、想法的意识和能力;	5 完全符合 4 比较符合 3 基本符合 2 不太符合 1 不符合
		12. 家长面对孩子时保留家长合理的"威信",并引导孩子自然接受;	5 完全符合 4 比较符合 3 基本符合 2 不太符合 1 不符合
		13. 家长注重通过协商和讨论对孩子开展家庭教育;	5 完全符合 4 比较符合 3 基本符合 2 不太符合 1 不符合
	责任	14. 每位家庭成员都能直接担当或保障家庭教育事务(有主动性和积极性,做到不缺席、不越位);	5 完全符合 4 比较符合 3 基本符合 2 不太符合 1 不符合
		15. 培养孩子的生活技能,让其承担力所能及的家务劳动;	5 完全符合 4 比较符合 3 基本符合 2 不太符合 1 不符合
		16. 培养孩子对帮助自身的人和物具有感恩意识;	5 完全符合 4 比较符合 3 基本符合 2 不太符合 1 不符合
	科学	17. 培养孩子"自己事情自己做,敢为自己负责,愿为他人和社会负责"的意识和行动能力;	5 完全符合 4 比较符合 3 基本符合 2 不太符合 1 不符合
		18. 实施科学的家庭教育,注重孩子德智体美劳全面发展,科学成长;	5 完全符合 4 比较符合 3 基本符合 2 不太符合 1 不符合

一级指标	二级指标	三级指标	评分标准
理想家庭教育文化理念	科学	19. 保护孩子的好奇心，培养他们对世界的认知兴趣和探索精神；	5 完全符合 4 比较符合 3 基本符合 2 不太符合 1 不符合
		20. 注重培养孩子探索问题的方法和能力；	5 完全符合 4 比较符合 3 基本符合 2 不太符合 1 不符合
		21. 注重引导孩子尊重客观规律和事实；	5 完全符合 4 比较符合 3 基本符合 2 不太符合 1 不符合
理想家庭教育文化实践	扰启	22. 积极创设教育情境，激起孩子的学习兴趣；	5 完全符合 4 比较符合 3 基本符合 2 不太符合 1 不符合
		23. 善于利用多种方式和途径引导孩子形成乐于思考、乐于探究的习惯；	5 完全符合 4 比较符合 3 基本符合 2 不太符合 1 不符合
		24. 激发孩子发散性思维，突破固定思维模式；	5 完全符合 4 比较符合 3 基本符合 2 不太符合 1 不符合
	内省	25. 家长为孩子创设适宜的时空条件让孩子内省；	5 完全符合 4 比较符合 3 基本符合 2 不太符合 1 不符合
		26. 指导孩子学会正确面对外部意见，能够明辨是非；	5 完全符合 4 比较符合 3 基本符合 2 不太符合 1 不符合
		27. 积极引导孩子学会正确反省、反思自身的错误和不足；	5 完全符合 4 比较符合 3 基本符合 2 不太符合 1 不符合
	质疑	28. 引导孩子不要理所当然地看待生活中的人与事；	5 完全符合 4 比较符合 3 基本符合 2 不太符合 1 不符合
		29. 注意引导孩子透过各种生活现象看本质；	5 完全符合 4 比较符合 3 基本符合 2 不太符合 1 不符合
		30. 注意培养孩子对不同见解进行合理质疑；	5 完全符合 4 比较符合 3 基本符合 2 不太符合 1 不符合

一级指标	二级指标	三级指标	评分标准
理想家庭教育文化实践	实践	31. 重视生活实践对孩子成长的意义；	5 完全符合 4 比较符合 3 基本符合 2 不太符合 1 不符合
		32. 为孩子成长提供丰富多样的实践内容和机会；	5 完全符合 4 比较符合 3 基本符合 2 不太符合 1 不符合
		33. 注重引导孩子带着问题去实践，培养实践兴趣，体会实践乐趣；	5 完全符合 4 比较符合 3 基本符合 2 不太符合 1 不符合
	独立	34. 培养孩子学会自己的事情自己做，自觉承担家庭责任；	5 完全符合 4 比较符合 3 基本符合 2 不太符合 1 不符合
		35. 注重培养孩子独立思维和独立行动的意识；	5 完全符合 4 比较符合 3 基本符合 2 不太符合 1 不符合
		36. 能够在孩子成长的不同阶段给予具有针对性的独立性培养；	5 完全符合 4 比较符合 3 基本符合 2 不太符合 1 不符合
	追求	37. 注重培养孩子有意识地进行个人发展规划；	5 完全符合 4 比较符合 3 基本符合 2 不太符合 1 不符合
		38. 引导孩子形成适合、切合实际的个人发展与生活目标；	5 完全符合 4 比较符合 3 基本符合 2 不太符合 1 不符合
		39. 引导孩子对个人与社会未来发展充满信心、充满期待、充满希望；	5 完全符合 4 比较符合 3 基本符合 2 不太符合 1 不符合
	养控	40. 注重培养孩子的自律意识和自我管理能力（慎独意识）；	5 完全符合 4 比较符合 3 基本符合 2 不太符合 1 不符合
		41. 在生活实践中培养孩子"随心所欲而不越出规矩"的个体修养；	5 完全符合 4 比较符合 3 基本符合 2 不太符合 1 不符合
		42. 培养孩子恪守社会生活规则、规范、法规的自觉性；	5 完全符合 4 比较符合 3 基本符合 2 不太符合 1 不符合
	审美	43. 在家庭中追求有品位、有情趣的美好生活方式；	5 完全符合 4 比较符合 3 基本符合 2 不太符合 1 不符合
		44. 引导、唤醒孩子有更高的美的追求；	5 完全符合 4 比较符合 3 基本符合 2 不太符合 1 不符合
		45. 通过各种活动和机会，培养孩子欣赏美和创造美的主观意愿和能力；	5 完全符合 4 比较符合 3 基本符合 2 不太符合 1 不符合

一级指标	二级指标	三级指标	评分标准
理想家庭教育文化成果	教养体系	46. 形成有力的家庭教育角色队伍及作用梯队,分工明确、角色清晰、行动到位;	5 完全符合 4 比较符合 3 基本符合 2 不太符合 1 不符合
		47. 建设保障有力的家庭教育需求的良好家庭环境(硬件与软件环境);	5 完全符合 4 比较符合 3 基本符合 2 不太符合 1 不符合
		48. 开发社区、学校、亲属、朋友等机构或个人的力量支持家庭教育活动;	5 完全符合 4 比较符合 3 基本符合 2 不太符合 1 不符合
		49. 整个家庭教育事务在目的与手段之间、教育与生活之间达到内在一致和协调平衡;	5 完全符合 4 比较符合 3 基本符合 2 不太符合 1 不符合
	家长发展	50. 成为学习型父母,注重自身学习,掌握科学的教育知识,具有合理的家庭教育理念;	5 完全符合 4 比较符合 3 基本符合 2 不太符合 1 不符合
		51. 家长的教育经验得到学校或社会广泛性认可并参与经验交流;	5 完全符合 4 比较符合 3 基本符合 2 不太符合 1 不符合
	子女发展	52. 孩子在家庭教育中实现相对理想的德智体美劳全方位发展;	5 完全符合 4 比较符合 3 基本符合 2 不太符合 1 不符合
		53. 孩子在德智体美劳的某个或多个方面取得了显著的成就;	5 完全符合 4 比较符合 3 基本符合 2 不太符合 1 不符合
	家庭发展	54. 家庭成员内部关系和谐融洽;	5 完全符合 4 比较符合 3 基本符合 2 不太符合 1 不符合
		55. 家庭建设获得了广泛的社会认可并获得了相关重要的家庭荣誉。	5 完全符合 4 比较符合 3 基本符合 2 不太符合 1 不符合
总分			

/ 后记与致谢 /

2016 年，《教育文化构建的人性基础》一书出版，石中英教授曾建议再出一本可以指导具体操作类的书，让理想教育文化理念更好地指导实践。恰逢北京市人民政府教育督导室副主任关国珍把她主持研究的市级课题——《普通中小学诊断式督导研究》，委托给朝阳区人民政府教育督导室进行实践研究结题一周年。一年来，在对学校进行诊断式督导实践过程中，有关诊断"标准"的性质问题，专家组提出了质疑：是"个体经验性"诊断？还是"科学性"诊断？

于是，为寻求能够系统阐释的教育标准，就以《教育文化构建的人性基础》一书为蓝本，一方面由北京教育科学研究院北京市教育督导与教育质量评价研究中心，广泛吸纳教育最新研究成果，相继研发了小学、初中、高中三个学段的《朝阳区诊断式督导教师教学评价工具》和《理想学校文化建设评价工具》；另一方面面向北京市选择专家，组建研究团队，制订研究计划，以普通中小学作为研究对象，进行课堂教学行动研究。

在此，对北京市教育督导与教育质量评价研究中心主任张咏梅、特聘专家耿申、数学特级教师郭立军、研究员何光峰、郝懿等研究团队表示衷心的感谢！

《朝阳区诊断式督导教师教学评价工具》《理想学校文化建设评价工具》和《理想教育文化课堂教学实践研究》，除得到北京市朝阳区教育工委、教委两委的支持外，也得到了基层学校和街道社区的积极响应。该实践研究得到了北京工业大学附属中学十八里店分校、北京市星河实验学校国美分校、北京市樱花园实验学校、中国教育科学研究院朝阳实验学校、北京市陈经纶中学分校望京实验学校、北京市润丰学校、北京化工大学附属中学、北京市第十七中学、北京市三里屯一中、北京市朝阳区劲松第一幼儿园、朝阳区左家庄街道办事处十一个单位的领导和老师们积极持续参与。

得到了尚金森、王茜、苏纪玲、钮志敏、洪德育、蔡刚、李筑恒等两委研究成员，不断贡献智慧和持续真诚的投入。

得到了种凌晨、曾广华、赵常付、夏青峰等同志给予的关注和支持。

得到了刘延革、孙建、陈凤伟、孙恒芳、陶秀梅、李霞、车向军、刘忠新、马朝华、鲁彬、涂桂庆、纪艳红等专家的认真研究、倾心投入、专业指导。

最终，近五年(含工具开发)的实践研究，攻克了一个又一个难题，可简略概括为六个阶段：工具指导阶段；核心要素指导阶段；核心要素框架建构阶段(一个价值观，两个方法论，十二种教学策略，实现三个真正落地)；寻找要素指标师生行为呈现阶段；构建"合作对话"教育教学范式阶段；明确"合作对话"为教育教学操作系统阶段(旨在揭示"合作对话"操作系统与不同学科教学内容之间的关系)。至此，我们认为，研究团队不仅探索了一条教育实践研究路径，而且发现了教育发生的基本规律——"合作对话"教育教学范式。相信"合作对话"教育教学范式有利于从根本上减轻学生过重的课业负担。

谨以此后记铭谢为课题研究给予支持、贡献智慧的所有领导、专家和老师们！

随着课题研究的深入，我们深感社会教育和家庭教育深刻影响着学校教育。对此，依据《教育文化构建的人性基础》一书的核心理论，北京师范大学教育基本理论研究院整合了最新研究成果，研发了《理想家庭教育文化评价工具》，并在家、校教育的实践中发挥了较好的作用。为此，对余清臣院长及其团队致以衷心的感谢！

最让我感动的是，清华大学教育研究院院长石中英教授不仅对小册子给予了中肯的指导，更在耐心通读之后又拨冗作序——不仅给予真挚的鼓励，还寄予了希望。仅用"感谢"一词，确实难以表达笔者的心情。但是，鉴于本人词汇贫乏，还是以真挚的"谢意"作为铭记吧！

在本书成稿的过程中，北京师范大学李春密教授对部分文字提出了修改建议，北京师范大学出版集团教师教育分社社长郭兴举对书稿结构提出了明确建议，增加了实验学校收获案例一章，伊师孟和钱君陶两位编辑和我的同事高峰、陈璐为本书出版付出了艰辛的努力，为此，对各位表示诚挚的谢意！

王世元

于北京·朝阳

2021/5/20

/ 主要参考文献 /

[1]王世元. 教育文化构建的人性基础[M]. 北京：北京师范大学出版社，2016.

[2]石中英. 知识转型与教育改革[M]. 北京：教育科学出版社，2001.

[3][英]戴维·伯姆. 论对话[M]. 王松涛，译. 北京：教育科学出版社，2004.

[4][美]梯利. 西方哲学史[M]. 葛力，译. 北京：商务印书馆，1995.

[5]傅国涌. 过去的中学[M]. 北京：同心出版社，2012.

[6][美]古德莱德. 一个称作学校的地方[M]. 苏智欣，译. 上海：华东师范大学出版社，2013.

[7]朱哲. 中国文化讲义[M]. 武汉：武汉理工大学出版社，2006.

[8]刘云杉. 学校生活社会学[M]. 南京：南京师范大学出版社，2000.

[9][爱尔兰]弗兰克·M. 弗拉纳根. 最伟大的教育家：从苏格拉底到杜威[M]. 卢立涛，安传达，译. 上海：华东师范大学出版社，2009.

[10]王丽美. 科学上下五千年[M]. 北京：当代世界出版社，2007.

[11]袁振国. 教育原理[M]. 上海：华东师范大学出版社，2001.

[12]于清臣. 教育实践的哲学[M]. 北京：北京师范大学出版社，2018.

[13]苏尚锋. 学校空间论[M]. 北京：教育科学出版社，2012.

[14][法]皮埃尔·布迪厄，[美]华康德. 实践与反思：反思社会学导引[M]. 李猛，李康，译. 北京：中央编译出版社，2004.

[15]范国瑞，等. 从规制到赋能：教育制度变迁创新之路[M]. 上海：华东师范大学出版社，2018.

[16][美]斯塔夫里阿诺斯. 全球通史：从史前史到21世纪[M]. 吴象婴，梁赤民，董书慧，王昶，译. 北京：北京大学出版社，2006.

[17]徐厚道. 教育学通论[M]. 北京：北京工业大学出版社，2003.

[18]李尚卫，吴天武. 普通教育学[M]. 北京：北京师范大学出版社，2010.

[19]杜成宪，崔运武，王伦信. 中国教育史学 90 年[M]. 上海：华东师范大学出版社，1998.

[20]钟启泉. 新课程师资培训精要[M]. 北京：北京大学出版社，2002.

[21]林成滔. 科学的发展史[M]. 西安：陕西师范大学出版社，2009.

[22][美]约翰·杜威. 民主主义与教育[M]. 王承绪，译. 北京：人民教育出版社，2001.

[23]滕星. 教育人类学通论[M]. 北京：商务印书馆，2017.

[24]吴康宁，等. 课堂教学社会学[M]. 南京：南京师范大学出版社，1999.

[25]季苹. 教什么知识：对教学的知识论基础的认识[M]. 北京：教育科学出版社，2009.

[26]夏青峰，任炜东. 启程——基于课程改革的北京中学育人模式创新[M]. 北京：北京教育出版社，2017.

[27]张咏梅. 大规模学业成就调查的开发：理论、方法与应用[M]. 北京：北京师范大学出版社，2015.

[28][英]汉迪. 组织的概念[M]. 方海萍，等，译. 北京：中国人民大学出版社，2006.

[29][英]培根. 新工具[M]. 许宝骙，译. 北京：商务印书馆，1984.

[30]崔其升，等. 崔其升与杜郎口经验[M]. 北京：首都师范大学出版社，2010.

[31]冯克诚，西尔枭. 实用课题教学模式与方法改革全书[M]. 北京：中央编译出版社，1994.

[32]许海山. 中国古代战争简史[M]. 北京：线装书局，2006.

[33]刘军宁. 保守主义[M]. 北京：东方出版社，2014.